"新标准"婴幼儿托育类专业系列教材

TUO YU FU WU ZHENG CE FA GUI YU ZHI YE LUN LI

托育服务政策法规与职业伦理

祝　贺◎编著

华东师范大学出版社

·上海·

图书在版编目(CIP)数据

托育服务政策法规与职业伦理/祝贺编著.—上海:华东师范大学出版社,2023
ISBN 978-7-5760-3891-0

Ⅰ.①托… Ⅱ.①祝… Ⅲ.①学前教育-教育政策-中国-幼儿师范学校-教材②学前教育-教育法-中国-幼儿师范学校-教材③幼教人员-师德-幼儿师范学校-教材 Ⅳ.①G61②D922.161

中国国家版本馆 CIP 数据核字(2023)第 105038 号

托育服务政策法规与职业伦理

编　著　祝　贺
责任编辑　余思洋
责任校对　樊　慧　时东明
装帧设计　庄玉侠

出版发行　华东师范大学出版社
社　　址　上海市中山北路 3663 号　邮编 200062
网　　址　www.ecnupress.com.cn
电　　话　021-60821666　行政传真 021-62572105
客服电话　021-62865537　门市(邮购)电话 021-62869887
地　　址　上海市中山北路 3663 号华东师范大学校内先锋路口
网　　店　http://hdsdcbs.tmall.com

印　刷　者　上海龙腾印务有限公司
开　　本　787 毫米×1092 毫米　1/16
印　　张　15.5
字　　数　352 千字
版　　次　2023 年 12 月第 1 版
印　　次　2025 年 6 月第 4 次
书　　号　ISBN 978-7-5760-3891-0
定　　价　46.00 元

出版人　王　焰

前言
QIAN YAN

　　《托育服务政策法规与职业伦理》是婴幼儿托育、学前教育等相关专业的必修课教材。本教材有利于促进学生初步了解一些国家和地区托育政策的演进脉络，深入理解对我国托育事业和托育机构进行指导与规范的各类政策法规，着重思考托育过程中的各参与主体的性质、地位以及应注意的问题，反思托育人员的职业伦理。对这些内容的学习和思考有利于学生夯实专业基础知识、拓展国际视野、立足本土问题、放眼未来发展。

　　本教材在编写时，首先力图对概念进行清晰的界定，从本源上对相关概念进行剖析，使学生能够开宗明义地了解托育的相关概念；其次简要叙述一些国家和地区向婴幼儿及其家长提供托育服务的历史与现状，使学生具有国际视野；再次落脚在我国的发展实际上，讨论各类托育法律法规的内容和内涵，聚焦各参与主体在托育活动中应注意的问题；最后结合实际讨论托育人员应遵循的托育伦理规范。本教材从理论出发，在实践中落脚，使学生能够将相关概念和实际应用融会贯通。

　　本教材由华东师范大学学前教育学系祝贺副教授编著。第一章由巫筱媛、娄益编写；第二章第一、二、三节由王杉编写，第四、五、六节由洪江凝编写；第三章由方夏瑞一、朱美玲、周馨宇、李一帆编写；第四章由方夏瑞一编写；第五章由蓝素芬、张春颖、王昱舒编写；第六章由娄益编写。全书由祝贺统稿，王昱舒协助。

　　本教材的编写受到"2023年华东师范大学教材研究项目"的支持，得到华东师范大学学前教育学系张明红副教授的指导，并参考了诸多学界前辈和同行的研究成果，在此表示诚挚的感谢！由于时间和精力有限，书中难免存在不足之处，敬请读者予以指正。

祝　贺

2023年4月

目 录

MU LU

第一章　托育服务政策法规与职业伦理概述 ————————————————— • 1

　　第一节　婴幼儿托育服务政策与法规的内涵 / 3

　　第二节　我国婴幼儿托育服务的历史沿革 / 8

　　　　📖 政策导引:《三岁前小儿教养大纲(草案)》/ 12

　　　　📖 政策导引:《全国家庭教育指导大纲(修订)》/ 16

　　　　📖 政策导引:《关于指导推进家庭教育的五年规划(2016—2020 年)》/ 17

　　　　📖 政策导引:《关于指导推进家庭教育的五年规划(2021—2025 年)》/ 17

　　第三节　托育人员的职业伦理 / 21

第二章　部分国家婴幼儿托育服务政策与法规 ———————————————— • 26

　　第一节　英国婴幼儿托育服务政策与法规 / 28

　　第二节　美国婴幼儿托育服务政策与法规 / 34

　　第三节　日本婴幼儿托育服务政策与法规 / 44

　　第四节　澳大利亚婴幼儿托育服务政策与法规 / 50

　　第五节　丹麦婴幼儿托育服务政策与法规 / 57

　　第六节　挪威婴幼儿托育服务政策与法规 / 62

第三章　指导和促进我国托育事业发展的政策与法规 ————————————● 69

第一节　《国务院办公厅关于促进 3 岁以下婴幼儿照护服务发展的指导意见》的内容与
解读 / 71

第二节　《支持社会力量发展普惠托育服务专项行动实施方案（试行）》的内容与
解读 / 80

第三节　《国务院办公厅关于促进养老托育服务健康发展的意见》的内容与解读 / 84

第四节　全国婴幼儿照护服务示范城市创建活动的相关政策内容与解读 / 88

第五节　《关于报送本地区每千人口拥有 3 岁以下婴幼儿托位数年度分解指标的通知》
的内容与解读 / 94

第六节　地方性政策举例：四川省《关于加快推进 3 岁以下婴幼儿托育服务发展的意
见》/ 97

第四章　指导和规范我国托育机构的政策与法规 ————————————● 102

第一节　《托育机构设置标准（试行）》和《托育机构管理规范（试行）》的内容与解读
/ 104

📖 政策导引：《托育机构登记和备案办法（试行）》/ 106

第二节　《托育机构保育指导大纲（试行）》的内容与解读 / 110

第三节　《托儿所、幼儿园建筑设计规范》的内容与解读 / 117

📖 政策导引：《托儿所、幼儿园建筑设计规范》/ 120

第四节　《托育机构婴幼儿伤害预防指南（试行）》的内容与解读 / 120

第五节　《托育机构婴幼儿喂养与营养指南（试行）》的内容与解读 / 126

第六节　《托育机构负责人培训大纲（试行）》和《托育机构保育人员培训大纲（试行）》的
内容与解读 / 130

第七节　《托育综合服务中心建设指南（试行）》的内容与解读 / 134

第八节　地方性政策举例：上海市托育机构相关规定 / 139

第五章 婴幼儿托育政策与法规的参与主体 —————————— • 144

第一节 行政部门 / 146

  📖 政策导引:《托育机构质量评估标准》/ 148

第二节 托育机构 / 153

  📖 政策导引:《托儿所幼儿园卫生保健管理办法》/ 167

  📖 政策导引:《托儿所幼儿园卫生保健工作规范》/ 169

第三节 托育人员 / 172

第四节 托育机构负责人及其他工作人员 / 180

第五节 婴幼儿 / 183

第六章 婴幼儿托育人员的职业伦理 —————————— • 190

第一节 托育人员职业伦理的内涵与价值 / 192

第二节 托育人员的职业伦理实践 / 197

第三节 托育人员的职业伦理修养 / 203

附录 ————————————————————————— • 211

附录一 《国务院办公厅关于促进3岁以下婴幼儿照护服务发展的指导意见》/ 211

附录二 《国务院办公厅关于促进养老托育服务健康发展的意见》/ 216

附录三 《托育机构设置标准(试行)》/ 223

附录四 《托育机构管理规范(试行)》/ 225

附录五 《托育机构保育指导大纲(试行)》/ 230

附录六 《托育从业人员职业行为准则(试行)》/ 237

第一章 托育服务政策法规与职业伦理概述

学习目标

1. 了解婴幼儿托育服务政策与法规的概念及特点。
2. 理解婴幼儿托育服务政策与法规的联系及区别。
3. 分阶段把握我国婴幼儿托育服务的发展特点。
4. 了解托育人员职业伦理的构成与功能。

案例导入

　　0—3 岁是孩子成长的关键时期,任何负责任的政府都应该把早期儿童教育放在最优先考虑的位置,并在法律、政策、项目和资源配置等方面给予重视。

——联合国儿童基金会原执行主任　卡罗尔·贝拉米

　　随着我国经济社会的快速发展,0—3 岁婴幼儿的托育问题已经引起人们的高度重视。2019 年,《国务院办公厅关于促进 3 岁以下婴幼儿照护服务发展的指导意见》出台,表明我国在建立婴幼儿照护服务政策法规体系的道路上开始逐步前进。未来,国家必将继续加强对婴幼儿托育的宏观管理,推进婴幼儿托育服务政策与法规的制定及完善,促进托育事业的可持续发展。

　　婴幼儿托育服务政策与法规有什么样的内涵? 我国婴幼儿托育服务政策与法规经历了怎样的历史沿革? 在本章中,让我们一起追根溯源,梳理其发展脉络。

本章导览

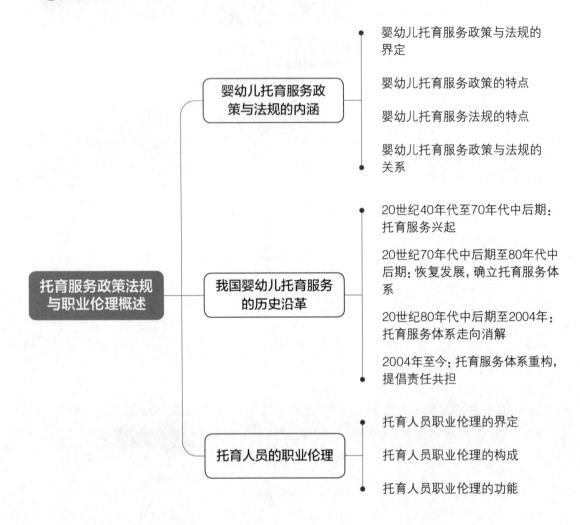

托育服务政策法规
与职业伦理概述

婴幼儿托育服务政
策与法规的内涵
- 婴幼儿托育服务政策与法规的界定
- 婴幼儿托育服务政策的特点
- 婴幼儿托育服务法规的特点
- 婴幼儿托育服务政策与法规的关系

我国婴幼儿托育服务
的历史沿革
- 20世纪40年代至70年代中后期：托育服务兴起
- 20世纪70年代中后期至80年代中后期：恢复发展，确立托育服务体系
- 20世纪80年代中后期至2004年：托育服务体系走向消解
- 2004年至今：托育服务体系重构，提倡责任共担

托育人员的职业伦理
- 托育人员职业伦理的界定
- 托育人员职业伦理的构成
- 托育人员职业伦理的功能

第一节　婴幼儿托育服务政策与法规的内涵

一、婴幼儿托育服务政策与法规的界定

（一）婴幼儿托育服务政策

政策一般指国家或政党的政策，是国家或政党为了实现特定目标而制定的，用来调控社会行为和发展方向的规范与准则。[①] 教育政策是一个国家或政党为实现一定历史时期的教育任务而制定的行动准则。作为国家或政党基本政策的一个重要组成部分，教育政策是依据国家或政党在一定历史时期的基本任务、基本方针，由国家或政党制定的其在教育方面的工作方向和措施。教育政策是一定历史时期的产物，是一种有目的、有组织的动态发展过程。同时，它作为一种行动准则，规定着该做什么和不该做什么、该怎么做和不该怎么做。

据此，本书认为婴幼儿托育服务政策是指国家或政党依据一定历史时期内的基本任务、基本方针，从婴幼儿托育工作的任务及需求出发，为实现婴幼儿托育服务的目标，贯彻落实婴幼儿托育服务的基本原则而制定的与相关部门或个人该做什么和不该做什么、该怎么做和不该怎么做等相关的行为准则，以及对托育服务系统内外关系所作的相关规定。

婴幼儿托育服务政策是指政府在婴幼儿照看和教育方面提出的举措。婴幼儿托育服务政策对于婴幼儿托育事业的发展至关重要。从影响效果来看，婴幼儿托育服务政策可能推动也可能阻碍婴幼儿托育事业的发展；从影响方式来看，婴幼儿托育服务政策既能直接影响托育事业发展，也能间接影响托育事业发展；从影响层面来看，婴幼儿托育服务政策既能从宏观上影响托育事业的方向、速度、规模和效益，也能从微观上影响托育活动开展的质量和效果，从而影响每一位婴幼儿接受托育服务的机会和质量。

基于婴幼儿托育服务政策对婴幼儿托育事业发展的重要性，我国致力于通过制定和实施各种托育服务政策来发展婴幼儿托育事业。目前，我国出台的《国务院办公厅关于促进3岁以下婴幼儿照护服务发展的指导意见》《托育机构设置标准（试行）》《托育机构管理规范（试行）》等，以及各地出台的其他各项政策，对我国婴幼儿托育事业的法治化、规范化发展具有里程碑式的意义。

（二）婴幼儿托育服务法规

法规泛指由国家制定和发布的规范性法律文件。有时，法规专指某国家机关制定的规范性文件，即专指从属于法律范畴的行政法规和地方性法规。[②] 托育服务法规是国家制定或

[①] 杨莉君，李洋. 学前教育政策法规［M］.长沙:湖南大学出版社，2015:1.
[②] 杨莉君，李洋. 学前教育政策法规［M］.长沙:湖南大学出版社，2015:2—3.

认可的有关托育服务的规范性文件的总称,具体表现为法律、法令、条例、规章等形式,也是对人们的托育服务行为具有法律约束力的行为规则的总和。它由国家机关制定,对人们接受托育服务的权利和义务起着保护与规范的作用。[①]

据此,本书认为婴幼儿托育服务法规是国家机关按一定的法律程序,以法律的形式和手段对婴幼儿托育相关部门、单位和个人行为准则所作的一系列规定。

婴幼儿托育服务法规的贯彻落实,对于促进托育事业的发展与提高全民素质具有重要意义。婴幼儿托育服务法规对于适应当前生育政策下的新需求、扎实推进托育事业发展、保护幸福家庭提供了重要的保障,也为孩子的发展奠定了基石。首先,婴幼儿托育服务法规具有保障作用。婴幼儿托育服务法规可促进"依法治教"目的的实现,能保障婴幼儿托育的科学实施。其次,婴幼儿托育服务法规具有指引作用。婴幼儿托育服务法规具有一定的价值取向,能指引相关部门、单位和个人按照国家对婴幼儿托育事业发展的要求从事托育事业。再次,婴幼儿托育服务法规具有教育作用。婴幼儿托育服务法规的颁布能够引起人们对婴幼儿托育事业的重视,通过深入学习、严格遵守等方式,将其规定的条目内化至人们心中,教育和规范相关部门、单位和个人的思想与行为,并采用示范和激励、制裁和惩罚等方式,达到教育目的。最后,婴幼儿托育服务法规具有评价作用。婴幼儿托育服务法规作为一种行为标准,具有判断、衡量相关部门、单位和个人的托育行为的作用,一方面对托育机构的设置标准、管理规范等作出客观规定,另一方面对托育质量及婴幼儿托育人员的托育行为作出客观规定,并以之为评价的准则。

二、 婴幼儿托育服务政策的特点

理论界对教育政策特点的概括各有说法。有人认为,教育政策具有阶级性、实践性、科学性和严肃性。[②] 有人将之细化为目的性、规范性、价值倾向性、中介性、相对稳定性、灵活性和系统性。[③] 作为教育政策的组成部分,本书认为,婴幼儿托育服务政策具有目的性、实用性、系统性和灵活性四个特点。

(一) 目的性

政策由国家机关等发布,总是具有明确的目的性的,没有目的性的政策是不存在的。一项婴幼儿托育服务政策的提出是基于一定的社会需要的,具有明显的价值倾向性。从婴幼儿托育事业发展的现实情况和问题出发,政策制定者充分发挥主观能动性,制定有针对性的行动方针和步骤。例如,《国务院办公厅关于促进3岁以下婴幼儿照护服务发展的指导意见》,其开头即明确指出提出该意见的目的:"3岁以下婴幼儿(以下简称婴幼儿)照护服务是生命全周期服务管理的重要内容,事关婴幼儿健康成长,事关千家万户。为促进婴幼儿照护

① 成晓霞.教育行政学[M].吉林:吉林大学出版社,2014:7.
② 孙绵涛.教育行政学(第三版)[M].武汉:华中师范大学出版社,2007:76—77.
③ 成有信,等.教育政治学[M].南京:江苏教育出版社,2000:205—206.

服务发展,经国务院同意,现提出如下意见。"可见,婴幼儿托育服务政策的目的性要求政策始终具有对婴幼儿托育事业发展现状的敏感性和解决婴幼儿托育事业发展问题的针对性。

(二) 实用性

托育服务政策的实用性突出表现在它与托育理论和托育理念的不同上:托育服务政策既不是概念、范畴、体系的组合,也不单隶属于托育服务实践场域,而是连接托育理论与实践的中介。婴幼儿政策的各项内容,不是以抽象的概念和理论阐释呈现的,也不是简单介绍实践的过程与方法等,而是以具体的、可调控婴幼儿托育事业中相关部门、单位和个人的行为及发展方向的规范与准则来呈现的。婴幼儿托育服务政策坚持实事求是的原则,故必然会从实际出发,将理论和实践充分结合,使其内容切实可行。例如,《国务院办公厅关于促进 3 岁以下婴幼儿照护服务发展的指导意见》在"加强对家庭婴幼儿照护的支持与指导"这一部分,非常具体实用地提出对家庭的婴幼儿早期发展指导的意见:"通过入户指导、亲子活动、家长课堂等方式,利用互联网等信息化手段,为家长及婴幼儿照护者提供婴幼儿早期发展指导服务,增强家庭的科学育儿能力。"因此,婴幼儿托育服务政策具有充分的实用性,它以规章和准则的形式告诉人们该做什么和不该做什么、该怎么做和不该怎么做。

(三) 系统性

婴幼儿托育服务政策的系统性可以从横向和纵向两个维度来考察。从横向上看,在外部角度,婴幼儿托育服务政策与一般政策体系中的其他政策相互作用以发挥其功能、相互制约以确保其合理性,它是一般政策体系的有机组成部分;同时,在内部角度,婴幼儿托育服务政策又自成一个相对独立、结构严谨的体系,它涉及婴幼儿托育事业的各个方面,从托育服务体制政策到经费政策,从托育服务质量政策到托育人员标准政策等,形成了对托育服务的全面要求。从纵向上看,婴幼儿托育服务政策的系统性则体现在国家出台的婴幼儿托育服务政策与地方的婴幼儿托育服务政策相互联系,前者对后者起着指导和引领作用,后者对前者进行进一步的规划和落实;同时,在时间维度上,婴幼儿托育服务政策也经历了从过去、现在到未来的历史发展,这样的纵深发展过程自成体系,更加突出了婴幼儿托育服务政策的系统性。因此,婴幼儿托育服务政策的系统性使其指引的现实行动必然关系到托育服务政策横向和纵向各个维度的各个方面,而不是某一项或几项单一、零散的规范和准则。

(四) 灵活性

一般来说,婴幼儿托育服务政策一经制定和公布,就具有相对的稳定性,在一定时间内不能随意调整和重复公布,否则会让民众乃至相关部门无所遵循,对政策制定部门失去信任,进而损害婴幼儿托育服务政策及其制定者的权威。但是,在当今飞速发展的社会中,一成不变的托育服务政策最终会落后于时代,因此托育服务政策的稳定性总是相对的,它还具有一定的灵活性。随着外部大环境以及内部因素的变化,婴幼儿托育服务政策能够因时而变、因事而变,进行相应的调整和改革,从而逐渐走向成熟和完善。

三、 婴幼儿托育服务法规的特点

托育服务法规是国家法律体系的一个组成部分,因此具有法的共同特点。在总结法的特点的基础上,结合婴幼儿托育事业的历史、现状和未来走向,本书认为婴幼儿托育服务法规有其自身的鲜明特点,具体包括规范性、强制性、稳定性和独立性。

(一)规范性

"法律面前人人平等",法规调节着人们的行为规范,或者说调整着社会关系的规范。婴幼儿托育服务法规作为国家法律体系的组成部分,以法规的形式向相关部门、单位和个人作出关于婴幼儿托育服务的规定和指示,涉及婴幼儿托育事业的各个方面,并要求相关部门、单位和个人必须执行。因此,婴幼儿托育服务法规具有规范性,它的颁布是婴幼儿托育事业走向法治化、规范化的必经之路,也是规范婴幼儿托育事业不可缺少的一环。

(二)强制性

法律法规由国家强制力作为后盾保证实施,具有普遍约束力。尽管不是每个规范及其实施过程都需要国家系统化的强制力,但法规最终必须依靠国家强制力才能保证实施,这是法规实现其本身价值的基本保证。婴幼儿托育服务法规作为法律体系的一部分,对相关部门、单位和个人具有普遍约束力。这意味着,一旦有人违反已经颁布的婴幼儿托育服务法规中的相关规定,必然会受到法律的制裁。该种制裁一方面强化了婴幼儿托育服务法规的权威性,以警示相关部门、单位和个人,另一方面也确保了婴幼儿托育服务法规的顺利推行。因此,婴幼儿托育服务法规同国家其他法律法规一样具有强制性。

(三)稳定性

婴幼儿托育服务法规在总结贯彻党和国家的婴幼儿托育服务相关经验的基础上,通过广泛收集、汇总和融合广大人民群众的智慧,经过严格的程序确定下来,一经颁布就不得随意改动,否则会严重损害婴幼儿托育服务法规的确定性和权威性。因此,婴幼儿托育服务法规具有一定的稳定性。

(四)独立性

虽然婴幼儿托育服务法规作为国家法律体系的一部分,具有法律的一般特点和作用,但与此同时,婴幼儿托育服务法规更是关于托育事业本身的规定,是用以指导婴幼儿托育相关部门、单位和个人的一系列法规,它保障了托育事业的科学、合理发展,有利于维护一个国家婴幼儿托育行业的关系和秩序。

四、 婴幼儿托育服务政策与法规的关系

一般来说,托育服务政策和法规同属于托育活动的重要方面,托育服务政策是制定托育

服务法规的依据,而托育服务法规是托育服务政策得以实施的保证,成熟的托育服务政策可以转化为托育服务法规。因此,在托育实践活动中,托育服务政策与托育服务法规常常结伴出现,人们在提及相关问题时,常常将两者放在一起。本书认为,婴幼儿托育服务政策和托育服务法规同属于婴幼儿托育活动的重要方面,它们之间既存在联系,又存在区别。

(一)婴幼儿托育服务政策与法规的联系

首先,婴幼儿托育服务政策与法规在本质上是一致的。在我国,婴幼儿托育服务政策与法规都有着共同的指导思想;都体现了广大人民群众的根本利益和共同意志;都由经济基础决定,并建立在其之上,是上层建筑的组成部分;都为社会主义现代化建设服务,能够保证托育服务的方向,促进托育服务的改革和发展,培养德智体美劳全面发展的社会主义建设者和接班人。

其次,婴幼儿托育服务政策是制定托育服务法规的依据,而婴幼儿托育服务法规是托育服务政策得以实施的保证。一方面,婴幼儿托育服务政策是制定托育服务法规的依据,婴幼儿托育服务法规是托育服务政策的条文化、具体化和定型化。婴幼儿托育服务政策体现了统治阶级的意志和需要,任何托育服务法规的制定和实施都必须以托育服务政策为主要依据,在托育服务政策的指导下,通过总结经验和认识而形成。婴幼儿托育服务法规是在具有长期相对稳定性、影响全局、在实践中获得成功的托育服务政策的基础上的细化。另一方面,婴幼儿托育服务法规是托育服务政策得以实施的保证,是用法律形式规定下来的、经过实践检验的托育服务政策,也是保障托育服务政策贯彻落实的重要手段。肯定托育服务法规的保障作用,就肯定了托育服务政策的指导作用;否定托育服务法规的保障作用,也就否定了托育服务政策的指导作用。从这个角度来看,婴幼儿托育服务政策和托育服务法规在相互联系的基础上,还相互制约。

(二)婴幼儿托育服务政策与法规的区别

婴幼儿托育服务政策与法规具有本质上的一致性,在托育工作中,两者均不可或缺,且紧密联系,相辅相成。然而,我们不能将两者混同,而应该在了解两者区别的基础上,使婴幼儿托育服务政策与法规发挥各自应有的作用。

第一,制定机关不同。婴幼儿托育服务政策的制定主体既可以是党的组织,也是可以是国家机关。同时,各级国家机关在自身的职权范围内,还可以制定大量的实施法律法规的具体政策。而婴幼儿托育服务法规只能由特定的国家机关根据一定的立法程序制定,并以法的形式固定下来,具有国家意志的属性,具有较强的法律效力。

第二,表现形式不同。婴幼儿托育服务政策通常是以决议、决定、纲要、意见、通知、指示等文件标题和形式出现的,而婴幼儿托育服务法规则是以法律、条例、规定、办法、实施细则等规范性文件标题和形式出现的。其中,婴幼儿托育服务政策的表现形式较为多样,较为概括而灵活,在结构完整的基础上带有比较强的号召性,一般来说不呈现为严格的条文化的形式,不包括关于制裁的内容;婴幼儿托育服务法规则较为具体详尽,规范明确,对适用该法规的情况、具体的行为规则以及违反者需要受到的制裁都有清晰而细致的表述。

第三,实施方式不同。婴幼儿托育服务政策的实施主要是通过深入细致的思想和组织工作进行宣传,通过相关单位或个人的模范和表率作用进行带动,进而发挥影响、贯彻落实的。婴幼儿托育服务法规则以国家强制力作为后盾保证实施,具有普遍约束力,它不是可做可不做的行为,而是必须做的行为,否则就要承担相应的法律责任,接受相应的法律制裁。

第四,稳定程度不同。婴幼儿托育服务政策可以随着社会政治、经济等的发展变化适时而变、随时调整、不断完善,且调整范围广泛,渗透到托育服务的各个方面,以配合、指导各部门、单位和个人进行婴幼儿托育工作。而婴幼儿托育服务法规作为婴幼儿托育服务政策经验的总结和群众智慧成熟、集中的结晶,一经制定则不得随意修订或废止,除非经过严格的法定程序加以调整,调整范围主要是相关托育制度、基本关系、托育权利和义务等根本方面,而不涉及托育工作中较为具体的组织安排和活动事项。

第二节　我国婴幼儿托育服务的历史沿革

一、 20 世纪 40 年代至 70 年代中后期：托育服务兴起

相对来说,我国政府部门颁布的针对 0—3 岁婴幼儿的托育服务政策与法规数量较少,但是总体而言仍然存在一些规律。在中华人民共和国成立前后,我国的政策法规表现出受苏联影响的特点,相关的部门针对具体问题制定相关政策。具体表现在:婴幼儿托育服务起步较晚,受时局影响大;城市及农村均以集体福利的形式提供婴幼儿托育服务;政策法规对婴幼儿托育服务的发展予以关注;婴幼儿托育服务的发展迎来两次高峰期;幼儿园、托儿所的年龄划分和领导机制得到明确。

（一）婴幼儿托育服务起步较晚，受时局影响大

19 世纪初,早期的婴幼儿托育机构在欧洲出现。第二次世界大战后,西方爆发的"婴儿潮"进一步促进了托育机构发展。在我国的传统社会中,抚养 0—3 岁婴幼儿的主要场所是家庭。近代以来,受西方资本主义的冲击和有识之士的推动,我国的婴幼儿托育由完全的家庭养育缓慢走向社会化。但无论与发达国家相比,还是与其他年龄阶段的教育相比,我国的托育服务均起步较晚。

1931 年,中华慈幼协会在上海设立了第一个正式意义上的托儿所,被称为"幼儿照料所",这是一种为劳工而办的私立实验性托儿所,也是我国有史以来最早推行儿童福利的机构。[①] 1934 年,当时的中华苏维埃共和国临时中央政府颁布了有关托育服务的管理办法——

---

① 刘中一. 我国托育服务的历史、现状与未来[J]. 经济与社会发展,2018,16(04):70—74.

《托儿所组织条例》,之后全国多个省份依据该条例设置了公立示范性托儿所。

这一时期的政策受时局影响较大。从 1927 年开始,老解放区的政策主要以"为战争服务"为指导思想,主要目的是保育儿童,使广大幼儿的父母能参加抗战和生产劳动,保育好革命烈士的后代,培养革命的接班人。与此同时,老解放区的托育工作十分重视对妇女及儿童的保护,体现出社会福利的倾向。[①]

中华人民共和国成立后,20 世纪 50 年代初,幼儿教育进入初创时期。大量的年轻女性走出家庭,踏进社会,投入生产活动之中。为减轻照顾子女的负担、减少参加社会生产活动的阻碍,并回应急剧增长的家庭中儿童的照护需求,我国政府借鉴苏联的经验,并归纳总结了老解放区的政策法规,实施了具有苏联特色的发展婴幼儿托育服务的各项举措。

（二）城市及农村均以集体福利的形式提供婴幼儿托育服务

由于得到政府的支持,这一时期的托育服务大多以集体福利的形式提供。当时,托儿所的主办机构主要是厂矿企业中的工会组织,因此托儿所主要设立在厂矿之中,招收的大多是 3 岁以上的幼儿,也有少数 3 岁以下的婴幼儿。

在城市中,托育服务作为职工集体福利项目在劳动法规中被确立下来。1953 年实施的《中华人民共和国劳动保险条例实施细则修正草案》第五十一条规定:"实行劳动保险的企业的女工人女职员,有四周岁以内的子女二十人以上,工会基层委员会与企业行政方面或资方协商单独或联合其他企业设立托儿所(如尚未具备设立托儿所条件,而有哺乳婴儿五个以上须设立哺乳室)。"1955 年,国务院发布了《关于工矿、企业自办中、小学和幼儿园的规定》,要求各工矿、企业单独或联合创办幼儿园,以解决本单位职工子女入托入园的需求,经费由各单位列入财政预算。同年,中华全国总工会在北京召开"全国工会厂矿企业托儿所工作会议",确定厂矿企业托儿所的工作方针。1956 年,《关于托儿所、幼儿园几个问题的联合通知》对托儿所、幼儿园的管理和领导等问题作了明确具体的规定,指出托儿所、幼儿园的发展,必须更好地依靠群众,配合群众团体——工会、妇联,动员多方面的人力、物力来进行;明确托儿所、幼儿园应贯彻整顿、巩固、稳步发展并以工厂、机关、团体、群众自办为主的方针;认为发展重点应放在工业地区和大、中城市。

在农村中,作为人民公社运动中的一项集体福利事业,托育服务也逐渐发展起来。《关于托儿所、幼儿园几个问题的联合通知》指出在农村中提倡农业生产合作社举办托儿所(主要是季节性的托儿所和幼儿园)。1958 年通过的《关于人民公社若干问题的决议》指出,公社适应广大群众的迫切要求,创办了大量的公共食堂、托儿所、幼儿园、敬老院等集体福利事业。该决议还提出"要办好托儿所和幼儿园,使每一个孩子比在家里生活得好、教育得好,使孩子们愿意留在那里,父母也愿意把孩子放在那里"的发展目标。

从中华人民共和国成立后直到 20 世纪 50 年代末,我国基本形成了主要由工作组织和生产组织以集体福利形式提供托育服务的格局。在这之后,这种思路并未发生改变,一直延续

---

① 雷国春,曹才力,李重庚. 学前教育政策法规解读(第二版)[M]. 长沙:湖南大学出版社,2013:7.

到 20 世纪 70 年代初。

（三） 政策法规对婴幼儿托育服务的发展予以关注

从上文提到的政策法规中可以看到，自 20 世纪 50 年代起，我国政府在托育服务的许多方面都作出了规定。除此之外，1956 年，教育部、教育工会全国委员会联合发出《关于中小学、师范学校的托儿所工作的指示》，指出在教育工会组织的积极协助下，依靠群众，举办各种类型的托儿所的必要性，并要求积极改进工作，使之巩固、发展。1958 年 9 月，中共中央、国务院在《关于教育工作的指示》中提出全国应在 3—5 年的时间内，基本完成使学龄前儿童大多数都能进入托儿所和幼儿园的任务。不过，需要注意的是，1958 年的《关于人民公社若干问题的决议》《关于教育工作的指示》是在"大跃进"的背景下出现的，目标过高，不完全符合幼儿教育事业的发展规律。

（四） 婴幼儿托育服务的发展迎来两次高峰期

中华人民共和国成立之后，我国的托育服务发展迎来了第一次高峰期，全国各地 3 岁以下婴幼儿进入公立托育机构的人数急剧上升。据报道，1950 年，全国有公私立的保育机构 643 个，收托儿童 31 794 人。1952 年，全国工矿、企业、机关、学校中的托儿所已达 2 738 个，在大、中城市中还建立了街道托儿站 4 346 个。1954 年，全国工矿企业中工会系统的托儿所有 4 443 个。到 1956 年底，基层托儿所共有 5 775 个。

托育服务的发展随着社会的变化而变化。随后，我国社会经历了"三年困难时期"和"文化大革命"，6 岁以下儿童的入园率和入托数都急剧降低，托育服务的发展停滞甚至倒退。经过大约 10 年的低迷时期，我国的托育服务才开始了缓慢的全面复苏，并在 20 世纪 70 年代迎来了第二个高峰期，6 岁以下儿童的入园率和入托数都开始回升。托育服务作为保障劳动力供给的一项措施，开始逐步回到决策者的政策工具箱中，当时很多城市职业妇女在 56 天的产假结束后，就把婴儿放入单位举办的日托机构中，准时返回工作岗位。据报道，1975 年的入园率和入托率几乎恢复到 20 年前的水平，1980 年的城乡入托率达到 28.2%。

（五） 幼儿园、托儿所的年龄划分和领导机制得到明确

我国托儿所和幼儿园的划分，此前并不是很严格。1956 年，在《关于托儿所、幼儿园几个问题的联合通知》中，规定托儿所和幼儿园应依儿童的年龄来划分，即收三周岁以下儿童者为托儿所，收三至六周岁儿童者为幼儿园。由此，确立了托儿所和幼儿园的年龄划分标准。

与此同时，该通知明确在管理和教育等业务上的领导机制：有关方针、政策、规章、制度、法令、教育计划、教育内容、教育方法、儿童保健等业务，在托儿所方面，统一由卫生行政部门领导；幼儿园内的托儿班由卫生行政部门进行业务指导；幼儿园统一由教育行政部门领导，托儿所内的幼儿班由教育行政部门进行业务指导，主办单位应向当地卫生行政部门、教育行政部门报告工作。至于民政部门所办的救济性质的托儿所、幼儿园，仍由民政部门主管，但

其业务亦应分别由卫生、教育行政部门领导。由此,确立了由当时的教育部、卫生部分管的机制。

二、20 世纪 70 年代中后期至 80 年代中后期:恢复发展,确立托育服务体系

改革开放以后,我国的托育事业得到恢复,进入新的发展阶段,政府出台了若干专门针对托儿所的政策法规,将重点放在城市托儿所的保育工作上。具体表现在:重视并大力发展托育事业,确定我国的托儿所制度;仍主要依靠集体力量建立托育服务体系;积极举办托育机构及家庭托儿所。

(一)重视并大力发展托育事业,确定我国的托儿所制度

1978 年 9 月,中国妇女第四次全国代表大会在北京召开,康克清在《新时期中国妇女运动的崇高任务》这一报告中指出:"哺乳室、托儿所、幼儿园等幼托事业,是实现家务劳动社会化的重要方面。广大妇女都要关怀它,爱护它,培植它,和有关部门一道,把这一伟大的事业认真办好。"1978 年 12 月,党的十一届三中全会召开,我国开启了改革开放和社会主义现代化的伟大征程。改革开放带来的经济活力对正规就业的劳动力提出了更大规模的需求,为了配合支持妇女就业,全国各级政府、企事业单位和街道社区都大力举办托育机构,托育事业也由此进入新的发展阶段。

1979 年,第五届全国人民代表大会第二次会议上的《政府工作报告》指出,要十分重视发展托儿所、幼儿园,加强幼儿教育。同年,当时的教育部、卫生部、国家劳动总局、全国总工会和全国妇联等单位联合召开了全国托幼工作会议,并通过了《全国托幼工作会议纪要》,中共中央、国务院转发了这一会议纪要,明确了"坚持'两条腿走路'的方针,恢复、发展、整顿、提高各类托幼组织"。另外,该会议建议由国务院设立"托幼工作领导小组"(后于 1982 年精简机构时被撤销),加强托幼工作的统一领导和分工合作;明确"托幼工作领导小组"的任务及各有关部门的管理分工。该会议强调托育事业是一项社会性的事业,需要全党全社会的重视和关心。在此之前,相关政策及规范内容仍偏向于幼儿园的教育,且托儿所、幼儿园的区别较不明确。

1980 年,卫生部颁发《城市托儿所工作条例(试行草案)》,确定了我国现行的托儿所制度,明确了托儿所的性质。这一条例规定托儿所是三岁前儿童集体保教机构,负有教养三岁前的婴幼儿及解放妇女劳动力的双重任务;托儿所应按年龄分班,乳儿班为十个月以前,小班为十一个月至十八个月,中班为十九个月至两周岁的儿童。这一条例同时指出,托儿所必须贯彻实行以保为主、保教并重的方针,为把儿童培育成体格健壮、品德良好、智力发达的下一代打下基础。与之相适应地,1981 年,卫生部妇幼卫生局颁布《三岁前小儿教养大纲(草案)》,提出了托儿所教养工作的具体任务,明确规定了三岁前幼儿集体教养的原则、生活教育环节的内容,以及发展幼儿语言、动作、认知、社会性的方法。这是中华人民共和国成立后

首次就 0—3 岁儿童的集体教养工作作出明确规范。这一大纲在提高托儿所的保教质量方面发挥了重要的指导作用。

政策导引

扫描二维码,学习《三岁前小儿教养大纲(草案)》。

(二)仍主要依靠集体力量建立托育服务体系

在这一时期,托育服务体系的建立主要还是依靠集体的力量,托儿所和幼儿园的主要举办方还是集体,包括机关、部队、学校、工矿、企事业等单位,经费由各单位自行解决,另外还有少数的民办托儿所。1979 年召开的全国托幼工作会议针对今后的托幼工作指出,从目前我国的实际情况出发,为了满足群众普及托幼组织的要求,应继续提倡机关、部队、学校、工矿、企事业等单位积极恢复和建立哺乳室、托儿所、幼儿园;农村要大力发展农忙托幼组织,有条件的社队要举办常年托儿所、幼儿园(班)。1983 年,教育部发布的《关于发展农村幼儿教育的几点意见》也指出,农村应以群众集体办园为主,充分调动社(乡)、队(村)的积极性。在这些政策文件的推动下,我国托育服务沿着既有路径继续发展。

(三)积极举办托育机构及家庭托儿所

改革开放之初,社会经济的快速发展充分调动了各级政府、企事业单位和街道社区举办托育机构的积极性。至 1980 年底,据报道,自全国托幼工作会议以来,全国的托育事业有了较大发展,城乡各类托儿所、幼儿园已发展到将近 100 万个,入托儿童总数将近突破 350 万人,0—3 岁婴幼儿的入托率也已经达到了 30%左右。如,1981 年,上海的民办托儿所很受欢迎,因为民办托儿所的收托方式机动灵活,服务时间适应各类家长的不同需要,且点多面广。当时,上海市有民办托儿所 562 个,分布在 116 个街道,收托儿童 10.5 万余人,占市区各类托儿所在托婴幼儿总数的一半以上。

这一时期,妇联等组织还大力倡导家庭兴办托儿所。据报道,自 1983 年以来,北京市各级妇联组织大力兴办家庭托儿所(户)。全市家庭托儿所(户)已由最初 297 个发展到 1983 年的 1.6 万多个,为 5 万余名职工解除了后顾之忧,托管 3 岁以下婴幼儿 2 万余人,使全市 3 周岁以下儿童的入托率提高了 8%,达到 34.4%。

然而,这种由政府和企事业单位全力支持的福利性质的托育服务体制,随着经济体制的改变,也于其后逐渐走向消解。

三、20 世纪 80 年代中后期至 2004 年:托育服务体系走向消解

从 20 世纪 80 年代中后期开始,我国逐渐从计划经济转变为社会主义市场经济。在经济

制度改变的影响下,全国范围内单位福利制度逐步瓦解,托育服务体系的规模萎缩,托育机构不断减少,0—3岁婴幼儿的入托率日渐下降。具体表现在:外部政策条件与内部动力相互作用,导致0—3岁婴幼儿入托率下降;以分税制改革为界,托育服务前期主要以公共服务形式提供,后期由公共服务和私人市场共同提供;国有企业改革大规模分离托儿所职能,托育服务体系受到巨大冲击;继续出台具有针对性、规划性的托育服务政策和法规,并推广家庭教育;托育服务市场化发展进程不断加快。

（一）外部政策条件与内部动力相互作用，导致0—3岁婴幼儿入托率下降

从托育服务发展的外在因素来看,在这一时期,我国劳动力由不足转变为过剩,公共托育服务在促进妇女就业功能方面的强调有所下降。在农村,随着人民公社解体,托育服务体系由依托人民公社转为依托乡镇政府。在城市,伴随国有企业改革和单位制解体,国有企业从1997年的25.4万户减少至2007年的11.5万户,作为职工集体福利的托育服务逐渐被剥离出单位职能外。

在各种政策文件中,不再提及3岁以下婴幼儿日托服务的发展目标。1988年8月,国家教育委员会等8部门联合制定《关于加强幼儿教育工作的意见》,明确指出:养育子女是儿童家长依照法律规定应尽的社会义务,幼儿教育不属义务教育,家长送子女入园理应负担一定的保育、教育费用。因此,托育服务不再是由单位提供的一项集体福利,而是家庭需要向市场购买的服务;婴幼儿照护不再被列入国家的福利保障范围内,而是重新回归家庭;"要继续调动企业、事业、机关、团体、部队、学校等单位举办幼儿园的积极性,可采取单独举办或联合举办幼儿园的形式,解决其职工子女的入园问题",但对托儿所的发展没有作要求。政府托育服务投入不足,面临利润压力,接收3岁以下儿童的日托机构和班级随之严重萎缩,托儿所已基本消失。尽管少量幼儿园还招收3岁以下的儿童,但儿童的最低入园年龄由过去的56天(即母亲产假结束后)提高到18个月(部分地区是2岁)及以上。因此,自20世纪80年代中期以来,1岁半以下的婴儿很少进入托育机构,1岁半至3岁婴幼儿的入园机会也大为减少。

从托育服务发展的内部动力来看,一方面,由于"计划生育"政策,这一时期全国新生儿数量减少,人口出生率下降,所以托育服务内部发展动力不足。另一方面,很多城市家庭只生育一个孩子,且偏向传统的家庭养育方式,不再把3岁以下的婴幼儿托付给托育机构照料。除此之外,在这一时期,以提高人口素质为目的的儿童的早期教育功能被强化,人们对机构教育功能的重视大于对其托管功能的重视,故更倾向寻找带有教育功能的培训机构,而对传统的托育服务有所忽视。因此,从20世纪80年代中后期至2004年,我国3岁以下婴幼儿的教养主要依靠祖辈、亲戚或保姆在家中完成,当然也不排除少数母亲为此不得不放弃工作的情况。这些原因导致的一个结果就是,几乎所有的托育机构都面临生源不足的窘境,这种局面的出现加速了我国托育机构的消亡。

（二）以分税制改革为界，托育服务前期主要以公共服务形式提供，后期由公共服务和私人市场共同提供

在这一阶段的早期，在地方政府财力的支持下，托育服务主要还是以集体福利的形式来提供的，福利式的幼儿教育体制并未从根本上瓦解，[①]国家负担了托育服务的绝大部分成本费用。政府不仅利用财政支出直接举办少量公办托育机构，更多的是为企事业单位举办的托育机构提供多种间接投入。[②]尽管国家财政对农村托育服务的直接和间接投入较少，但村集体以集体投入的形式举办托育服务，实际上也是一种公共服务。在这一阶段，家庭承担的托育费用比例非常低，带有象征性。

这一阶段的转折点出现在 1994 年，一场具有深远影响的分税制改革在我国拉开了序幕。分税制的实行使我国的财政秩序为之大改，中央财政重获活力，也进一步推动了幼儿教育体制的重构。

我国实行分税制改革后，搭建了市场经济条件下中央与地方财政分配关系的基本制度框架，托育服务逐渐转变为以私为主、公共服务和私人市场并举。1995 年《关于企业办幼儿园的若干意见》提出要"积极稳妥地推进幼儿教育逐步走向社会化"，"改革现行幼儿园收费制度"，确立了托育服务由公共服务占主导向由公共服务和私人市场共同提供的发展原则。很显然，托育服务走市场化道路与这一时期我国的社会经济改革密切相关，以市场化为导向的改革把原来由单位和国家提供的很多福利抛向市场，托育服务也位列其中。托育服务走市场化道路的原则确立之后，由国家直接或间接资助的托育服务逐年减少，相应地，市场提供的托育服务呈逐年递增的趋势。而且，即使是由国家提供的公共托育服务，家庭承担的费用比例与之前相比，也要高出很多。同时，国家不再通过单位来间接投入托育服务，而是以直接举办，或是资助私人市场的形式对托育服务进行投入。但是，《关于企业办幼儿园的若干意见》强调各级政府和教育行政部门要加强对企业办园的业务指导，要加强社区对幼儿教育的扶持与管理。

（三）国有企业改革大规模分离托儿所职能，托育服务体系受到巨大冲击

1993 年 11 月，党的十四届三中全会通过的《中共中央关于建立社会主义市场经济体制若干问题的决定》，指出国有企业改革的方向是建立现代企业制度。随着社会主义市场经济体制的确立、企事业单位社会职能的剥离及集体经济的萎缩，国有企业主办的托儿所和幼儿园大幅度减少。

从 1997 年开始，国有企业改革步入深水区。作为经济体制改革的重点，国有企业改革是政府工作的突出任务。政府要求着眼于整个国有经济，把国有企业改革、改组、改造和加强企业经营管理紧密结合起来，有针对性地采取措施，搞好大的，放活小的，做好国有企业减员

---

① 张秀兰. 中国教育发展与政策 30 年（1978—2008）[M]. 北京：社会科学文献出版社. 2008：56.
② 蔡迎旗. 幼儿教育财政投入与政策[M]. 北京：教育科学出版社. 2007：42—53.

增效、下岗分流、规范破产、鼓励兼并和职工再就业,务求在国有企业改革和发展方面取得实效。自 1997 年至 2007 年,国有企业年均减少 1.4 万户。同时,国有企业开始大规模分离托儿所、幼儿园等社会职能,政府和企事业单位大幅减少了对生育和家庭照料的支持,原有的城市托育服务体系受到巨大冲击。政府对托育服务的投入严重不足,大多数企业迫于利润压力也停止提供托儿服务,招收 3 岁以下婴幼儿的托育机构大规模减少,儿童的教养责任再度被"家庭化"。

2003 年,国务院办公厅转发教育部等部门制定的《关于幼儿教育改革与发展的指导意见》,提出:"今后 5 年(2003—2007 年)幼儿教育改革的总目标是:形成以公办幼儿园为骨干和示范,以社会力量兴办幼儿园为主体,公办与民办、正规与非正规教育相结合的发展格局。根据城乡的不同特点,逐步建立以社区为基础,以示范性幼儿园为中心,灵活多样的幼儿教育形式相结合的幼儿教育服务网络。为 0—6 岁儿童和家长提供早期保育和教育服务。"这份文件明确了坚持实行地方负责、分级管理和有关部门分工负责的幼儿教育管理体制,但没有提及托儿所及其管理部门。

(四) 继续出台具有针对性、规划性的托育服务政策和法规,并推广家庭教育

在这一阶段,我国仍然继续出台具有针对性、规划性的政策法规,所强调的应发展 0—3 岁婴幼儿托育的内容主要集中在托儿所的环境与保健方面:为对托育机构的各项卫生保健工作作出明确规定,确保婴幼儿的健康与安全,1985 年,卫生部印发了《托儿所、幼儿园卫生保健制度》;为对建筑设计与设备的标准作出明确规定,1987 年,城乡建设环境保护部、国家教育委员会发布了《托儿所、幼儿园建筑设计规范》;为进一步提高托儿所、幼儿园卫生保健工作质量,加强对托育机构保健工作的管理与监督,确保儿童的身心健康,1994 年,卫生部、国家教育委员会颁发了《托儿所、幼儿园卫生保健管理办法》。

2001 年,国务院发布《中国儿童发展纲要(2001—2010 年)》,提出要发展 0—3 岁儿童早期教育,建立并完善 0—3 岁儿童教育管理体制,再一次强调了 0—3 岁婴幼儿早期教育的重要性。同年,为促进托幼衔接,教育部发布《幼儿园教育指导纲要(试行)》,提出:"幼儿园教育要与 0—3 岁儿童的保育教育以及小学教育相互衔接。"2002 年 5 月,为了巩固"九五"期间家庭教育工作成果,进一步加强新时期家庭教育指导与服务,不断提高全民族的家庭教育水平,全国妇联、教育部颁发《全国家庭教育工作"十五"计划》,其中指出:"大力推广 0—3 岁儿童家庭教育工作指导的经验。"

(五) 托育服务市场化发展进程不断加快

在《关于幼儿教育改革与发展的指导意见》中,"以公办幼儿园为骨干和示范,以社会力量兴办幼儿园为主体,公办与民办、正规与非正规教育相结合的发展格局"的目标,加快了托育服务市场化发展的进程。到 2004 年,提供托育服务的,私人市场开始超过公办机构,且私人市场所占比例持续上升。

四、 2004 年至今：托育服务体系重构，提倡责任共担

从 2004 年至今，社会日益呼唤高质量的托育服务。国家对 0—3 岁婴幼儿托育服务给予了充分的重视，出台了一系列与托儿所、幼儿园相关的政策，托育服务体系经历重构。0—3 岁婴幼儿托育从托儿所机构托育拓展到多种形式的托育，从只关注机构托育的质量到关注公民办机构、家庭及其他各种形式的托管、早期教育的质量，但托育行业发展也遇到了一定的困难。具体表现在：支持和重视托儿所卫生保健工作、0—3 岁婴幼儿家庭教育及早期干预工作；提倡多种托育服务方式，支持普惠的发展方向；积极开展托育服务试点工作及示范城市创建活动；0—3 岁婴幼儿入托率低，托育行业困难重重；高质量的托育服务需求与日俱增，相关政策法规旨在提升托育服务的数量和质量；出台 0—3 岁婴幼儿托育政策的国家标准。

（一）支持和重视托儿所卫生保健工作、0—3 岁婴幼儿家庭教育及早期干预工作

2010 年颁布的《国家中长期教育改革和发展规划纲要（2010—2020 年）》提出："重视 0 至 3 岁婴幼儿教育。"在其发展任务中，已正式将 0—3 岁婴幼儿教育列入学前教育的范畴。为提高托儿所、幼儿园卫生保健工作水平，预防和减少疾病发生，保障儿童身心健康，经卫生部部务会议审议通过，并经教育部同意，《托儿所幼儿园卫生保健管理办法》自 2010 年 11 月 1 日起施行。为贯彻落实该管理办法，加强托儿所、幼儿园卫生保健工作，切实提高托育机构卫生保健工作质量，卫生部组织专家对 1985 年印发的《托儿所、幼儿园卫生保健制度》进行了修订，形成了《托儿所幼儿园卫生保健工作规范》，于 2012 年颁布。

在 0—3 岁婴幼儿家庭教育方面，突出了托育发展以"家庭为主"的首要原则。2010 年，全国妇联、教育部等部门发布《全国家庭教育指导大纲》。为深入贯彻落实习近平总书记的重要指示精神，强化品德教育在家庭教育中的核心地位，适应新时代家庭教育发展的新需求，全国妇联、教育部等部门对该文件进行了修订，并于 2019 年发布了《全国家庭教育指导大纲（修订）》，其中对 0—3 岁年龄段的家庭教育指导作出了详细的规定。

政策导引

学习《全国家庭教育指导大纲（修订）》。

2011 年，全国妇联、教育部、中央文明办印发《关于进一步加强家长学校工作的指导意见》，指出："幼儿园家长学校每学期至少开展 1 次家庭教育指导、2 次亲子实践活动。有条件的幼儿园要向周边社区延伸家庭教育活动，做好社区 0—3 岁和未入园儿童的家庭教育指导工作。"2016 年，全国妇联等 9 部门在《关于指导推进家庭教育的五年规划（2016—2020 年）》

中指出："充分发挥各类家庭教育指导服务站点作用，开展儿童早期家庭教育知识宣传普及。鼓励妇幼保健机构、幼儿园面向社区和家庭开展儿童早期家庭教育服务与指导，探索建立儿童早期发展社区家庭支持模式。"2022年，全国妇联等11部门共同制定并印发《关于指导推进家庭教育的五年规划（2021—2025年）》指出："完善家庭教育政策措施。推动将家庭教育指导服务纳入城乡社区公共服务、公共文化服务、健康教育服务、儿童友好城市（社区）建设等。"

政策导引

学习《关于指导推进家庭教育的五年规划（2016—2020年）》《关于指导推进家庭教育的五年规划（2021—2025年）》。

在特殊儿童早期干预方面，2009年，教育部等部门发布《关于进一步加快特殊教育事业发展的意见》，指出："地方各级教育、民政、卫生部门和残联要相互协作，采取多种形式，在有条件地区积极举办0—3岁残疾儿童早期干预、早期教育和康复训练机构。鼓励社会力量举办学前特殊教育机构。"2021年，《"十四五"特殊教育发展提升行动计划》指出："大力发展非义务教育阶段特殊教育。"

（二）提倡多种托育服务方式，支持普惠的发展方向

2011年8月，国务院颁布《中国儿童发展纲要（2011—2020年）》，提出："积极开展0—3岁儿童科学育儿指导。积极发展公益性普惠性的儿童综合发展指导机构，以幼儿园和社区为依托，为0—3岁儿童及其家庭提供早期保育和教育指导。加快培养0—3岁儿童早期教育专业化人才。"2012年，《国家教育事业发展第十二个五年规划》首次提出早期教育"公益性"的发展方向，"依托幼儿园，利用多种渠道，积极开展公益性0—3岁婴幼儿早期教育指导服务"。2017年，《国家教育事业发展"十三五"规划》指出："发展0—3岁婴幼儿早期教育，探索建立以幼儿园和妇幼保健机构为依托，面向社区、指导家长的公益性婴幼儿早期教育服务模式。"同年，教育部等四部门发布的《关于实施第三期学前教育行动计划的意见》指出："鼓励有条件的幼儿园面向家长和社区开展公益性0—3岁早期教育指导。"2019年，国家发展改革委等18部门出台了《加大力度推动社会领域公共服务补短板强弱项提质量 促进形成强大国内市场的行动方案》，将增加托育服务有效供给和扩大城乡普惠性学前教育资源纳入行动任务中。该行动方案具体提出："积极引导社会力量举办托育服务机构，鼓励家庭育儿知识传播、社区共享平台等托育服务新模式新业态探索发展，发展多元化托育服务体系。""进一步完善普惠性民办园认定标准和扶持政策，通过购买服务、减免租金、综合奖补、教师交流培训等方式，支持普惠性民办园发展。"早期教育作为"公共服务"的属性再次凸显，国家开始以直接举办或资助私人市场的形式推动托育事业的发展。

（三）积极开展托育服务试点工作及示范城市创建活动

2012 年，教育部办公厅下发了《关于开展 0—3 岁婴幼儿早期教育试点工作有关事项的通知》，为贯彻落实相关精神，探索发展 0—3 岁婴幼儿早期教育的模式和经验，决定选择部分地(市)先行开展 0—3 岁婴幼儿早期教育试点工作。2013 年，教育部办公厅下发了《关于开展 0—3 岁婴幼儿早期教育试点的通知》，决定在上海市、北京市海淀区等 14 个地区开展 0—3 岁婴幼儿早期教育试点，并对试点任务、内容和有关工作提出了明确要求，重点在婴幼儿早期教育管理体制、管理制度、服务模式、内涵发展等方面进行研究探索。

2021 年，国家卫生健康委、国家发展改革委决定开展全国婴幼儿照护服务示范城市创建活动，印发《关于开展全国婴幼儿照护服务示范城市创建活动的通知》。2022 年，为做好示范城市的推荐申报工作，国家卫生健康委办公厅、国家发展改革委办公厅发布《关于做好第一批全国婴幼儿照护服务示范城市推荐申报工作的通知》。以上两个通知明确了示范城市创建范围、内容、管理办法、创建标准和工作要求等。此后，国家卫生健康委、国家发展改革委严格评审标准和程序，经城市主动申报、省级评审推荐、国家审核公示等程序，于 2023 年命名首批 33 个示范城市(区)。

（四）0—3 岁婴幼儿入托率低，托育行业困难重重

据报道，2017 年，中国 3 岁以下婴幼儿的入托率仅为 4.1%，而有 48% 的婴幼儿家长需要托育服务。可见，托育机构的数量严重不足，无法满足家长的需求。基于教育部门管理的托育机构(如公办托儿所、幼儿园"小小班")短缺的现状，托育服务的市场化机构(如托管中心、早教中心、亲子园等)进入了家长的视野。托育行业的规模在不断扩大。

然而，各种渠道提供的托育服务的质量是良莠不齐的。当前，我国 0—3 岁婴幼儿托育行业总体的特点是：机构数量和托育服务供给不足，主管部门和相关法规缺乏，行业标准模糊且专业师资队伍不足，社会力量开办托育机构困难重重。此外，托育行业中的一些机构主要提供课时制的早期教育服务，而不提供全日制或半日制的托育服务。

随着人们对 0—3 岁婴幼儿托育重视程度的不断提高，高质量的托管服务和早期教育服务的需求将会越来越迫切，出台相应的政策与法规对早期教育机构、托育机构、亲子培训机构等社会力量办学进行规范也迫在眉睫。

（五）高质量的托育服务需求与日俱增，相关政策法规旨在提升托育服务的数量和质量

2013 年 12 月起，"单独两孩"政策正式实施，允许一方是独生子女的夫妇生育两个孩子。2016 年 1 月起，为了应对日益严峻的低生育率和人口老龄化的趋势，"全面两孩"政策正式实施，一对夫妇可生育两个孩子。2021 年，"三孩"生育政策被提出，并正式实施，即一对夫妇可以生育三个子女。因此，新增的婴幼儿的家长有强烈的托育服务需求。此外，随着居民可支配收入的不断提高，且父母日益重视婴幼儿的发展促进，高质量的托育服务需求日渐凸显。

然而,据统计,2018年全国婴幼儿在各类托育机构的入托率仅为4.3%,城市3岁以下儿童的入托率不到10%,而发达国家3岁以下婴幼儿的入托率为25%—55%。重构我国的托育服务体系再次回到了人们的视线当中,成为相关部门和机构进行政策讨论或决策的热点之一。

在这一时期,国家对0—3岁婴幼儿托育服务给予了充分的重视。一方面,研究有力地显示了促进0—3岁儿童早期发展具有巨大的社会效益和经济效益,是政府投资最少、回报率最高的事业,凸显了积极发展婴幼儿托育服务的必要性;另一方面,为了进一步应对人口老龄化,完善生育政策配套措施,我国政府陆续颁布多项托育服务政策,发展普惠托育服务体系,降低生育、养育、教育成本,比如大力鼓励有条件的企事业单位开办幼儿园、托儿所等,为提供高质量的婴幼儿托育服务提供了新的思路。

2017年10月,党的十九大报告提出:"坚持在发展中保障和改善民生。增进民生福祉是发展的根本目的。必须多谋民生之利、多解民生之忧,在发展中补齐民生短板、促进社会公平正义,在幼有所育、学有所教、劳有所得、病有所医、老有所养、住有所居、弱有所扶上不断取得新进展,深入开展脱贫攻坚,保证全体人民在共建共享发展中有更多获得感,不断促进人的全面发展、全体人民共同富裕。"在以人民为中心的发展思想的指导下,首次将"幼有所育"作为保障和改善民生工作的重要内容之一。2022年10月,党的二十大报告指出"群众在就业、教育、医疗、托育、养老、住房等方面面临不少难题","我们已经采取一系列措施加以解决,今后必须加大工作力度";同时强调,"优化区域教育资源配置,强化学前教育、特殊教育普惠发展"。

此外,2018年的《政府工作报告》指出:"要多渠道增加学前教育资源供给,重视对幼儿教师的关心和培养,运用互联网等信息化手段对儿童托育中育儿过程加强监管,一定要让家长放心安心。"2019年的《政府工作报告》强调:"婴幼儿照护事关千家万户。要针对实施全面两孩政策后的新情况,加快发展多种形式的婴幼儿照护服务,支持社会力量兴办托育服务机构,加强儿童安全保障。"2020年的《政府工作报告》同样要求"发展养老、托幼服务"。2021年的《政府工作报告》在"持续增进民生福祉,扎实推动共同富裕"部分指出:"实施积极应对人口老龄化国家战略,以'一老一小'为重点完善人口服务体系,优化生育政策,推动实现适度生育水平,发展普惠托育和基本养老服务体系。"2022年的《政府工作报告》要求:"加大社区养老、托幼等配套设施建设力度,在规划、用地、用房等方面给予更多支持。"同时提出:"完善三孩生育政策配套措施,将3岁以下婴幼儿照护费用纳入个人所得税专项附加扣除,多渠道发展普惠托育服务,减轻家庭生育、养育、教育负担。"2023年的《政府工作报告》再次明确"实施三孩生育政策及配套支持措施"。

"幼有所育"的要求促使更好的学前养育和教育从3—6岁逐步拓展到0—6岁,以实现所有幼儿的均衡发展。"幼有所育"既是公平概念,要求为所有儿童提供公平的受教育机会,也是质量概念,要求提供有质量的学前教育及家庭教育。解决好入园难、入园贵的问题,满足好入园、入好园的迫切需求,迎接好生育政策对学前教育和托育服务的发展带来的挑战。

在地方层面,以上海市为例。2018年,上海市率先出台3岁以下幼儿托育服务"1+2"文件,具体包括《关于促进和加强本市3岁以下幼儿托育服务工作的指导意见》《上海市3岁以下幼儿托育机构管理暂行办法》《上海市3岁以下幼儿托育机构设置标准(试行)》,鼓励家庭为主、多方参与的托育服务体系,让更多幼儿实现"幼有所育"。上海市的"1+2"文件强调,政府引导,家庭为主,多方参与,为3岁以下婴幼儿及其家长提供保育和科学育儿指导的服务,鼓励社会组织、企业、事业单位或个人举办,面向3岁以下婴幼儿,尤其是2—3岁婴幼儿的,以实施保育为主、教养融合的婴幼儿照护全日制、半日制或计时制机构。同时进一步强化托育机构的规范管理,强调对托育机构严控标准,加强管理,确保婴幼儿的健康安全。2022年,上海市人民政府办公厅印发《上海市托育服务三年行动计划(2020—2022年)》,坚持政府引导、家庭为主、多方参与,以满足多层次、多元化、有质量的托育服务需求为导向,加快构建上海市托育服务体系,有效推进上海市"幼有善育"工作的整体进程。该行动计划制定了如下总体目标:"建设完善托育服务供给体系、管理体系、队伍建设体系和质量保障体系。扩大托幼一体规模,建立以社区为依托、机构为补充、普惠为主导的资源供给体系,完善规范有序、行业自律、合力共治的管理体制,打造一支素质优良、结构合理的托育服务队伍,构建教养医结合的专业化服务模式,提供多种形式的高质量科学育儿指导,努力让人民群众获得普惠、安全、优质的托育服务。"2023年,《上海市学前教育与托育服务条例》正式实施,为上海市进一步推进学前教育与托育服务发展提供了坚实的法律保障。该条例要求上海市各级政府在规划与建设幼儿园及托班配套资源、完善家庭科学育儿指导服务、推进社区托育服务建设运行、科学实施保育教育、加强托育服务监管等方面不断总结经验,创新做法,完善工作,为适龄婴幼儿及其家庭提供更好的服务,实现"幼有所育"向"幼有善育"的转变。

在国家政策精神的指导及工作部署下,相关政策也陆续出台。如2019年5月,国务院常务会议指出,决定对养老、托育、家政等社区家庭服务业加大税费优惠政策支持,即从2019年6月1日到2025年底,对提供社区托育相关服务的收入免征增值税,并减按90%计入所得税应纳税所得额。同年6月,财政部等部门发布《关于养老、托育、家政等社区家庭服务业税费优惠政策的公告》,提出通过税收优惠政策,支持社区托育服务发展。

(六) 出台0—3岁婴幼儿托育服务政策的国家标准

2019年,国务院办公厅发布了《国务院办公厅关于促进3岁以下婴幼儿照护服务发展的指导意见》,指出要"以习近平新时代中国特色社会主义思想为指导,全面贯彻党的十九大和十九届二中、三中全会精神,按照统筹推进'五位一体'总体布局和协调推进'四个全面'战略布局要求,坚持以人民为中心的发展思想,以需求和问题为导向,推进供给侧结构性改革,建立完善促进婴幼儿照护服务发展的政策法规体系、标准规范体系和服务供给体系,充分调动社会力量的积极性,多种形式开展婴幼儿照护服务,逐步满足人民群众对婴幼儿照护服务的需求,促进婴幼儿健康成长、广大家庭和谐幸福、经济社会持续发展"。该意见强调:发展婴幼儿照护服务的重点是为家庭提供科学养育指导,并对确有照护困难的家庭或婴幼儿提供必要的服务;强化政策引导和统筹引领,充分调动社会力量积极性,大力推动婴幼儿照护服务发展,优先支持普惠性婴幼儿照护服务机构;按照儿童优先原则,最大限度地保护婴幼儿,确保婴幼儿的安全和健康。该意见提出将婴幼儿照护服务纳入经济社会发展规划,"到 2020 年,婴幼儿照护服务的政策法规体系和标准规范体系初步建立,建成一批具有示范效应的婴幼儿照护服务机构,婴幼儿照护服务水平有所提升,人民群众的婴幼儿照护服务需求得到初步满足。到 2025 年,婴幼儿照护服务的政策法规体系和标准规范体系基本健全,多元化、多样化、覆盖城乡的婴幼儿照护服务体系基本形成,婴幼儿照护服务水平明显提升,人民群众的婴幼儿照护服务需求得到进一步满足"。该意见明确了婴幼儿照护服务发展工作由卫生健康部门牵头,也明确了其他部门的相关责任。

为加强托育机构专业化、规范化建设,按照《国务院办公厅关于促进 3 岁以下婴幼儿照护服务发展的指导意见》的要求,国家卫生健康委组织制定了《托育机构设置标准(试行)》和《托育机构管理规范(试行)》。《托育机构设置标准(试行)》坚持政策引导、普惠优先、安全健康、科学规范、属地管理、分类指导的原则,充分调动社会力量积极性,大力发展托育服务。《托育机构管理规范(试行)》坚持儿童优先的原则,尊重婴幼儿成长特点和规律,最大限度地保护婴幼儿,确保婴幼儿的安全和健康。以上两项政策就托育机构的功能职责、设置要求、场地设施、规模及备案、收托、保育、健康、安全、人员、监督管理等方面的内容作出了明确规定。

2019 年 10 月,为深入实施《国务院办公厅关于促进 3 岁以下婴幼儿照护服务发展的指导意见》,国家发展改革委、国家卫生健康委发布了《支持社会力量发展普惠托育服务专项行动实施方案(试行)》,旨在充分发挥中央预算内投资示范带动作用和地方政府引导作用,在全国开展支持社会力量发展普惠托育服务专项行动,明确:"3 岁以下托育服务属于非基本公共服务范围,是地方政府事权,要坚持社会化发展托育服务,围绕'政府引导、多方参与、社会运营、普惠可及',深入开展城企合作。"以此着力增加 3 岁以下婴幼儿普惠托育服务的有效供给。此外,为贯彻落实《国务院办公厅关于促进 3 岁以下婴幼儿照护服务的指导意见》,2019 年 12 月,国家卫生健康委办公厅、中央编办综合局、民政部办公厅、市场监管总局办公厅印发《托育机构登记和备案办法(试行)》,进一步规范托育机构的登记和备案管理。

第三节　托育人员的职业伦理

一、托育人员职业伦理的界定

(一)伦理和职业伦理

伦理来自古希腊语"ethos"(习惯、习俗),意思是"品格"或"习惯"。黑格尔指出:"主观的善和客观的、自在自为地存在的善的统一,就是伦理。"在中国文化中,"伦,从人,辈也,明道也;理,从玉,治玉也"。"伦"字作辈分、等次、秩序解,引申其义,可解释为人们之间的各种社会关系,又称作"人伦"。"理"字原指雕琢玉器使其成型有用,作治理、整理、调理解,后来引申之义为协调社会生活和人际关系中的道理、理论、规则等。伦理合成一个概念使用,最早出现在《礼记·乐记》中,"乐者,通伦理者也"。之后,"伦理"一词逐渐被用来专指人在社会生活关系中应当遵循的道理与规则,或专指社会的秩序、规则,以及人们合理正当的行为。

职业是人们由于社会分工和生产内部的劳动分工而长期从事的具有专门业务与特定职责,并以此作为主要生活来源的社会劳动。每一种职业都要承担一定的职业责任,享有一定的职业权利,并体现和处理着一定的利益关系。因此,作为一种生产关系和社会组织形式,职业与伦理之间有着不可分割的内在联系。各种职业都有着属于自身的职业伦理,职业伦理一般具有以下特征。

第一,职业伦理的专业性和特定性。职业伦理是与人们的职业生活实践相联系的,往往只对从事某种特定行业的人起调节作用。如"教书育人"的伦理要求适用于教师这一职业,"保证司法公正"的职业伦理是对法官这一职业的特定要求。

第二,职业伦理的继承性和稳定性。职业伦理内容的丰富和完善不是一朝一夕就能完成的,而是随着职业发展和从业人员实践不断积累形成的。在不断调整优化的过程中,职业伦理的变化也是有范围和程度的限制的,主要表现为对该职业核心理念的坚守。如对于教师的"为人师表""以身立教"等伦理规范要求已有较长的历史传统,从古至今,都是基本一致的要求。

第三,职业伦理的灵活性和多样性。在规范行使上,职业伦理既有比较正规的规章制度,也有非正式的口号、标语,还有一些不成文的行业习惯、习俗等。同时,各行业往往可以从本行业的具体实际出发,制定反映本行业职业伦理具体内容的制度和要求。

第四,职业伦理的强制性和处罚性。当从业人员在特定行业中违反职业伦理的具体要求后,行业有权根据法律法规对该人员进行强制处理。违反职业伦理通常会受到相应的处罚,如批评、警告、罚款、撤职、解聘等,严重的会触犯法律,受到相应制裁。

(二)托育人员职业伦理

托育人员职业伦理,所要处理的是"托育人员如何生活和行动"的问题,是托育人员处理各种社会关系的道理,体现的是社会对托育人员的要求、社会占主导地位的价值取向,具有外在性、社会性、共同性和普遍性等特征,是一种指导托育人员人际关系的"统一思维"。托育人员职业伦理是托育人员这一职业所特有的,与职业实践密切相关的专门性伦理。同时,它体现了托育人员职业伦理的基本内涵,说明托育人员职业伦理不只是托育人员在职业生活中所应遵守的行为规范或行为准则,还包括托育人员从规范或准则中内得而成的观念意识和行为品质。

二、托育人员职业伦理的构成

托育人员职业伦理主要由托育人员职业理想、托育人员职业责任、托育人员职业态度、托育人员职业纪律、托育人员职业技能、托育人员职业良心和托育人员职业荣誉等七个因素构成。这些因素从不同方面反映出托育人员职业伦理的特定本质和规律,同时又相互配合,共同构成托育人员职业伦理的重要范畴。

（一）托育人员职业理想

托育人员职业理想是指托育人员对于未来职业具体发展方向的选择以及在工作上取得何种成就的向往和追求。以日常科学养护和照料为基础,回应和支持婴幼儿情感需求与早期发展的需要,助力普惠托育服务体系的建立,是社会主义市场经济体制下托育人员职业理想的主要内容,它体现了托育人员职业伦理的本质。

（二）托育人员职业责任

托育人员职业责任是指托育人员必须承担的职责和任务。英国《早期专业教师认证标准指南》提出早期教师应具备广泛的职业责任,包括"负责通过适当的专业发展为自己和同事领导实践","示范和实施有效的教育与护理,支持和领导其他从业者"等。当前,我国托育人员的职业责任可分为三个部分:作为照护培育者,为婴幼儿提供照护服务,规划培育活动;作为指导协调者,指导家长科学育儿,整合社会资源促进婴幼儿早期发展;作为专业发展者,强化自我发展,树立专业形象。自觉承担托育人员职业责任,就是要求托育人员把职业责任变成自觉的伦理义务,为婴幼儿的早期发展而无私奉献。

（三）托育人员职业态度

托育人员职业态度是指托育人员对自身职业劳动的看法和采取的行为。托育人员职业态度是在实际劳动中逐渐形成的,而职业伦理的其他方面也会作用于职业态度。托育人员正确的职业态度是托育人员职业伦理的反映,托育人员职业伦理的不同方面又能够不断端正其职业态度。

（四）托育人员职业纪律

托育人员职业纪律就是托育人员在从事托育工作过程中应遵守的规章、条例、守则等。如 2022 年 11 月颁布的《托育从业人员职业行为准则（试行）》,即是规范托育人员职业纪律的重要规章之一。托育人员职业纪律是维持托育活动正常进行的保证,是托育人员必须遵守且不能违反的。这就要求托育人员认真学习职业伦理的有关规定,在托育工作中恪守职业纪律,虚心接受批评,勇于自我批评并不断改进。

（五）托育人员职业技能

托育人员职业技能集中地表现为托育人员科学照护 0—3 岁婴幼儿的知识与能力,托育人员照护婴幼儿的效果是其职业技能的反映。努力提升职业技能是职业本身对从业人员的要求,也是托育人员职业伦理对托育人员提出的要求。职业技能的提升,直接关系到婴幼儿的成长发育和其家庭的幸福。

（六）托育人员职业良心

良心是人类特有的一种道德心理现象，属于与义务、责任密切联系的道德范畴，也是义务内化后的自我升华。托育人员职业良心主要是指托育人员个体在托育工作中，对社会向托育人员提出的伦理义务的自觉意识，对履行职责的伦理责任感的价值认同和情感体认，以及对自我行为进行伦理判断、调控和评价的能力等。职业良心的力量体现在它对托育人员的伦理道德行为起着定向作用，能够增强托育人员对行业发展的使命感，进而促进其主体生命价值的自我实现，提升其精神境界。

（七）托育人员职业荣誉

托育人员职业荣誉是托育人员在履行职业义务后，社会所给予的赞扬和肯定，以及托育人员个人所产生的尊严与自豪感。职业荣誉可以推动托育人员更好地履行职业义务，为提升托育师资人才队伍质量与保障普惠托育服务体系的完善建立尽职尽责，为社会主义现代化建设培养强大的后备力量。

三、托育人员职业伦理的功能

作为重要的精神导向力量，托育人员职业伦理的功能是多方面的，主要有教育功能、协调功能和激励功能。各种功能之间相互影响、相互作用。

（一）教育功能

教育功能是指通过对托育人员职业伦理的学习，培养托育人员的伦理道德信念，形成托育人员的职业风范，塑造理想的人格，从而提高托育人员的精神境界，强化托育人员的事业心、责任感和自豪感。对托育人员而言，职业伦理的教育功能一方面可以帮助其深刻意识到托育工作的价值和意义，如发展普惠托育服务体系这一民生事业以促进人口长期均衡发展，另一方面使托育人员意识到自身的职业价值。在照护婴幼儿、观察其逐渐成长的过程中，托育人员也会体验到无与伦比的成就感和爱意。托育人员在事无巨细的劳动付出中，收获了其他行业难以获得的乐趣和幸福。

（二）协调功能

协调功能是指通过教育、评价、命令等方式，指导和纠正托育人员的职业行为，协调托育工作中的各种关系。它是托育人员职业伦理最基本也是最重要的功能。托育工作中存在着托幼、家托、同事等多方面的关系需要调节，也经常出现工资奖金发放、工作协调配合等利益冲突。协调这些关系、解决这些矛盾只靠行政命令难以奏效，而是需要一种更灵活有效的调解体系，即托育人员职业伦理。托育人员职业伦理能够告诉托育人员什么是应该做的，什么是不应该做的，什么是合理的，什么是不合理的。如此，托育人员在工作实践中可以自觉抱有明确的伦理道德意识,选择正确的行为。同时,通过托育人员职业伦理的协调作用,还可以把托育工作实践中的各种关系制约在一定的秩序之中,形成良好的托育生态,使托育人员处于和谐的工作氛围之中,保证托育工作的顺利进行。

(三) 激励功能

职业伦理对托育人员个体具有重要意义,它体现了一定社会或阶级对托育人员职业行为的基本要求,是托育人员个体职业工作的精神动力。它既是一种外部的激励,又是托育人员的自我激励。职业伦理是托育人员职业行为的精神基础和内在动力。职业伦理对托育人员工作实践的激励功能,主要体现为婴幼儿的健康成长、家长的感谢、单位的嘉奖会使托育人员信心倍增,从而鼓足干劲,在工作实践中尽心尽力。职业伦理对社会精神文明建设的激励功能,主要体现在对其他行业职业伦理建设的带动鼓励上。加强托育人员职业伦理的建设,提高托育人员的职业伦理素养,营造良好的行业之风,对于其他职业乃至整个社会的伦理道德建设都会产生积极影响。

以上三种功能体现了托育人员职业伦理建设对于顺利开展托育工作的重要性,以及托育相关专业学生学习职业伦理的必要性。受幼儿园教师行为失范产生的过大的社会消极舆论的影响,社会对0—3岁托育人员师德师风的建设尤为重视。况且0—3岁婴幼儿的月龄发展特点划分细致,需要托育人员具备更强的职业理解和优良品行。因此,要成为一名称职、优秀的托育人员,一定要学习理解托育人员职业伦理,并将所学伦理知识贯彻到工作实践当中。

 **思考与练习**

1. 婴幼儿托育服务政策有哪些特点?

2. 婴幼儿托育服务法规有哪些特点?

3. 婴幼儿托育服务政策与法规存在哪些联系及区别?

4. 我国的托育服务政策与法规的发展经历了哪几个阶段?

5. 设计一份研究问卷,调查你所在社区0—3岁婴幼儿家长的托育需求,或你所在社区0—3岁婴幼儿的入托情况、家长对托育机构和托育人员的满意程度。

6. 选取一所你身边的托育机构,依据《托育机构设置标准(试行)》和《托育机构管理规范(试行)》,考察其在设置要求、场地设施、规模及备案、收托、保育、安全、人员、监督管理等方面的达成情况。

7. 托育人员职业伦理的功能是什么?

第二章　部分国家婴幼儿托育服务政策与法规

学习目标

1. 了解英国、美国、日本、澳大利亚、丹麦、挪威的婴幼儿托育服务政策的特点;

2. 理解英国、美国、日本、澳大利亚、丹麦、挪威的婴幼儿托育服务政策变革的背景;

3. 掌握英国、美国、日本、澳大利亚、丹麦、挪威的婴幼儿托育服务政策与法规的重点内容;

4. 有效运用英国、美国、日本、澳大利亚、丹麦、挪威的婴幼儿托育服务政策与法规的内容,分析其优势与不足。

案例导入

各个国家的托育服务政策发展都具有浓厚的民族和文化色彩,反映了国家的政治、经济、文化和教育的发展方向。比如,英国的托育服务被称"早期教育",保持着保教一体化的特色;美国是民族融合度较高的国家,移民人口、少数民族人口占比大,人口的复杂性要求其托育服务同时承担维持社会秩序和保障教育公平的任务;日本的托育服务包含幼稚园与保育所两种形式,随着社会发展与"少子化"现象加剧,逐渐由"幼保一元化"转变为"幼保一体化";澳大利亚的托育服务政策与法规呈现出一种市场化为主导、政府参与的趋势,并建立了完整的托育服务监督与评价体系;丹麦和挪威的托育服务则呈现出一种北欧高福利国家的典型特征,政府对于托育服务的经费补贴政策十分完善。

了解不同国家的托育服务政策与法规的发展历程,有助于把握我国托育服务的动态和趋势,为我国托育服务政策与法规的制定提供借鉴。本章将以英国、美国、日本、澳大利亚、丹麦、挪威六个国家为例,梳理各国婴幼儿托育服务政策与法规发展的历程、社会背景,分析其在托育服务方面实施的各项措施,以为我们提供借鉴。

本章导览

部分国家婴幼儿托育服务政策与法规

英国婴幼儿托育服务政策与法规
- 19世纪前：自由、放任的托育政策
- 19世纪初至20世纪90年代：初具社会服务功能
- 20世纪90年代至今：托育服务保教一体化形成

美国婴幼儿托育服务政策与法规
- 19世纪中期前：家族承担主要责任
- 19世纪中期至20世纪初：托育服务初见端倪
- 20世纪30年代至40年代：联邦政府职能转变
- 20世纪50年代至90年代：托育服务快速发展
- 20世纪90年代至今：托育服务质量提升

日本婴幼儿托育服务政策与法规
- 19世纪末至20世纪30年代：托育服务的起始
- 20世纪40年代至90年代：托育服务初步规范
- 20世纪90年代至今："少子化"改变托育服务方向

澳大利亚婴幼儿托育服务政策与法规
- 澳大利亚婴幼儿托育服务政策与法规的历史演进
- 澳大利亚婴幼儿托育服务政策与法规的主要内容
- 澳大利亚婴幼儿托育服务政策与法规的特点

丹麦婴幼儿托育服务政策与法规
- 丹麦婴幼儿托育服务政策与法规的历史演进
- 丹麦婴幼儿托育服务政策与法规的主要内容
- 丹麦婴幼儿托育服务政策与法规的特点

挪威婴幼儿托育服务政策与法规
- 挪威婴幼儿托育服务政策与法规的历史演进
- 挪威婴幼儿托育服务政策与法规的主要内容
- 挪威婴幼儿托育服务政策与法规的特点

第一节　英国婴幼儿托育服务政策与法规

一、19 世纪前：自由、放任的托育政策

在中世纪，英国的教会与慈善团体承担着幼儿托育、教育的重要任务，不过，当时接受托育服务的幼儿大多是孤儿。第二次世界大战期间，妇女或是跟随男性走上战场，承担战需补给工作，或是独自养家糊口，这导致了她们无法同时照顾幼儿。因此，英国民间自发举办了许多非正式的托育机构。这些托育机构实际上就是为了解决妇女无法兼顾工作与照顾幼儿的问题而出现的，而非从幼儿的利益出发的。

二、19 世纪初至 20 世纪 90 年代：初具社会服务功能

第二次工业革命和第二次世界大战对英国托育政策的变革产生了重大影响。随着工业的蓬勃发展，社会生产力迅速发展，英国的教育开始表现出制度化和社会化的特征。受到第二次世界大战的影响，英国托育服务初具社会性的特点。

1870 年，英国颁布了《初等教育法》，确立了 5 岁以上儿童开始接受义务教育的体制，国民初等教育制度正式形成。同时，5 岁以下儿童的教育和照看成为了热点问题，受到了社会各界的密切关注。

1905 年，《关于公立小学不满 5 岁儿童的报告》提出要为 3—5 岁的儿童设立"保育学校（Nursery School）"。保育学校于 1913 年正式建立，承担起了 5 岁以下儿童的保育工作。随着保育学校的发展，1923 年，英国保育学校协会（Nursery School Association）成立。此外，《费舍教育法》《哈多报告》《巴特勒法案》等相关法规和制度的出台逐渐对 0—5 岁婴幼儿的保育及教育活动进行了规定与明确，婴幼儿托育越来越受到社会的重视，并开始形成规范的管理制度。

第二次世界大战后，男性回到职场工作，妇女重新回归家庭，但也有部分思想先进的妇女坚持工作。因此，此前的部分托儿所得以保留，主要服务于因父母外出工作而无人照顾的儿童。

1967 年，英国中央教育咨询委员会发布了《儿童及其初等学校》的报告（又称《普洛登报告》），其中指出，"凡是受政府资助的 3—5 岁儿童教养机构，应……接受教育科学部（现教育部前身）和地方教育当局的双重管辖"，并肯定了 5 岁以下儿童教育的重要性。

这一时期的托育服务的社会性明显，主要为贫困家庭和工作家庭提供临时与短暂的照看服务，但未形成统一规范的体系，同时各个托育机构之间的差异性也很大。

三、 20 世纪 90 年代至今：托育服务保教一体化形成

目前,英国已经制定并出台了较为完善的婴幼儿托育服务政策体系,涵盖了 0—5 岁婴幼儿保育和教育的各个方面。1998 年,新工党上台执政后颁布了《国家儿童保育战略》(National Childcare Strategy),并提出了英国第一项针对早期教育的干预政策——确保开端计划(Sure Start)。该计划成为英国后续一系列婴幼儿托育政策的开端。

(一)《国家儿童保育战略》

起初,英国对于托育服务的定义就包括教育(Education)与保育(Care)两个方面,但在 20 世纪 90 年代前,教育与保育一直被认为是分离的两个概念,托育机构重视保育而忽视教育。

20 世纪 90 年代末,新工党执政的英国政府对学前教育的众多问题开始实施改革,力图在学前教育方面为所有儿童提供教育的机会,改善保育与教育供给,因此提出了一系列保育和教育的发展政策。

1998 年,英国政府在《应对保育挑战》(Meeting The Childcare Challenge)中提出:要改变英国保育与教育分离的状况,强调保育和教育的结合关系,把“保教一体化”作为英国在婴幼儿托育方面的战略重点。这一文件的颁布开始将保育与教育视为相互联系、不可分割的有机整体。

同年,英国政府颁布了《国家儿童保育战略》,强调教育与保育的关系紧密,不可割裂;同时提出增设儿童保育机构、提高儿童保育质量、让所有家长都能负担起儿童保育费用、为所有 4 岁儿童提供免费教育等要求。

(二) 确保开端计划

确保开端计划实际上是落实《国家儿童保育战略》的具体实施方案。这一计划的核心是为处境不利地区的家庭提供早期干预和支持,以确保在这些家庭中生活的儿童不会陷入继续贫困的恶性循环中。这一计划具体包括早期教育、儿童保育、家庭支持、医疗卫生四个方面的具体举措和方法。

然而,21 世纪以来,这一政策在一定程度上受到了一些批评。2002 年,英国首相战略办公室发布报告指出:“‘确保开端计划’这一概念比较难以把握,因为它并不是一个具体的机构或一系列服务的实际标准。”因而,该报告建议为“确保开端计划”建立新的“确保开端儿童中心”(Sure Start Children's Centre)。“确保开端儿童中心”是一个多功能地为儿童及其家庭提供托育服务的机构或场所,它的特点包括:由地方政府管理或委托管理,地方当局通过综合的方式加以考察,以确保儿童早期服务能有效进行;通过现场服务、提供关于其他服务的建议和帮助,使当地儿童及其家庭从中获得有效的托育服务;能够为儿童提供诸多活动等。

(三)《每个儿童都重要》

2003 年,英国政府颁布了《每个儿童都重要》(Every Children Matters)这一标志性的政

策文件。这一政策文件的出台是对 2000 年 2 月英格兰地区 8 岁女孩维多利亚·科里比亚受虐致死事件的直接回应。根据英国政府的调查,这一事件主要是由于儿童社会服务机构、卫生部门和警方之间联系合作不足而导致的。因此,这一政策文件着力构建并完善了由教育与技能部、卫生部、财政部、文化部和工商部等十几个部门共同合作负责的儿童服务体系,提出了儿童发展的五项指标,具体包括健康、安全、快乐并有所成就、作出积极贡献、达到良好的经济状况。这五项指标成为以后十几年政策和规划的共同目标。

(四)《父母的选择,孩子的最好开端:儿童保育十年战略》

2004 年,英国政府颁布了《父母的选择,孩子的最好开端:儿童保育十年战略》(Choice For Parents, the Best Start for Children — A Ten-year Strategy for Childcare)。这一战略一方面是对确保开端计划的一些负面评价的回应,另一方面也是将《每个儿童都重要》中的目标操作具体化的过程。该战略于 2004 年 8 月由财政部、教育与技能部、工作与养老金部联合出台草案,12 月正式颁布,2005 年 4 月开始实施。

《父母的选择,孩子的最好开端:儿童保育十年战略》对 21 世纪英国第一个十年早期教育核心目标等作出了阐释和规划。其中,重视支持家庭、支持父母实现工作与家庭之间的平衡是这一战略的重点。其具体内容包括以下几点。

一是扩大父母的选择:确保父母能够在平衡工作与家庭生活方面具有更多样和更灵活的选择。

二是扩大保育服务的覆盖面:确保所有年龄在 14 岁以下的儿童的家庭都能够享受到可负担得起的高质量和灵活的保育服务。

三是确保质量:提供世界一流的早期保育服务,任用高水平的儿童保育人员,并创设高质量的早期教育环境。

四是提供可负担得起的保育服务:所有家庭都能够支付得起自己所需要的保育服务的费用。

同确保开端计划和《每个儿童都重要》相比,《父母的选择,孩子的最好开端:儿童保育十年战略》最重要的特点在于其凸显了儿童保育和教育服务与父母工作之间的关系。它的逻辑在于鼓励父母,尤其是低收入家庭的父母外出工作,然后父母可通过外出工作改善家庭经济条件,从而减少儿童贫困的现象。这一战略的实施主要在 2004 年 12 月到 2014 年 12 月这十年间。

(五)《早期奠基阶段规划》

2005 年,英国政府推出了《早期奠基阶段规划》(The Early Years Foundation Stage,简称 EYFS)。这一规划是世界上最权威的婴幼儿早期教育标准之一。英国教育与技能部自 2000 年起,设立专项调研组,召集了 7 000 名专家、学者和教师,对 3 000 名婴幼儿进行长期跟踪研究,且通过 12 周的方案公示征询反馈,获得了 1 800 份反馈意见。在此基础上,调研确认了 0—5 岁婴幼儿早期教育的重要性,并由专业人士对早期教育方式进行了科学严谨的研究,最终制定了《早期奠基阶段规划》。这一规划的科学性和权威性已在世界范围内获得广泛认可。它是通过整合 2000 年的《3—5 岁基础阶段指南》、2002 年的《0—3 岁早期保育教育框架》、2003 年的《8 岁以下日间看护国家标准》等三方面的政策而形成的,是一套系统的婴幼儿早期教育标准①。

《早期奠基阶段规划》的核心目标是为早期教育服务设立标准,包括:整合 0—8 岁儿童的保育教育服务;实施强行注册以加强监管;制定早期教育发展领域目标,包括身体、社会性与情感、交往、语言与认读能力、问题解决能力、推理与计算能力,以及对世界的认识、理解与创造性发展等方面。

《早期奠基阶段规划》的主要内容有:一是在英国建立一个从出生开始的统一、连续而灵活的早期教育系统,旨在促进儿童早期的全方位发展与学习,改进所有儿童的生活质量;二是依法对提供早期儿童教育服务的机构和个人实行强制注册,加强指导和监管,保证所有儿童都能获得高质量的早期教育;三是制定早期教育发展领域目标。

总之,《早期奠基阶段规划》是一个关于制定标准的政策文本,它为早期教育服务质量的监管和提升奠定了法律基础。

(六)《儿童保育教育法》

虽然英国早期教育的战略规划及改革与行动框架在以往的政策中已有明确规定,但对于不同级别政府的职责安排仍有待明确,这就是 2006 年英国政府制定《儿童保育教育法》(Child Act)的主要目的。

该法案是英国第一部专门关注儿童早期保育教育的法律,消除了为 0—5 岁儿童提供的早期教育及保育在法律上的区别,有助于改变传统的儿童早期保育服务的方式。它首次定义了儿童保育的概念;以法律的形式确保了国家对儿童早期保育教育的持续财政投入;界定了地方政府与中央政府的不同职责、地方政府与教育质量标准局的不同职责。该法案还规定:从 2008 年 9 月开始,所有学校、已注册的为 0—5 岁儿童提供保育教育的场所都要履行《早期奠基阶段规划》中的义务,包括提供整合性学习、发展及护理等。

(七)《儿童计划:构建更美好的未来》

这一政策的出台源于英国政府职能部门的改革,即将原有的教育与技能部分为儿童、学校和家庭部以及创新、大学技能部。在这些部门成立后,英国政府广泛收集社会各界对于英国基础教育进行改革的意见,并基于此,于 2007 年 12 月发布了《儿童计划:构建更美好的未来》(The Children's Plan:Building Brighter Futures)。这一政策明确提出"将英国建设成世界上最适合儿童成长的国家"的目标,为政府未来的发展描绘了新蓝图。

该政策提出了五条指导原则:第一,家长(不是政府)是儿童真正的抚养者,政府要通过各种政策措施帮助和支持家长;第二,所有儿童都有成功的潜能,因此,政府应该尽力提供各

---

① 贾茹. 英国早期基础阶段教育政策的特点及启示[D]. 长春:东北师范大学,2018:4—5.

种条件以保证他们潜能的发挥;第三,儿童应该尽情享受童年,同时为未来的成年生活做好准备;第四,各类服务设施应当依据儿童及家庭的需要而创建,并能较好满足其需求,而不是仅仅按照专业标准进行设计;第五,尽量预防教育失败,将问题消除在早期阶段。

在这些原则的指导下,该政策有六项主要战略目标。一是健康与幸福,保证每个儿童和青年的身心健康;二是确保安全与免遭伤害,包括游戏与虚拟空间的安全、避免各类意外事故、免遭欺凌或恐吓、防止酗酒与吸毒等多个方面;三是实现世界一流的教育,包括提供一流的早期教育、课堂教学、领导与发展、培训与专业发展等多个方面,旨在使全部学校达到世界一流水平,为儿童潜能的发挥创造条件;四是缩小不同背景学生之间的学业差距,即采取一定的措施缩小处境不利儿童与普通儿童之间的学业差距,消除处境不利儿童的学习障碍,促进入学公平;五是确保儿童安心学习,积极发展儿童潜能,采取一定措施增加儿童的各类学习或实习、培训机会,确保其在 18 岁以前(甚至在 18 岁以后)都可以安心学习,具备继续接受教育或者就业所需要的能力;六是保证儿童走向成功,采取一定的措施保障儿童的各类需求得到满足,积极预防各类危险行为或倾向,对其成长发展给予充分的支持与指导,即确保儿童享有幸福、健康与安全的童年,同时确保其为成年生活做好准备。

(八)《早期奠基阶段法定框架:0—5 岁儿童学习、发展和保育标准》

英国政府于 2005 年颁布《早期奠基阶段规划》,作为一个指导性文件,其在幼儿学习与发展标准、评估、安全防护与福利三大方面提出了要求,其内容注重保教结合,全面地规划了 0—5 岁幼儿保育与教育的相关标准。

《早期奠基阶段规划》于 2008 年进行了修订,形成了《早期奠基阶段法定框架:0—5 岁儿童学习、发展和保育标准》(Statutory Framework for the Early Years Foundation Stage: Setting the Standards for Learning Development and Care for Children from Birth to Five)。这一新的政策文件在 2005 年《早期奠基阶段规划》的基础上进一步进行了细化,为 0—5 岁处于早期奠基阶段的儿童设定了学习、发展和保育的标准。新的政策文件列出了 0—5 岁儿童发展的 6 大领域:个性、情感和社会性,沟通、语言和读写,身体,问题解决、原因和计数,理解世界,创造性,并在这 6 个领域中细化出了 69 个早期学习目标。

2012 年,这一政策文件再次修订,将原来的 6 个领域拆分为 7 个领域,并分为主要领域和特殊领域 2 个部分,其中主要领域包括沟通和语言发展,个性、情感和社会性发展,身体发展;特定领域包括读写、数学、理解周围世界、表现艺术和设计[①]。2012 版的政策文件将读写和数学单列出来,更明确地强调了早期教育为未来学习奠定基础的目的;把身体发展归入主要领域,体现了对儿童身体健康的重视。2012 年版的政策文件所要求的是儿童的身心全面发展,而过去笼统的所谓的创造性的培养,在新的政策文件中则明确规定要通过表现艺术和设计的教育来实现。

2014 年,《早期奠基阶段法定框架:0—5 岁儿童学习、发展和保育标准》又一次进行修

---

① 易凌云.英国早期教育政策与实践的现状及其对我国的启示[J].湖南师范大学教育科学学报,2016,15(06):76—85.

订,其中特别对儿童学习与发展标准的评估与保障部分进行了补充。另外,制定了《早期奠基阶段档案手册》(Early Years Foundation Stage Profile Handbook)。这一手册是对儿童学习和发展的观察与评估要求的总结,并对进行评估和报告的过程与方法进行了详细的介绍。这样一来,《早期奠基阶段法定框架:0—5岁儿童学习、发展和保育标准》与《早期奠基阶段档案手册》成为了促进早期奠基阶段儿童学习与发展的主要依据和标准。

2017年,《早期奠基阶段法定框架:0—5岁儿童学习、发展和保育标准》迎来了新一次的修订。新的政策文件指出:"每个幼儿都是独特的个体,他们勤奋学习、适应力强、能干、自信。幼儿通过各种良好的人际关系,学会自立、学习自强。"经过十多年的理论与实践检验,这一版本与前几个版本的主要差别在于:一是强调了儿童学习与发展的三个基本领域是个人、社会性和情感发展,身体发展,社会交往与语言;二是特别强调个人、社会性和情感发展。其内容的主要含义如下。

(1) 个人、社会性和情感发展:帮助幼儿建立积极的自我认知和良好的他人认知;学习沟通技巧、管理情绪;理解集体中的恰当的行为;拥有符合自我能力的自信。主要包括以下内容。

① 自信和自我认知:幼儿很有信心挑战新活动,而且会阐述出自己更加喜欢这个活动的理由。他们与自己熟悉的同伴交流,讨论自己的思想,选择活动中需要的资源。不论他们是否需要帮助,他们都会说出来。

② 管理情绪和行为:幼儿可以讨论自己在活动中的情绪、自己和他人的行为、行为的后果;明确知道有一些行为是不可以做的。幼儿可以作为小组成员,理解并遵守规则。幼儿根据环境和变化调节自己的行为。

③ 保持关系:幼儿在游戏中能够和同伴共同合作。他们在组织活动时会考虑听取同伴的意见。他们会对他人的需求和感受敏感,和他人以及其他幼儿之间形成积极的关系。

(2) 身体发展:给幼儿提供各种机会,培养他们成为积极的人;发展他们的协调性、控制能力和运动能力。幼儿能够理解运动的重要性,能选择健康食品以获得身体健康。主要包括以下内容。

① 活动和操作:幼儿在大、小动作中有很好的控制性和协调性。他们能在安全地带,采用不同方式有自信地活动。他们可有效地使用一些器材和工具,包括在书写时使用铅笔。

② 健康和自我保护:幼儿知道锻炼身体、均衡饮食的重要性,会谈论保持健康和安全的方法。他们能成功地管理自己的卫生和个人需求,如独立穿脱衣服和如厕。

(3) 社会交往与语言:幼儿能意识地分配注意并倾听,并在此基础上进行理解及表达。主要包括以下内容。

① 倾听、注意:幼儿能在一定范围内有意地倾听。幼儿能够听故事,然后准确地预估后续关键事件的发展,回应相关的内容、问题和动作。当幼儿参与其他活动时,他们也会注意到他人所说的事情并给予适当的回答。

② 理解:幼儿可根据指令做一些简单动作。幼儿根据自己的经验回应故事或实践中关于怎么样和为什么的问题。

③ 说：幼儿有听众的需求意识，能够有效地表达自我。当幼儿讨论已经发生的或是即将发生的事情时，能够使用正确的时态。通过自己对事件的理解，幼儿能够逐步形成一套自己叙述和解释事件的方式。

拓展阅读

英国丰富的托育服务方式与实施机构

大致来说，英国父母需要自己负担 0—3 岁婴幼儿托育服务的费用，婴幼儿托育服务的形式包括了托儿所（Day Nursery）、混合型幼托中心（Combined Nursery/Family Centre）、全日制托儿所（Full-time Day Nursery）、保姆/居家保姆（Nanny/Childminder）、幼托示范中心（Early Excellence Centre）、亲子团体（Parent-toddler Group）、朋友与邻居（Friend/Neighbour）。其中占比较大的是前三种。

托儿所与公立幼儿园或托班的不同之处在于其既有由地方政府的社会服务部门负责的，也有由志愿组织或私人公司、个人提供服务，并受地方政府的福利卫生部门管理的。其招收对象的母亲原则上以有全职工作、无法照顾子女者为主，提供半天或全天的服务。

混合型幼托中心由地方教育局、社会服务部门提供教育与保育。

全日制托儿所是一种由专业教师所主持的全天托育机构。其开放时间视父母外出的上班时间而定，所开展的活动结合了幼儿园以及游戏团体的方式，使幼儿在各方面得到适当的身心发展。

保姆/居家保姆针对 2 岁以下的孩童，是一种较普遍的照顾方式，尤其在较低收入家庭中，采用该方式的较多。

幼托示范中心是被政府指定为优良模式，提供保育、家庭支持、成人教育等功能，是示范性的实施机构。

亲子团体、朋友与邻居是小规模的托育服务。

第二节　美国婴幼儿托育服务政策与法规

一、19 世纪中期前：家庭承担主要责任

美国的托育服务是伴随着经济发展及女性外出工作的需要而产生的。由于美国是一个

民族融合程度较高的移民国家，人口众多，所以维持社会秩序稳定和保障社会公平是美国托育服务政策的一大特点。

19 世纪中期之前，美国还没有出现以托育服务为主要内容的专业机构。传统社会中，人们保留着根深蒂固的家庭观念，认为婴幼儿保育任务应该由家庭承担，即由父母或家庭成员承担起照顾婴幼儿的责任是一种约定俗成的观念。而且，在农业社会时期，社会对劳动力的需求比较小，因而他们完全有闲暇时间，可以承担婴幼儿的保育照顾工作。此外，在农业社会时期，尤其是在宗教文化比较浓厚的历史时期，对婴幼儿的教育普遍处于比较不受重视的阶段。

二、 19 世纪中期至 20 世纪初：托育服务初见端倪

19 世纪中期至 20 世纪初，美国的托育服务经历了增长迅速与受到冲击两个阶段，其发展势头与美国的经济发展、思想变迁都有着紧密的联系。

（一）19 世纪中期：托育服务增长迅速

19 世纪 30 年代，两类机构的出现进一步促进了美国托育服务的发展：第一类是以儿童保育为主要内容的日间托儿所（Day Nursery）。1828 年，美国第一家日间托儿所于波士顿成立，被称为波士顿婴幼儿学校（Boston Infant School）。这家托儿所为 18 个月至 4 岁的幼儿提供托育服务，主要目的在于使贫困家庭的母亲能够外出谋生，让经济、文化上处境不利的儿童能够脱离贫困。第二类是育幼园（Nursery School），为中产阶级的儿童设立，以教育为主，旨在促进儿童社会化发展和进行道德教育。

早期的日间托育服务是为了满足 19 世纪经济快速发展和移民涌入带来的托育需求。即随着欧洲移民大量涌入美国，其对托育服务的需求增长，因而托育机构数量随之迅速增加。据统计，1898 年，美国境内共有 175 家联邦日间托儿所创立，其目的是促进托育服务高标准、高质量发展，而托育服务也处于供不应求的状态。随着日间托儿所机构数量的增加，美国成立了日间托儿所联盟（National Federation of Day Nurseries），作为具有托育管理性质的机构对社会性服务机构进行统一管理。

（二）20 世纪初：托育服务受到冲击

然而好景不长，20 世纪初，美国的批评家们开始反对日间托儿所的举办，其主要观点是"母亲长时间工作而没有时间精力教养孩子，将使母亲和孩子的身心健康受到严重威胁"。"家是唯一适合儿童居住的地方，母亲是最好的照料者"的观点一度风靡，提倡母亲在家照顾儿童的政策逐渐获得支持。

同时，一系列与儿童相关的社会问题越来越受到人们的关注。比如，1909 年的一项调查显示："一年之内有 7 978 名男孩和 4 560 名女孩进入工厂工作，他们的年龄都不满 16 岁，而根据当时芝加哥地区的规定，只有 16 岁以上的儿童才可以进入工厂工作。"另外，在美国城市

化进程加速、大量移民涌入、肺结核和霍乱等传染病流行等诸多因素的影响下,美国社会中孤儿和流浪儿童增多。大量孤儿无人照拂、收养机构数量激增但管理无序等问题也同样严重。为了收留数量庞大的孤儿和流浪儿童,原有的孤儿院等各种儿童收养机构不断增多、规模不断扩大。但这些机构大多缺乏有效的监管,将儿童与家庭隔离,限制探望,甚至强迫儿童进行超负荷的体力劳动、限制儿童学习与发展的机会,使儿童的处境堪忧。

1909 年,美国政府召开了第一届白宫儿童会议(White House Conference on Children)。该次会议指出:家庭生活是文明的最高和最好的产物,儿童应与父母生活在一起,并根据需要为遭遇不幸的家庭或单亲母亲提供援助。该次会议规定每十年召开一次儿童会议,以倡导儿童权益,促进儿童的身心健康发展。该次会议的核心是关注孤儿、单亲儿童,以及被忽视、歧视或虐待的儿童。

在倡导家庭教养的同时,该次会议也提出了许多建议以规范托育机构的发展,为美国后来的儿童工作、托育服务提供了重要指导。这些建议主要包括:(1)儿童福利工作最有价值和最重要的内容不是有效治疗而是积极防御,要通过彻底分析原因,有效地改善状况或者杜绝后患。(2)应向贫困儿童提供教育机会和身心关怀。各类服务机构应进行合作,鼓励志愿组织来照顾儿童。(3)收养家庭应为那些离开他们原本家庭的儿童提供最好的照顾。(4)如果一个儿童需要在机构中临时或永久居住,建议这些机构为儿童提供单独的住所。(5)各州应履行自己的监管责任,监督所有儿童机构的工作,主要监管这些机构是否采用了合格的机构管理方式或者家庭教养方式、是否得到公共或者私人资金的支持等内容。教养贫困儿童是一项重要的任务,因此这项任务只能让那些具有责任心、爱心和安全保障的组织来承担。(6)联邦政府应设立儿童局(Children's Bureau),收集和宣传儿童福利信息,对儿童生活的各方面和福利情况进行调查与报告。(7)州政府应该仔细地研究每一个贫困儿童的特殊情况和需要,让他们得到同社区其他儿童一样的照顾。(8)对于那些必须离开自己家庭或者本来就没有家人的儿童,若他们身心正常发展且不需要特殊照顾,就应该在家庭环境中受到教养。该次会议的最大收获就是促成了儿童局的成立,该机构负责儿童福利制度政策的拟定,提供经费补助,协助州政府执行儿童福利方案。它是世界上第一个专门处理儿童问题、从整体角度来考虑儿童福利事业的政府机构。

外出工作的母亲回归家庭,必然导致家庭收入的减少,这成为了许多贫困家庭的困扰。对此,美国政府为贫困母亲提供了直接的经济援助。至 1919 年,美国共有 39 个州通过了《母亲抚恤金法案》(Mothers' Pension Legislation)。但是该法案提供的经济援助条件具有限制性,只有"身体上、道德上及精神上都适合抚养儿童"且"丧偶、离婚或父亲无法养家糊口"的母亲才能受惠。因此,许多母亲依然不得不外出工作,并将子女送至托儿所。

三、 20 世纪 30 年代至 40 年代：联邦政府职能转变

20 世纪 30 年代至 40 年代,美国社会经历了巨大的波动。20 世纪 30 年代的经济危机让美国的贫困问题成为社会的主要矛盾,失业人数激增,儿童也难以得到照顾。1933 年,美国

政府颁布《联邦紧急救济法案》(Federal Emergency Relief Act)，规定公共事业振兴署建立联邦基金以辅助托儿所和幼儿学校，这是美国政府首次在联邦财务问题上讨论儿童托育的问题。联邦政府自身也于1934年设立了临时托儿所，主要为父母失业的贫困家庭儿童提供免费的托育服务。在当时困难的条件下，托儿所的主要任务是对儿童进行保育，保证儿童的营养和健康。少数托儿所会配备经过培训的幼儿教师，这是托儿所承担教育职能的开始。这一时期托育服务的大众化，使托育服务逐步得到了大众的认可和接受。

第二次世界大战期间，美国为了保证战争后备补给，发动妇女投入到军工物资的生产中，因此整个美国社会再次出现了大量儿童无人照看的问题。1935年，《社会安全法案》(Social Security Act)通过，规定州政府的公共福利部门奖励和资助那些进行儿童托育服务与研究的机构和个人。

1941年，联邦政府通过了《兰汉姆法案》(The Lanham Act)，为受战争影响的家庭提供集体照看儿童的福利。这项法案的主要内容是向保家卫国的军人家庭和受战争影响地区的国防公共建设工程提供资金援助，其中包括由政府拨款在受到战争影响的地区建立儿童保育中心，为相关儿童提供保育服务。但这些项目的质量和教师资质参差不齐，联邦政府只是建议为教师和志愿者开设培训课程，儿童与教师的比例应为10∶1，但实际上由于资源和人员的缺乏，托育服务的质量仍然无法得到保证。不过，《兰汉姆法案》在实施期间服务了大约55万到60万名儿童，且这一法案大大推动了美国托育机构的建立及托育服务的发展。

1943年，凯撒造船公司开办了两所日间托育中心，这是美国首次由企业创办托儿所，全年12个月为儿童提供托育服务。这两所托育中心收费高昂，但它们一共服务了超过4 000名儿童，直到造船公司倒闭。

这种在特殊时期临时设立的托育机构承担的职责仅限于战争时期的儿童保育，规范性较差，因此在战争结束后随之解散。但是，很多已经走出家门工作的妇女不愿意再回归家庭。据统计，20世纪30年代初，有超过80％的美国人强烈反对已婚妇女就业，而到了第二次世界大战期间，只有13％的人依旧持有这种观念。这也迫使联邦政府开始考虑设立长期的、稳定的、规范的托育机构。

四、20世纪50年代至90年代：托育服务快速发展

第二次世界大战后，美国社会发起了轰轰烈烈的保育运动，儿童托育机构数量急剧增多。首先，20世纪50年代至60年代是美国第一次婴儿潮，战后越来越多的人开始组建家庭，1940—1960年，人口出生率增长了68％，使得儿童托育服务供不应求。其次，美国第二次妇女运动在20世纪60年代爆发，更多妇女追求独立，1970年，43.3％的妇女外出工作，比1950年增长了9.4％。同时，离婚率上升，导致单亲家庭数量增加，进一步增加了对儿童托育服务的需求。此外，随着第三次科技革命的推进，大众深刻意识到科学技术的重要性，进而越来越重视教育在促进个体知识技能和社会政治经济发展上的双重功能。

因而可以说，美国面临着为妇女就业的家庭提供长期稳定的托育服务的问题，同时也意

识到对婴幼儿进行保育教育的重要性。1956 年,通过对《社会安全法案》的修正,提出要为就业妇女的子女提供托育服务。1960 年,联邦政府会议上要求各州以立法的形式来确保托育服务项目的实施,同时联邦政府也为各州提供一定的拨款进行扶持。

(一)托育服务:开端计划

在 20 世纪 60 年代开始的反贫困运动中,政府为处境不利儿童和特殊的家庭提供财政补贴与托育服务。其中,最为重要的就是 1964 年开始的大规模的社会改革——开端计划(Head Start),它强调父母参与教育及亲子活动的重要性,认为对处境不利家庭与儿童应及早介入,促进儿童获得补偿性教育,使其早日脱离贫困。其目标主要包括:通过提供保健方法来改善儿童的身体状况和运动素质;通过与儿童的平等交流以增进儿童的智力发展和思维情感发展;培养与改进儿童的语言和认知能力;使儿童学会保持良好的心态;促进家长与孩子之间的交流;培养处境不利家庭的儿童及家长为社会作贡献的意识;帮助处境不利家庭走出困境,重新树立对生活和未来的信心。

起初,开端计划只是一个暑期学校项目,为处境不利儿童提供免费的教育服务、健康服务、社会服务和家长参与服务等,以提高他们的社会竞争力,体现教育公平。1966 年,开端计划的服务范围扩大到了 9 个月的儿童,并于 1967 年为 0—3 岁婴幼儿的父母启动了一个示范项目。但是,针对 3 岁以下儿童的托育服务一直未有大规模的提供。直到 1994 年,美国联邦政府才增设了服务 3 岁以下儿童和孕妇的"提前开端计划"(Early Head Start)。

具体来说,开端计划的内容包含了四个方面。

1. 教育服务方面

开端计划要求教育服务的内容必须既能满足儿童的个体需求,又能适应种族、文化多样性的客观要求,同时,还要符合社区的客观需求。这些教育服务包括对文字、数学、常识、科学等方面的学习和了解,也可以扩大为室内外的其他教学、练习和娱乐活动。此外,对儿童表达能力和沟通能力的培养,也是开端计划教育服务方面的重要内容。

2. 健康服务方面

这里的健康包括身体和心理两方面的健康,既有关于儿童营养、身体检查的内容,也有关于心理健康的内容,甚至还有关于牙齿保健的内容。而且,开端计划针对每位服务对象设有回访制度,可以说为服务对象提供了全面的、综合性的健康服务。健康服务能够掌握儿童的健康状况并采取及时的矫正、预防、治疗等措施,保证了处境不利儿童健康改善的支出以及营养改善的支出。

3. 社会服务方面

开端计划的社会服务更多的是服务于儿童的家长,其中非常重要的一部分就是为家长提供一定的教育培训以提高家长对开端计划的重视程度和自身价值实现的满足感,使社会、家庭紧密融合在一起,努力实施这个计划。除此之外,开端计划的社会服务还包括通过实例让家长了解到社会服务对改善生活的重要性,从而使其自觉参与社会服务;适当为家长提供工作帮助,使家长有时间和精力参与到开端计划中来;帮助部分家长更加了解自己孩子的成长状况,并为配合孩子的成长作出努力。

4. 家长参与服务方面

家长是儿童成长的一面镜子,家长的参与不但有利于儿童的成长,也是对家长自身成长的促进,这是计划有效实施的一个关键因素。在计划中,家长可以参与到具体的决策和实施当中,从而在家庭与计划之间构建健康、和谐的关系,为儿童的成长共同创造一个积极的社会空间。

开端计划自实施以来,已经为超过 3 500 万 5 岁以下的儿童及其家庭提供服务。2017 年,开端计划为城市、郊区、农村地区的家庭和托儿所中的 100 万名儿童及孕妇提供了自助服务。

（二）托育服务的制度化与法律化

除了财政支持,联邦政府对托育服务也进行了政策上的规范。1970 年召开的白宫儿童与青少年会议(The White House Conference on Children and Youth)就强调了了解与回应儿童托育服务需求的重要性,认为儿童托育服务是政府在处理家庭议题时必须首先面对的问题。1979 年,联邦政府通过的《儿童保护法》(Children Protection Act)、1988 年的《家庭援助法案》(Family Support Act)都是法律化进程的体现。

其中,较为具有标志性意义的有 1981 年的《提前开端法》(Head Start Act),规定了日间托育中心的最低管理标准、成人与儿童的比例、收托的人数与托育人员接受的专业教育训练等。1988 年的《家庭援助法案》则重申了联邦政府减少长期依赖福利的人口数量的决心,并决定拨款补助"受抚养子女家庭"(Aid to Families with Dependent Children),对这类对象在求学、接受职业训练、找到工作后一年内所需的托育服务等方面上的费用进行帮扶。

除此之外,美国各州政府与相关社会力量也为 0—3 岁婴幼儿托育服务的相关研究提供了支持,例如纽约州教育部门于 1969 年成立了第一个专门为早期儿童服务的早期儿童服务办公室,1977 年美国国家儿童中心成立 0—3 岁资源中心等。

五、 20 世纪 90 年代至今：托育服务质量提升

20 世纪 90 年代中期,心理学研究者对于人类大脑发育和早期教育的研究为托育服务的质量提升提供了依据。这一时期,美国联邦政府加大了对婴幼儿托育的研究,在财政、家庭、特殊儿童、早期教育教师、学习标准、社区、托育机构等多方面实施了一系列的政策措施和项目。

事实上,20 世纪 70 年代以前的托育服务大多是为 3 岁以上的儿童服务的,只有极少数机构托管 3 岁以下的儿童,很多州甚至规定不允许照管 3 岁以下的儿童。自 20 世纪 70 年代起,真正的婴幼儿托育服务才在一些大学附设的机构中逐渐产生并发展起来,并且常常作为

研究婴幼儿身心发展的重要场所。研究的结果肯定了儿童早期保育与教育的重要性，使其更广泛地受到整个美国社会的认可，加之妇女就业率的进一步提升，整体性地推动了 20 世纪 90 年代后美国托育服务的发展。

（一）托育服务：早期开端计划

早期开端计划始于 1995 年，是一项旨在促进婴幼儿健康发展的综合计划，提供促进学术能力、社会性和情感发展的服务，并为符合收入条件的家庭提供社会、健康和营养服务，包括身心健康、营养、儿童发展、社会服务、亲职教育等方面。它沿袭了开端计划的做法，主要通过亲子中心、儿童发展中心等机构为婴幼儿及其父母提供服务。

早期开端计划的九个基本原则是高质量、预防和促进、积极的互动关系和连续性、家长参与、全纳式、重视文化和语言、全面性和灵活性、与其他支持性服务的转换、与社区的合作。组织形式主要有以幼托中心为基础、以家庭为基础和混合式方案三种。其内容包括儿童发展、家庭发展、社区的建立和工作人员的发展四个组成部分，以及管理、持续改进、残疾儿童三个方面，详述如下。

1. 儿童发展

儿童发展指早期开端计划的项目必须满足每个儿童的身体、社会性、情感、认知和语言发展的需要。项目直接提供的服务有：与托育服务一体的合适的设施；家访，尤其是对新生儿家庭的家访；对父母提供教育和亲子活动方面的知识；全面的身体和心理健康服务，高品质的婴幼儿教育服务，直接或间接与社区合作提供儿童保健服务。

2. 家庭发展

家庭发展是指早期开端计划的项目要求家庭为父母自己和孩子设定目标。工作人员和父母一起开发个性化家庭发展规划，注重孩子的发展需要、家庭的社会需要和经济需要。已经接受其他支持性服务的家庭将会收到一个协调计划，以使他们接受完整互补的服务。项目提供的直接或间接的服务包括：有关儿童发展的信息；针对儿童和家长的全面的身体与心理健康服务，包括戒烟和对滥用药物的治疗；针对家长的文化及工作技能培训；帮助家庭获得住房、应急资金、交通等方面的服务。

3. 社区的建立

社区的建立指对社区资源作出评估，以建立一个全面的服务网络，从而为孕妇和有婴幼儿的家庭提供支持。建立全面的服务网络的目的是增加家庭获得社区支持的机会，以有效地利用社区有限的资源，改善社区的服务系统。

4. 工作人员的发展

早期开端计划的成功与否取决于工作人员的素质。工作人员必须具有开发和培育项目的能力，能给儿童和家长提供支持性帮助，使用跨学科的方法开展持续的培训、监督和指导，并重视各种良好关系的建立。工作人员的发展将建立在儿童发展的基础上,包括儿童身心发展、家庭以及社区建设的发展。

5. 管理

早期开端计划将利用行政管理来坚持九个基本原则,促进四个组成部分的发展。工作人员的培训将在儿童身心发展、家庭以及社区建设发展的过程中交叉进行。工作人员的监督、反馈和反思主要来自他们和家庭、儿童、其他工作人员之间的互动。

6. 持续改进

培训、监测、研究和评估有助于早期开端计划更好地满足婴幼儿及其家庭的需要。早期开端计划网站会为家庭和儿童提供持续的培训与技术援助。

7. 残疾儿童

早期开端计划主要依据《残疾人教育法》(Individuals with Disabilities Education Act)为残疾儿童提供服务,并确保将残疾儿童完全地被纳入相关的项目活动之中。

(二)后期政策补充

1990年,美国国会通过了《儿童保育与发展整体拨款法》(The Child Care and Development Block Grant),授权设立儿童保育与发展基金会(Child Care and Development Fund Program),标志着联邦政府首次向从未享受过福利的低收入家庭提供托育服务,并将5%的基金款项用于托育服务的质量改善。1998年,美国国会指定儿童保育与发展基金会划分出一部分资金用于婴幼儿托育服务,主要用于:(1)为低收入的婴幼儿家庭提供全面的服务;(2)提供技术援助和咨询;(3)为婴幼儿托育人员进行专业发展规划;(4)改善婴幼儿早期护理和教育环境;(5)颁布婴幼儿早期学习指南;(6)提高各类补助的补贴率;(7)提供婴儿/幼儿教育证书;(8)联系婴幼儿教育专家,为家庭提供教育支持。

1993年,联邦政府通过了《家庭及医疗准假法案》(Family and Medical Leave Act),允许员工在家中有生产、新生儿照顾、亲生或收养的子女照顾、直系亲属或员工自己发生严重疾病时,可以在一年中请假12个星期,而且请假期间的工资和保险不变,销假后可以从事原工作或相当的工作。不过这个法案只适用于50人以上的公司,对中小型企业来说并不适用。

1997年,美国联邦政府在早期开端计划中进一步强调从婴儿出生第一天起就要进行教育,要保证每个美国公民拥有最好的教育。同年,经修正的《残疾人教育法》也明文规定:应为残疾婴幼儿及其家庭提供服务。

同时,联邦政府对托育服务的建设也更加深入。比如,为了保证托育服务的质量,保证托育机构及其课程建设的科学性和规范性,联邦政府要求各州建立质量监督体系,对托育机构教师的专业性、机构环境、课程内容等进行全面的监督和评估。最为权威的是全美幼儿教育协会(The National Association for the Education of Young Children,简称NAEYC)的质量认证体系(Quality Rating and Improvement System,简称 QRIS)。该体系将评估的内容分为十一个方面:师幼互动、课程、家长—教师互动、教师的资格与提升、行政管理、教师配备、教学标准、物质环境、健康与安全、营养与饮食服务、评价。此外,联邦政府还通过建立早期学习标准/课程大纲、核定教师任职资格和提供入职培训课程、制定带薪产假等福利制度、为有特殊需要的儿童提供服务等措施来提高托育服务的质量。

2000 年以来,随着越来越多的婴幼儿进入托育机构,大众对于托育服务公平性的追求越来越强烈,推动了托育服务相关政策陆续出台。如 2000 年的《早期学习机会法》(Early Learning Opportunity Act)提出增加儿童早期发展义务项目,提高服务和互动的有效性。2002 年的《不让一个孩子掉队法》(No Child Behind Act)及 2005 年的《入学准备法案》(School Readiness Act)为托育人员的培训和聘任提供了充足的资金。2007 年,人们认识到儿童早期教育的重要性:现在每一美金的支出,未来将减少十美金在儿童福利、健康医疗上的支出,同时也可以降低犯罪率。针对社会需求,联邦政府提出了 0—5 岁婴幼儿计划(Zero to Five Plan),主要包括以下几点内容。

(1) 幼儿阶段挑战补助(Early Learning Challenge Grant):这些补助将为州政府提供幼儿照顾、学前教育及其他 0—5 岁教育方案的经费。州政府必须配合联邦政府的经费补助,并提供各式的弹性方案。

(2) 支持开端计划(Support for Head Start):此计划一方面增加了对婴幼儿的保教经费,另一方面提升了对婴幼儿照顾的质量。这一计划使参加早期开端计划的幼儿人数增长到原来的四倍。

(3) 普及性的学前教育(Universal Preschool):联邦政府计划提供经费补充,鼓励各州自愿提供普及性的学前教育。

(4) 儿童照顾发展整体补助计划(Child Care Development Block Grant Program):为特别弱势的低收入家庭提供经费,以补贴这些家庭照顾儿童的费用,并确保每位接受补助的儿童所分到的经费有可提高的空间。

(5) 儿童与发展照顾免税计划(Child and Development Care Tax Credit):联邦政府计划提供儿童与发展照顾免税计划,使得家长用于照顾儿童的费用支出可以退税,如允许低收入家庭在儿童照顾方面的支出可以获得最高达到 50% 的退税。

(6) 最高级别的幼儿学习咨询委员会(Presidential Early Learning Council):此咨询委员会的功能在于为增加联邦政府、州政府及地方层级的单位在幼儿学习中的合作与方案协调。

0—5 岁婴幼儿计划具有改革性、长期性的特点,内容详尽、步骤清晰、政府投资力度大,而且以拨款为杠杆,将拨款与改革挂钩,取得了一定的成效。

随后几年,美国政府及社会对教育公平和教育质量的提升都非常重视。美国国会于 2015 年颁布的《每个学生都成功法案》(Every Student Success Act)体现了长久以来对学生享有平等机会的承诺,确保学生能够平等地享有高质量的教育。

拓展阅读

佩里学前教育研究计划

佩里学前教育研究计划(Perry Preschool Program Study)是美国高瞻(High/Scope)教育研究基金会组织的实验研究项目,由戴维·维卡尔特(David Weikart)领导,实验地点在密歇根州伊皮西兰特。该计划始于1962年,并于1962—1965年,共招收123名3—4岁儿童(大部分是3岁)作为被试,把同等智力水平的孩子随机地分为两组。一组为实验组,共58名孩子,对他们进行学前教育,并进行家访;另一组为对比组,共65名孩子,没有对他们进行学前教育与家访。此后,对两组孩子持续跟踪直至其成年,掌握他们在各年龄段的发展与表现,比较其异同,从而了解学前教育的效果。

实验组与对比组孩子的情况基本相同,都是家境贫困的黑人孩子,经测试,智商为60至90;父母文化程度都较低,只受过八九年教育;居住于同一地区,被试5岁后都进入同一幼儿园与学校。实验组采用开放式教学模式与高瞻教育研究基金会研发的课程,注重孩子在教师指导下自己开展学习活动,以促进其智能、社会性、身体等方面的发展。

实验结果表明,实验组孩子在其日后发展的许多方面胜过对比组,具体表现如下。

(1) 智力发展快。实验组孩子经过1—2年的学前教育,智力明显胜过对比组。经测试,4岁时平均高13分,5岁时高11分,6—7岁时高5分。

(2) 学习成绩好。根据加利福尼亚学习成绩测试,实验组孩子在6—8岁时平均分数明显高于对比组,9—10岁时仍胜过对比组,14岁时分数差异显著。据教师评语,实验组孩子学习积极性与学习表现胜过对比组。

(3) 精神发展迟缓与受特殊教育的比例小。实验组有15%的孩子精神发展迟缓,对比组有35%的孩子精神发展迟缓。对比组有39%的孩子曾因智商过低或其他方面的缺陷进入特殊教育班接受特殊教育,而实验组只有19%受过特殊教育。

(4) 高中毕业率高。实验组有67%高中毕业,而对比组仅49%高中毕业。

(5) 文化水平高。到19岁时,实验组的文化水平高于对比组。根据国家测试标准的测试结果,实验组有39%低于全国平均水平,而对比组有62%低于全国平均水平。在读写能力和职业知识等方面,前者胜过后者。

(6) 进入大学学习或接受职业教育的人数多。统计19岁时进大学学习或接受中学后职业教育的比例,实验组为38%,而对比组仅21%。

(7) 有工作的人数多。19岁时,实验组有一半有工作,而对比组有工作的为32%。

（8）经济上能自立的人数多，领取救济金的人数少。19 岁时，实验组有 45% 经济上能自立，而对比组仅 25% 经济上自立；领取福利救济金的，实验组为 18%，对比组为 32%。

（9）犯罪被捕的人数少。据警察局档案统计，19 岁前，实验组有 31% 有被拘留或逮捕的经历，对比组则有 51%；被捕 5 次以上的屡犯者，实验组为 7%，对比组为 17%。

（10）女孩怀孕次数相对更少。统计 13—19 岁女孩怀孕次数，实验组为人均 0.7 次，而对比组为人均 1.2 次。

上述结果表明，良好的学前教育对孩子发展的影响是多方面的、长远的。

第三节　日本婴幼儿托育服务政策与法规

一、19 世纪末至 20 世纪 30 年代：托育服务的起始

日本的托育服务开始于 19 世纪 90 年代，随着人们生产生活的需要应运而生，并在灾难、战争等特殊时期，发挥了巨大作用。不过，此时的托育多是临时的、非专业的福利性服务。

（一）托育服务起始

日本最早的托育服务起始于自 1890 年，赤泽钟美夫妇在新潟开设了日本学前教育史上第一所私人托儿所——新潟静修学校附属托儿所。新潟静修学校原本是主要招收无法进入县立中等学校的贫困孩子的私立学校，但是由于贫困学生常常带着家中年幼的弟弟妹妹一起来上学，学校就开始提供临时的免费帮忙照顾幼儿的服务，以便学生能够专心上课。

日本东京的深川工厂与福冈的三井碳坑工厂分别于 1894 年、1904 年在厂内设置保育所，以方便女性员工安心工作。这时的托育服务以照顾贫弱、劳工家庭为主要目的。

（二）发展临时托育服务

1919 年，大阪设立了日本第一所公立保育所。1923 年，在农村出现了一种"农忙期季节保育所"，主要是在家长农忙时期，提供照顾家中幼儿的临时服务。同年，在关东地区发生了地震灾害，政府设立了许多保育所来照顾孤儿。这时的托育服务，大多是为应对即时需要而设置的临时机构。

（三）托育机构提供福利照护

20世纪20年代末,日本经济萧条,为了维持生计,许多家庭中的父母都需要工作,保育所的需求也随之增加。20世纪30年代,日本男性多投入战场,女性进入工厂工作,无人照顾的幼儿就被安置在厚生省设置的简易保育所中。

这一部分保育所在战争后依然保留了部分设施来照顾流离失所的孤儿。由此可知,日本早期的保育所主要照顾和保护了经济与生活上需要接济的幼儿,是一种福利机构。

二、20世纪40年代至20世纪90年代：托育服务初步规范

1947年12月,厚生省制定颁布了《儿童福祉法》,明确规定:为确保儿童身心健康,国家和地方公共团体有义务向儿童监护人提供必要的育儿支援服务;在儿童难以或不适合由其家庭养育的情况下,国家和地方公共团体有义务采取必要的救助措施。该法案同时规定:将日本国内所有托育机构的名称统一为"保育所",并正式受到法律规范,成为具有保护、照顾儿童功能的福利机构;在全国范围内广泛设立保育所,由厚生省直接负责保育所的运营管理,并对保育所的硬件设施、人员配置等设置标准进行严格监管。

1948年,厚生省根据《儿童福祉法》的内容,制定了《儿童福利设施最低基准》,规定了保育所的设备、师资、人员配置、保育时间与保育内容的最低标准,由此奠定了日本保育所制度的基础。当时制定最低标准的原因主要在于战后一切尚处于重建恢复阶段,只要满足儿童福祉设施的最低标准,就能够创办保育所。

1951年,为了保障父母因经济压力必须工作的低收入家庭的权益,厚生省修订了《儿童福祉法》第39条的内容,新内容为:"保育所为平日接受家长的委托,以照顾欠缺保育的婴儿为目的之设施。"即将保育所的入园对象限制为白天无人照顾的幼儿,由此更加凸显了保育所的福利性质。

1965年,厚生省儿童家庭局将中央儿童福祉审议会制定的《保育所保育指南》通达给各都道府县知事,强调保育所异于幼儿园的托育功能和特色。但是,《保育所保育指南》不具备强制性,在法律意义上只是中央提供给地方自治体管辖保育所保教内容的参考。

自20世纪50年代起,日本经济水平大幅增长,产业结构逐渐变化,造成企业工业人口需求大幅增加,许多妇女走向了工作岗位,这时的保育所就成了许多家庭托育婴幼儿的首要选择。

三、20世纪90年代至今："少子化"改变托育服务方向

第二次世界大战结束时,日本重整国家建设,人民进入和平的新生活,于是在1947—1949年,涌现出了一股战后婴儿潮,尤其是在1949年,婴儿出生数达到了270万人。20世纪70年代,这一代人长大成人,结婚生子而出现了第二次婴儿潮。此时正值日本经济高速发展的时期,女性教育水平普遍提高,婚后工作的女性也相对增加,导致白天需要托育的幼儿数

量迅速增加,许多保育所应运而生。

但是,第二次婴儿潮并没有带来第三次婴儿潮,"少子化"的问题在日本逐渐凸显。"少子化"一词源自日语(しょうしか),是指人口生育率下降造成幼年人口逐渐减少的现象。随着经济的发展,日本快速进入老龄化社会,"少子化"现象日益突出,并由此引发了一系列社会问题,包括劳动人口减少、经济增长速度降低、人口结构老化(少子高龄化)、幼儿教养问题等。因而,随着时代潮流和家长需求的变化,日本政府不得不提出建设"你来生,社会来照顾"的育儿、工作双得意的福祉社会。同时,日本社会也随之改变托育服务目的及其政策,完善托育服务内容,力求创办民众满意的托育服务体系,提高托育服务质量,以促进出生率的回升。

(一)"天使计划"及"新天使计划"

《关于今后援助育儿措施的基本方向(1995—1999年)》,又被称为"天使计划",主要目的是平衡民众育儿与工作的负担。主要内容包括:扩大低年龄婴幼儿的托育服务;延长保育所下午六点以后的托育服务;推动保育所的临时托育服务;促进病后恢复期幼儿的托育照顾;充实保育所的多重功能,回应家长有关育儿的相关咨询;成立地区性育儿支持中心等。

《关于重点推动少子化对策具体实施计划(2000—2004年)》,又被称为"新天使计划",主要致力于在育儿支持方面继续完成之前未完成的目标,并加强了保育所的假日托育服务与家庭支持服务。

"新天使计划"于2004年年底执行期满,于是政府在2005年启动了为期五年的"新新天使计划",主要内容是增加保育所托育名额,实施临时、特定、假日、夜间托育,以及整合地域、邻里、社区托育支持中心等。

(二)《关于支持工作与育儿两全的政策方针》

2001年,文部科学省制定了《关于支持工作与育儿两全的政策方针》,目的是解决职业女性的托育困扰,促进男女平等工作,鼓励企业改进雇佣制度,帮助家长兼顾育儿与工作。

这一方针的重点是"待机儿零作战",即将"待机儿"数目减少到零。"待机儿"是指符合进入国家"认可保育所"条件,但却因为保育所招收名额不足而处于候补阶段的婴幼儿。一般来说,"待机儿"会被托管在不符合《儿童福利设施最低基准》的未立案保育所,否则家长(通常是母亲)就不得不放弃工作,自己在家照顾孩子。

《关于支持工作与育儿两全的政策方针》的主要诉求在于放宽保育所的招收名额以及园所的设置基准,让更多幼儿可以顺利进入保育所,并利用民间企业或非营利组织的力量,利用学校的空余教室等资源,让"待机儿"能顺利进入有质量保障的保育所。

(三)《"少子化"对策+1》

2002年9月,厚生劳动省提出了增强性的《"少子化"对策+1》,以补充"新天使计划"的不足。《"少子化"对策+1》的育儿支援项目主要有以下几方面。

1. "待机儿零作战"

该计划规定日本的"待机儿"在 2004 年前，必须得到妥善的安置。主要措施有：在大都市周边地区设立"公设民营"保育所、增设保育所分园、放宽保育所运营与设置规定、鼓励园所扩招。

2. 扩大幼儿的弹性托育

（1）设立"特定时间的托育"（特定保育事业），以支援打工或者拥有计时工作的母亲。

（2）托育人员必须拥有合格的托育资质。经由政府介绍的居家托育，只要家长与托育人员决定好彼此适合的时间与天数，家长就可以将孩子送到托育人员处请求托育。

（3）鼓励企业经营者在公司内部设置托儿设施，或由数家公司共同设置的员工保育所。

（4）推动保育所的课后延长托育。

3. "学童课后托育设施"

该计划增加"学童课后托育设施"的设置，并接受身心障碍儿童等。

另外，该计划要求保育所跨越保育与教育清晰的界限，鼓励保育所与幼儿园或小学进行交流活动，促进幼儿园与保育所的孩子们以及教师与托育人员之间的了解和沟通。

2003 年，设立"少子化"社会对策会议制度，会长由内阁总理担任，全体阁僚员都是该会议的委员。

（四）《"少子化"社会对策基本法》与"支援儿童、支援育儿计划"

2003 年 7 月，日本颁布了《"少子化"社会对策基本法》，指出日本面临着前所未有的严重的"少子化"危机，"少子化"将对民众的生活产生巨大影响，并明确了"少子化"对策将围绕几大重点展开：年轻人的自立与健壮孩子的培养、边工作边照顾家庭的两立支援政策和重新调整工作模式；促进对生命重要性和家庭作用的理解；对育儿的新支援和联合支援制度。

2005 年 4 月，在《"少子化"社会对策基本法》的指导下，日本政府推出了"支援儿童、支援育儿计划"，决定从结婚、生育、育儿等更广泛的角度出发解决"少子化"问题：支援年轻人自立；从工作和家庭两方面同时加大支援力度；从中学生入手，讲授生命的重要性和对待家庭的责任；为缓和"少子化"提供全方位的服务。

（五）新育儿支援制度改革

2010 年，日本的新育儿支援制度研讨会专门研究并制定了改革方案。在这之后，《育儿支援法》《认定儿童园法修正案》《育儿支援法以及认定儿童园修正法实施相关整备法律》等法案获得通过并正式实施，以上内容可被综合地称为新育儿支援制度改革。

新育儿支援制度将以往由政府委托保育所向婴幼儿提供托育服务的"间接契约"修改为"直接契约"的方式。"间接契约"的方式，即基于《儿童福祉法》，政府对被认定为"保育不足"的婴幼儿负有法定养育义务，因此由地方政府与被认定为"保育不足"的婴幼儿监护人签订托育协议,进而由地方政府与保育所签订委托协议,并由地方政府向保育所支付日常运营所需费用。保育所虽然直接向婴幼儿提供托育服务,但服务提供者与受益人之间并不存在契约关系。"直接契约"改变了这一做法,由服务提供者直接与受益人签订协议。

新育儿支援制度还构建了更为缜密的托育必要性认定体系,它根据婴幼儿年龄及其监护人是否符合托育服务申请事由将婴幼儿划分为四种类型。对于3—5岁的幼儿,根据其监护人是否符合托育服务申请事由,划分为1号认定者和2号认定者;对于0—2岁婴幼儿,根据其监护人是否符合托育服务申请事由,划分为3号认定者和无托育必要认定者。其中,1号认定者无需托育服务,根据《学校教育法》,直接进入幼儿园;符合托育服务申请事由的2号认定者获得托育服务认定,可根据实际情况选择进入保育所或者认定儿童园;符合托育服务申请事由的3号认定者获得托育认定,可选择进入保育所、认定儿童园或者地区型保育机构;无托育必要认定者则由其家庭自行负责抚养。[1]

(六)企业促进保育事业

2016年,《关于企业主导型保育事业的实施》及《企业主导型保育事业费补助金实施纲要》等规定出台,其中对企业办园标准、师生比例、补助等内容进行了详细规定。同年,内阁会议批准日本"一亿总活跃计划",其中包括新增工作和育儿两立支援、对企业办园进行资助、普及认定儿童园等内容。在财政来源上,除了从消费税中拨付0.7兆日元外,2017年又追加了0.3兆日元。针对0—3岁的婴幼儿,除了发展认定儿童园外,也增设其他保育事业并注重发展地区型保育机构。地区型保育机构专门接收0—2岁婴幼儿,主要开设在0—2岁等待入托儿童人数较多但又缺少新的保育设施场所的地区。2013—2017年,日本政府在全国共提供了约53万个保育园托位,并计划持续增加供给数量以满足入托需求。

(七)《保育所保育指南(2017)》与《幼儿园教育纲要》

1965年,日本颁布了第一部《保育所保育指南》,提出保育所的主要任务是培养具有丰富人性的儿童。随后,该指南经过1990年、1999年、2008年和2017年的修订,逐渐将保育所的功能从以保育为主转变为保教并重。

《保育所保育指南(2017)》包含了关于保育所保育的基本思路、目标及内容等,还有与保育的实施有关的事项及与此相关的运营事项。《保育所保育指南(2017)》不仅仅适用于保育所,对于小规模的保育、家庭保育等的地区型保育机构也同样适用,上述机构都必须按照《保育所保育指南(2017)》的要求进行保育。《保育所保育指南(2017)》在儿童年龄的划分上更为细致,分别从0—1岁、1—3岁和3—5岁三个年龄段介绍课程内容和目标,同时列出了每一个目标的主要教育内容和儿童应该达到的发展水平,以及在保育和教育中的注意事项。《保育所保育指南(2017)》指出:0—5岁对儿童一生的发展都极为重要,因此保育所的教育必须以后续的学习和生活衔接作为目标,为儿童创造理想的未来打下坚实的基础。同时,保育

---

① 张建.日本的育儿支援制度改革及其启示[J].现代日本经济,2019(02):69—81.

所必须考虑入所儿童的监护人的意向,发挥保育所的特长和从业人员的专业性,对儿童和家长进行保育援助。该指南不仅规定了保育所的课程内容,还对儿童的健康与安全、相关的育儿支持、从业人员的素质等进行了详细的规定和说明,以确保保育所在国家统一的标准下开办和开展工作。这一举措有助于提高保育所的保育质量,提升家长送孩子入托的意愿。①

《幼儿园教育纲要》是基于日本国家学校教育标准的指导方针制定的,为的是确保全国范围内早期教育的一致性,并确保儿童享有平等的受教育机会。最早的《保育大纲》于1948年由文部省颁布,作为幼稚园、保育所和家庭中幼儿教育的指南,它被看作是由国家编制的、日本第一部学前教育大纲。1948年9月,为了修正《保育大纲》中存在的问题,文部省成立了"《保育大纲》修订委员会",对《保育大纲》进行全面修订,并于1956年颁布了《幼儿园教育纲要》。1961年,文部省在"教材等调查研究会"下设立了"幼儿园小委员会",开始着手对《幼儿园教育纲要》进行第一次修订,并于1964年颁布。1987年,文部省开始组织相关专家着手修订《幼儿园教育纲要》,于1989年颁布,1990年4月开始实施。这是对《幼儿园教育纲要》时隔20多年之后的第二次修订。1998年,文部省第三次修订《幼儿园教育纲要》,并于2000年开始正式实施。之后,随着《教育基本法》与《学校教育法》的陆续修订,日本的学校教育(包括幼儿园教育)进行了60年以来最大的改革与调整。在此背景下,文部科学省开始了《幼儿园教育纲要》的第四次修订工作,修订后的《幼儿园教育纲要》于2008年颁布,并于2009年开始全面实施。2017年,文部科学省进行的《幼儿园教育纲要》第五次修订内容正式发布,并于2018年开始实施。修订后的《幼儿园教育纲要》的总体框架不变,总则部分由原来的三项内容(幼儿园的本质、教育课程的编制、教育课程结束后开展的教育活动)增加至七项内容。新增的四项内容分别是:幼儿园教育应培养的素质、能力与幼儿入学前应达到的理想状态;幼儿园指导计划的制定与基于幼儿理解的评价;对于有特殊需要幼儿的指导;幼儿园运营的注意事项。在对幼儿园课程内容的规定上,《幼儿园教育纲要》与修订前基本保持了一致,将儿童发展的内容分为五大领域:健康、人际关系、环境、语言、表达表现。

从日本《幼儿园教育纲要》的五次修订可以看出,日本幼儿园教育的改革与发展呈现出如下的新态势:首先,从纵向上看,更加强调幼儿园与小学教育的连续性;其次,从横向上看,日益强化幼儿教育的一体化与同步性;最后,从功能上看,不断充实幼儿园临时保育与育儿援助。②

(八) 幼儿教育无偿化

2018年,文部科学省发布幼儿教育无偿化的推进状况,并决定从2019年提高消费税的同时,免除所有3—5岁儿童在幼儿园、保育所以及认定儿童园托育的一切费用。

文部科学省发布的说明资料中详细说明了享受免除幼儿教育费用的四类儿童,分别是在保育所以及认定儿童园等机构中享受保育服务的儿童,在幼儿园中享受保育服务的儿童,

---

① 时扬. 婴幼儿托育服务政策的国际比较及对我国的启示[D]. 上海:华东师范大学,2019:53.
② 王小英,刘思源. 日本2018年实施的《幼儿园教育纲要》述评——基于日本《幼儿园教育纲要》五次修订的视角[J]. 外国教育研究,2018,45(08):105—113.

在其他托育机构中享受保育服务的儿童,以及所有在残障儿童活动中心等福利机构中享受保育服务的特殊儿童,并分别给出了免除和补助费用的具体说明及各类幼儿教育机构的服务内容。

📖 **拓展阅读**

日本幼儿教育机构简介

日本主要的幼儿教育机构有幼儿园和保育所。幼儿园属教育机构,归文部科学省管辖,不论父母是否工作,满 3 岁或 4 岁的儿童(因园而异)都可入园,在园时间原则上为每天 4 小时,不论家庭收入多寡都收取一定的保育费用。保育所则属儿童福利机构,归厚生劳动省管辖,入所条件是因父母双方都工作或其他原因导致白天无人照看的儿童。入所年龄一般为 1 岁至学龄前,也有的保育所可招收 3 个月或 6 个月的婴儿。保育时间原则上为 8 小时,特殊情况还可延长。保育所以家庭的收入为准计算费用,高收入的多缴,低收入的少缴,收入低于一定程度的则可免费。日本的保育所大部分为公立,也有少量私立的保育所,主要的目的是"受保护者的委托,对缺乏保育的乳儿及幼儿进行保育"。保育所的教师要通过国家统一考试,取得资格后才能任职。

第四节 澳大利亚婴幼儿托育服务政策与法规

一、澳大利亚婴幼儿托育服务政策与法规的历史演进

(一) 19 世纪末至 20 世纪初:托育服务大多具有社会慈善性

19 世纪末,受到福禄培尔、裴斯泰洛齐的教育思想及欧美幼儿园运动发展的影响,澳大利亚的梅班柯·安德生和迪丽莎·莉莲领导了幼儿教育和保育运动,从此,澳大利亚才开始有了早期的幼儿园。但是,当时的幼儿园大多是为富裕家庭服务的,中产家庭和贫困家庭的子女很少能享受到相应的服务。在这种情况下,慈善幼儿园运动(Philanthropic Kindergarten Movement)于 1895 年兴起,新南威尔士幼儿园联盟(New South Wales Kindergarten Union)成立。该幼儿园联盟开始在贫困郊区设立免费的幼儿园。到 1911 年,免费的幼儿园遍布澳大利亚各地。

然而，这样的幼儿园大多数只接受 3 岁以上的儿童，一般在上午九点到十二点之间开放，时间较短，难以满足职场女性，尤其是 0—3 岁婴幼儿母亲的需求。为解决这种困难，20 世纪初，全日托儿所运动（Day Nursery Movement）兴起。全日托儿所从早上七点开放到下午六点，允许接收婴儿，成为澳大利亚最初的婴幼儿托育服务机构。在这一阶段，托育服务在很大程度上属于慈善事业，处于自由发展时期，还未形成相关的政策与法规。

（二）20 世纪 30 年代至 80 年代：联邦政府开始介入托育服务

第二次世界大战期间，澳大利亚原有的托育机构受到冲击，但有更多的父母需要走出家门，于是出现了大量幼儿在家无人看管的现象。1938 年，澳大利亚联邦政府开始参与提供托育服务，在每个州的首府建立了一所示范性的幼儿教育与健康中心（Demonstration Child Education and Health Centre），又名"高黎夫人幼儿中心"（the Lady Gowrie Child Centre）。该中心为 0—6 岁的婴幼儿提供服务，并对家长进行育儿指导，聘请了幼儿教育专家、幼儿教师、医生、社会工作者向基层托育机构的教师和工作人员传授知识，相关费用均由联邦政府承担。这也是澳大利亚联邦政府介入婴幼儿托育服务的首次尝试。

第二次世界大战后，为加强国家战略安全、发展社会经济，澳大利亚逐步放宽了对外来移民的限制。大批移民进入澳大利亚，给幼儿教育带来了很多新问题，如婴幼儿托育机构数量少、机构经费不足、幼儿教师匮乏等。为了解决这些问题，澳大利亚部分州政府开始对婴幼儿托育机构进行干预，如塔斯马尼亚州将幼儿园纳入教育部门管辖，昆士兰州在小学里附设学前班等。然而，这些措施的关注点大多仍集中于 3 岁以上的幼儿，面向 0—3 岁婴幼儿的托育服务还较为匮乏。因此，1972 年，澳大利亚联邦劳工和国民服务部（Commonwealth Minister for Labor and National Service）颁布了《幼儿照顾法案》（Child Care Act），联邦政府开始资助"高黎夫人幼儿中心"以外的托育机构。该法案规定了举办全日托儿所、幼儿园、儿童中心的合格条件，未达到合格标准的托育机构无法获得补偿金。这一举措在一定程度上促进了澳大利亚优质托育服务的发展。到 1974 年，澳大利亚联邦政府投入幼儿教育的资金达到了其投入儿童服务总金额的 72%。

（三）20 世纪 80 年代至今：政府转变对托育服务的投资方向

从 1983 年开始，澳大利亚联邦政府不断增加幼儿教育的预算，为非营利性的托育机构和选择非营利性托育机构的家庭提供资助与补贴。1990 年，澳大利亚联邦政府放宽了家庭获得补贴款的资格，从此，选择营利性托育机构的家庭也可获得直接补贴款。这一政策旨在节省政府新建托育机构的花费，刺激私营部门对幼儿教育增加投资，并且对于选择私营托育服务的家庭来说更为公平。不过，这一做法同时也招致了"利用幼儿赚钱"的批判。

随着托育机构数量的增多以及进入托育机构幼儿人数的增加，人们开始关注婴幼儿托育服务的质量问题。1993 年，澳大利亚国家保育认证委员会（National Childcare Accreditation Council）成立，负责与婴幼儿托育机构相关的政策制定、质量认证等工作。国家保育认证委员会于 1994 年针对全日托中心（Long Day Care Centre）建立了质量促进和认证系统

(Quality Improvement and Accreditation System),于 2001 年针对家庭日托(Family Day Care)建立了家庭日托的质量保障系统(Family Day Care Quality Asssurance)。自此之后,全日托中心和家庭日托如果想要获得政府资助,就必须通过相应质量系统的认证。

2000 年 7 月,澳大利亚联邦政府颁布了《家庭帮助法案》(Family Assistance Act),开始实施幼儿照顾补助方案,且不论家长选择何种托育服务均可接受补助。但是,补助额度依家庭收入而定,中、低收入的家庭会获得更高的补助,遇到特殊情况的家庭还会获得联邦政府提供的一次性额外补助。此外,从 2004 年起,澳大利亚联邦政府设立了幼儿保育税费返回(Child Care Tax Rebate)制度,通过所得税现金退税的形式减免家庭 30％的幼儿保育成本。

同时,澳大利亚联邦政府仍对非营利性托育机构进行补助,其途径主要包括协助开办机构并购买设施设备。非营利性托育机构在设备的采购上也可免付商品服务税(Gods and Services Tax)。

二、 澳大利亚婴幼儿托育服务政策与法规的主要内容

(一) 澳大利亚婴幼儿托育服务的主管部门

澳大利亚婴幼儿托育服务的主要管理机构自上而下可分为三级:(1)联邦政府。2008 年以前,澳大利亚实行教育和保育分开管理的模式,婴幼儿托育服务由两个主管单位负责,分别是家庭与社区服务局(Department of Family and Community Services)和教育、训练及青少年事务局(Department of Education,Training and Youth Affairs)。2008 年之后,澳大利亚的婴幼儿托育服务实行保教一体化,联邦政府成立了早期教育与儿童保育办公室(Office of Early Childhood Education and Child Care)。该机构是教育就业与劳资关系部(Department of Education,Employment and Workplace Relations)下设的二级机构,在联邦层面统一负责澳大利亚的婴幼儿托育事务。(2)州政府、领地政府。州政府和领地政府的主要职能是为婴幼儿托育服务制定政策与提供经费。(3)地方政府。地方政府主要负责为家庭提供各种具体的婴幼儿托育服务,如对家庭进行指导等。

(二) 澳大利亚婴幼儿托育服务的政策法规

1972 年,澳大利亚联邦政府颁布《幼儿照顾法案》(Child Care Act),这是政府首次明确自身对幼儿托育的义务与保障,同时确定开始为非营利性的托育机构提供一定的财政支持。为了更有效地改进儿童早期教育的质量,澳大利亚联邦政府于 2009 年 12 月确立了针对早期教育和保育的《国家质量框架》(National Quality Framework),于 2012 年 1 月正式实施。2017 年,澳大利亚联邦政府着手对《国家质量框架》进行修订,该框架规定了幼儿托育服务的一系列国家标准,标志着联邦政府开始高度重视幼儿早期托育服务并进行了强有力的干预。《国家质量框架》列举了进行质量监管所依据的政策法规,包括《国家教育和保育法》

(Education and Care Services National Law Act)、《国家教育和保育条例》(Education and Care Services National Regulations);《国家质量标准》(National Quality Standard);明确了质量监管机构。另外,《国家质量框架》详细说明了相关的评估和评价系统、育婴假、家庭津贴、不利地区补助、政府在线育儿指导等内容。

1. 《国家教育和保育法》的内容

《国家教育和保育法》规定了《国家质量框架》的目标,即确保托育机构中幼儿的安全、健康和福祉,促进托育服务质量的提升。该法案规定了托育服务机构的资格认证程序、托育机构的最低质量标准等,还规定:澳大利亚儿童教育和保育质量管理局(Austrilian Children's Education and Care Quality Authority)负责确保《国家质量框架》在澳大利亚各州和领地统一执行。

2. 《国家教育和保育条例》的内容

《国家教育和保育条例》是针对幼儿托育服务制定的包含详细操作要求的法规,其具体内容包括托育服务机构的认证程序、托育机构质量评定量表的制定、托育机构质量的最低要求和监测的程序等。

3. 《国家质量标准》的内容

《国家质量标准》是《国家教育和保育条例》附录的一部分。《国家质量标准》设置了幼儿托育的国家标准,基于大量研究得出了高质量早期教育和保育的最佳方式与方法,以此促进儿童的发展。该标准的内容涵盖了与早期教育和保育质量相关的七个关键领域,分别是教育方案与实践、儿童的健康和安全、物理环境、工作人员安排、与儿童的关系、与家庭和社区的合作伙伴关系、领导与服务管理。

4. 质量监管机构

(1)全国性监管机构:澳大利亚儿童教育和保育质量管理局。

澳大利亚儿童教育和保育质量管理局是一个独立的法定机构,于 2010 年 10 月由《国家教育和保育法》确定成立,负责与各州、领地政府以及托育机构合作,监督和促进《国家质量框架》在各州、领地以统一标准实施,并确保所有相关机构顺利过渡,逐步达到《国家质量框架》的要求。

(2)各州、领地的监管机构。

各州、领地依照政策法规对托育机构进行审批、监督和质量评估。

5. 评估和评价系统

自 2012 年 1 月 1 日起,对在《国家教育和保育法》管理范围内的托育机构,都将根据《国家质量标准》进行评估和评价。澳大利亚儿童教育和保育质量管理局将监督全国评估和评价系统的执行情况。根据《国家质量标准》,托育机构会获得一个总体性评价以及针对七个质量领域的分评价。评级共分为五个等级,分别是:优秀、超过国家质量标准、符合国家质量标准、努力实现国家质量标准,以及需要进行重大改进。优秀和超过国家质量标准的机构每三年进行一次评估;符合国家质量标准的机构每两年进行一次评估;努力实现国家质量标准的机构每年都需要进行一次评估;而需要进行重大改进的机构要与评估机构密切联系,共同制定质量提升计划,并进行改进。

6. 育婴假

父母在孩子出生前后享有 52 周没有薪水的育婴假,前提是父母需在孩子出生前为同一位雇主连续工作一年以上。除了生育之后的第一周之外,父母可以轮流使用育婴假,两人加起来的育婴假不可超过 52 周。产前生产假最多可达 6 周。有薪水的育婴假(包括产假)通常是 6 到 12 周且需要经过公司同意。

7. 家庭津贴

家庭津贴是对育有 16 岁以下子女的家庭所给予的补助,且针对的是情况特殊、年纪较大、难以获得工作的父母。

8. 不利地区补助

针对偏远地区及都市边缘地区的托育机构所提供的补助。

9. 政府在线育儿指导

澳大利亚的不同州和领地都会利用网络为家庭提供相关的育儿信息指导,比如首都领地通过"ParentLink ACT"为家庭提供育儿支持与指导;新南威尔士州也通过"Families NSW"提供最新的关于本州的家庭服务与支持信息。除此之外,诸如新生儿中心(Centre of Perinatal Excellence)等非营利组织会在情绪、健康等领域为家庭提供帮助和指导。澳大利亚健康指导协会(Healthdirect Australia)则通过电话热线的方式 24 小时为家长提供专业的健康咨询与建议。

(三)澳大利亚婴幼儿托育机构的类型

经澳大利亚联邦政府批准的托育机构通常分为四类,分别是全日托中心、家庭日托、临时托育机构(Occasional Care)和校外托育机构(Outside School Hours Care),其中前三类机构提供对 0—3 岁婴幼儿的托育服务。以下就对提供 0—3 岁婴幼儿托育服务的机构进行介绍。

1. 全日托中心

全日托中心的主要服务对象是 0—6 岁的幼儿,是参照澳大利亚《国家质量框架》而创建的一种托育服务形式。全日托中心开放时间为每天至少 8 小时,每周 5 天,一年 48 周,是澳大利亚最多的一种托育服务类型,约有 53.9%的婴幼儿会选择全日托中心。

2. 家庭日托

家庭日托的主要服务对象是 0—6 岁的婴幼儿，由经过注册的保育员在家中提供灵活的托育服务，适用于由于父母工作或家庭偏远等原因而不能进入托育机构的婴幼儿。保育员的招募与婴幼儿的分配由当地家庭日托的质量保障系统进行协调，约有 16.4% 的婴幼儿选择家庭日托。

3. 临时托育机构

临时托育机构主要为父母临时有事的 0—6 岁幼儿提供短暂的托育服务。这种机构通常设立在体育娱乐中心或社区中心，可独立经营或属于全日托中心，开放时间依机构而不同。

（四）澳大利亚婴幼儿托育课程标准的设置

《归属、存在与形成：澳大利亚婴幼儿早期学习框架》（Belonging, Being, Becoming: Early Years Learning Framework for Australia）于 2009 年由澳大利亚教育就业与劳资关系部颁布，是澳大利亚第一部面向幼儿教育工作者的全国幼儿教育框架。该学习框架规定了支持和提高 0—5 岁婴幼儿学习的关键原则、实践方式以及成效表现，还涉及有效衔接等相关事宜。该学习框架强调以游戏为基础的学习、交流的重要性，强调语言的发展以及婴幼儿的情绪发展。

该学习框架旨在使全体幼儿实现五种学习成果，分别是：(1)婴幼儿形成强烈的身份认同；(2)婴幼儿能与周围世界相联系并作出贡献；(3)婴幼儿形成强烈的幸福感；(4)婴幼儿成为自信、投入的学习者；(5)婴幼儿能够与其他人有效地沟通交流。澳大利亚联邦政府希望幼儿教育工作者能够了解、参与并促进婴幼儿的学习，了解每个婴幼儿的优势与能力，最大程度地确保全体婴幼儿都能以最优化其学习成效的方式获得所有学习体验。

除了这一学习框架外，澳大利亚联邦政府还出台了相应的辅助资源——《澳大利亚早期学习框架教育者实践指南》（Educators' Guide to the Early Years Learning Framework for Australia）。该指南旨在帮助幼儿教育工作者更好地领会和实施学习框架，主要在澳大利亚的全日托中心、家庭日托、校外托育机构和幼儿园的学前班中应用。该框架的提出能够高效融合婴幼儿自身、家庭、社区、幼儿教育工作者以及其他专业人士的力量，共同促进澳大利亚婴幼儿早期教育的发展。

（五）澳大利亚婴幼儿托育服务的环境设置

1. 师幼比及关键人员配置

澳大利亚《国家质量框架》规定了托育机构中教师与幼儿的比例，家庭日托为 1∶7，其他机构则根据州和领地的规定以及服务对象的年龄段，规定了不同的师幼比。

表 2-1 澳大利亚各州、领地师幼比要求

儿童年龄	师幼比	适用地区
出生至 24 个月	1∶4	所有州和地区
超过 24 个月且不足 36 个月	1∶5	除维多利亚州外的所有州
	1∶4	维多利亚州
超过 36 个月	1∶11	首都领地、北领地、昆士兰州、维多利亚州
	1∶10	新南威尔士州、南澳大利亚州、塔斯马尼亚州、西澳大利亚州

2. 对托育人员的资历要求

澳大利亚对托育人员有着职业资格认证体系与从业资格标准方面的要求。澳大利亚国家主管部门规定必须同时具备多项资格认证,才可以从事幼儿托育服务工作。这些资格认证主要包括:(1)一般儿童或特定年龄的保育教育资格;(2)已获批准的教育保育相关文凭;(3)已获批准的教育保育三级资格证书;(4)合格人员的核定资格认证;(5)急救资格和相关紧急事件的培训认证等。此外,国家主管部门必须在其官网上公布具备资格认证者的名单,确保托育人员的资历公开透明,受到外界的监管。

对托育人员的专业性考核也成为澳大利亚评估托育服务质量的重要内容。《国家质量标准》指出:"更新和维护教育者的知识是全体教育者的一项共同的责任,需要用专业的学习机会来丰富教育者现有的教育思维。"托育人员专业提升的重要途径是丰富自身的理论素养,并在实践中不断检验和反思理论。

3. 对托育机构的场地要求

澳大利亚《国家教育和保育法》对托育机构的物理环境进行了规定,其中第 103 条指出,托育服务中心提供教育和保育的服务场所内所有设备与家具必须保证安全、清洁且正常使用,违者将被处以 2 000 澳元的罚款。

对澳大利亚的托育服务中心而言,该法案的第 107 条与 108 条还规定了每位幼儿至少拥有的室内空间与室外空间大小:每位幼儿至少拥有 3.25 平方米的通风良好、自然光线充足且温度适宜的室内空间(不包括任何通道、卫生间、办公区域等非幼儿使用的空间),同时每位幼儿还必须拥有至少 7 平方米无障碍、使用自然资源、能够让儿童探索和体验的自然环境,并且要能提供适当可保护幼儿免受紫外线过度照射的室外空间(不包括通道、停车场、储存棚等非幼儿使用空间)。违背上述规定的机构将被处以 2 000 澳元的罚款。

经批准的家庭日托服务提供者还需遵守额外的附加规定,每年至少进行一次日托服务场所的评估,以确保幼儿的健康、安全受到保护。违背规定的家庭日托服务提供者也将受到 2 000 澳元的处罚。

三、 澳大利亚婴幼儿托育服务政策与法规的特点

（一）澳大利亚婴幼儿托育服务的优点

1. 完整的监督与管理政策

澳大利亚十分注重托育服务的质量，制定了托育机构质量认证和监管的相关制度。《国家质量框架》指出，每个州和领地的监管机构都要对其所在地区的托育机构进行监督和管理，改善托育服务质量。监督和管理的内容涉及师幼比、空间面积等方面，如果有不符合标准的，则需要及时进行整改或关停，并且对质量的监测由第三方完成，使得监督管理具有公平性。这一监督与管理制度在全球都是较为完善且领先的。

2. 教师行业准入门槛高

澳大利亚的师资培养强调构建教师职业资格认证体系与从业资格标准体系，严格制定行业从业规范，提高行业准入门槛，完善政府与社会的监督机制，在全国形成统一、有效的师资认证制度，其托育人员的专业性在全世界范围内都较为领先。

（二）澳大利亚婴幼儿托育服务的不足

澳大利亚托育服务的市场化程度较高，托育机构多为私立，所以托育服务的费用相对较高。同时，澳大利亚强调家庭为育儿的主要场所，弱化了政府在托育服务中的作用，因此育儿费用大部分由家庭承担。虽有一些补助，但相较于一些北欧国家，昂贵的托育费用仍给澳大利亚的工薪家庭造成了较大的负担。

第五节　丹麦婴幼儿托育服务政策与法规

一、 丹麦婴幼儿托育服务政策与法规的历史演进

19 世纪 20 年代，丹麦开始城市化、工业化的进程，大量家庭妇女涌入职场，幼儿早期的照料成为了一个重要的问题。在这种情况下，出现了由私人开办的育幼院（Asylum）。育幼院主要为 0—7 岁的婴幼儿提供照料服务，是丹麦最早的托育机构。

1850—1900 年，丹麦的托育机构分化成两种方向，一种是为 0—2 岁婴儿设立的托婴中心（Creche），而另一种则是为 3—7 岁幼儿所设立的幼儿园（Kindergarten）。托婴中心主要由专业护理人员管理，目的是确保婴幼儿身体健康。而幼儿园则是由幼儿教师负责，基于福禄培尔的教育理念为幼儿提供教育服务。托婴中心最早于 1849 年由私人开办，但由于婴儿在

托婴中心有感染疾病的风险,所以此类机构于1856年被丹麦政府强制关闭,直到1882年卫生标准提升后才重新开放。

20世纪50年代初,丹麦政府正式修订完成关于托育机构的立法,规定了托育机构设立的标准。当时,托育机构大多为私立,直到20世纪60年代末,公立托育机构才开始慢慢增多。最初,托育机构的开办由中央政府负责补助,地方政府负责管辖。1978年起,地方政府正式全权处理托育服务。近年来,由于地方政府对托育机构设立标准的管理日益严格,私人托育机构逐渐转型成为公立托育机构。

除托育机构外,丹麦还存在"居家保姆"(Childminder)。居家保姆分为两种:一种为政府雇员,另一种为私人保姆。1964年颁布的《儿童与青少年照顾法案》(Child and Youth Care Act)规定,政府需对属于政府雇员的居家保姆进行补助,而私人保姆不享受地方政府财政上的补贴,其托育服务的经费由父母支付或私人赞助。

居家保姆和托育机构最大的不同之处在于:居家保姆通常在私人住所照顾少量的幼儿,每位居家保姆不得同时照顾5位以上14岁以下的儿童(私人保姆不得同时照顾2位以上14岁以下的儿童),但如果一个住所中存在多名居家保姆,地方政府允许他们同时照顾最多10位儿童。由于是政府雇员,居家保姆受到政府的监督。为了防止幼儿与其他幼儿、成人疏离,丹麦地方政府还成立了活动中心。在活动中心,由不同居家保姆照料的幼儿有机会共同游戏,增加彼此互动的机会。当居家保姆休假或生病时,地方政府会指派一名代理保姆(Guest Childminder)来照顾幼儿,通常是在活动中心与幼儿进行互动过的其他保姆。此外,地方政府还聘请了专门的保姆咨询师,负责对居家保姆进行培训,并视察居家保姆对幼儿的照顾是否得宜。

二、 丹麦婴幼儿托育服务政策与法规的主要内容

(一) 丹麦婴幼儿托育服务的主管部门

丹麦政府认为,为0—6岁幼儿提供的托育服务受到社会各方面的影响,是一种综合服务,包括对托婴中心、居家保姆、幼儿园等的管理,以及对托育人员的培训、对托育服务的经费支持等,因此并不划归单一部门来负责托育服务,而是由各部门各司其职,协调负责。

(1)家庭和消费者事务部(Ministry of Family and Consumer Affairs)负责幼儿托育服务政策的制定,并对幼儿托育服务的质量进行监督。

(2)教育部(Ministry of Education)负责对托育人员的从业资格进行认定,并对其进行职前、职后培训。

(3)跨部门儿童委员会(Interministerial Child Committee)及政府儿童委员会(the Governmental Child Committee)负责处理对幼儿、家庭影响重大的法案,主要负责协调、整合跨部门的重大议题,改善幼儿的生活环境。

(4)儿童局(The Child Council)负责确保幼儿的权益,向政府有关部门提供关于幼儿发

展的指导建议,沟通和协调儿童福利工作,监督幼儿托育服务的立法工作。

(5)地方政府负责具体政策的实施,例如确定当地托育机构的服务目标和教育框架,并监督其服务和教育的质量;为托育机构提供足够的场地、充足的人员等,对父母、托育机构的经营者及托育人员提供资助。

(二)丹麦婴幼儿托育的相关政策

1. 产假和育婴假

目前在丹麦,生育休假制度包括产假及育婴假(Maternity and Parental Leave),较为灵活。对于母亲来讲,生育休假分为三个阶段,分别是:产前假(4周)、产假(14周)和育婴假(父母双方总共最多可休64周)。父亲在母亲产后可连续休2周陪产假,或在产后14周内共休2周。在母亲产后第15周起,母亲或父母双方可以开始选择休育婴假。育婴假的最高时限为64周,但育婴津贴只发放32周。根据休假时长,家长可获得的育婴津贴为全额工资的60%—100%,休假时间越长,育婴津贴相对越低。父母可以延迟休育婴假,但必须要在孩子9岁之前全部休完。

2. 经济补贴

丹麦政府为婴幼儿提供的种类丰富的经济补贴(Allowance),是丹麦福利政策的重要组成部分。对于普通家庭来说,不同年龄段的幼儿有不同金额的补助:0—2岁婴幼儿的补助为11 700丹麦克朗/年,3—6岁幼儿的补助为10 600丹麦克朗/年。此外,经济补贴还涵盖了对单亲家庭、丧亲家庭、多子女家庭、领养家庭和特殊儿童的补助。根据丹麦的政策规定,只有在父母双方(或单亲)参与劳动的情况下,其子女才有享受托育福利服务的权利,其保育制度不是单纯的福利政策,而是福利政策和劳动政策的结合体。

(三)丹麦婴幼儿托育机构的主要类型

在丹麦,为婴幼儿提供托育服务的机构主要有三种,分别为:托婴中心、居家保姆及混龄托儿所。托婴中心为6个月至2岁的婴幼儿提供服务,居家保姆负责照料14岁以下的儿童,混龄托儿所为6个月至6岁婴幼儿提供服务。其中,公立托育机构与私立托育机构之比为7∶3,近年来,私立托育机构越来越少。

由于育婴制度较为完善,大多数0—1岁的婴儿由家长自行照料。因此,0—1岁婴儿参与托育服务的比例仅为12%,其中8%的婴幼儿由居家保姆照料,4%的婴幼儿由混龄托儿所或托婴中心照料。而对于1—2岁婴幼儿来说,参与托育服务的比例达到了83%,其中居家保姆的使用率达到45%,混龄托儿所和托婴中心的使用率为38%。

(四)丹麦婴幼儿托育机构的相关规定

1. 经费支持

对于婴幼儿托育服务的经费支付,丹麦采取融合税金支付与部分自付的方式,对弱势家庭的幼儿进行补助。丹麦政府对于家庭自付额采取了务实的浮动比例原则,随国库的盈缺随时调整。年收入在 109 700 丹麦克朗以下的父母不必负担任何托育费用,而年收入在340 200 丹麦克朗以上的父母不得再收取补贴。另外,对于多子女家庭,每一个孩子可获得7 000 丹麦克朗/年的托育费用减免。综合以上规定,丹麦家长对于托育服务的自负费用比例从 16%—25% 不等,其中负担居家保姆的支出为最高。

表 2-2　丹麦婴幼儿托育机构经费分配表

机构	家长负担(%)∶政府负担(%)
居家保姆	25∶75
托婴中心	21∶79
混龄托儿所	20∶80

2. 托育内容

丹麦《社会服务法》(Act of Social Services)规定:托育机构的一般目的是与父母共同促进幼儿的健康成长,兼有教育、保育及社会福利三大功能。在托育机构中,幼儿通过游戏、观察成人、与成人互动来进行学习。托育机构重视对幼儿身体及情绪上的照顾,注重对幼儿语言、想象力、创造力及社交技巧的发展,让幼儿有机会获得对丹麦文化和存在于丹麦的其他文化的广泛理解,体验有关自然环境的经验。对于生理及心理有残疾或障碍的幼儿,特殊托育机构提供诊断、复健与教育服务。对于使用两种语言的幼儿,托育机构会为其安排非丹麦裔的托育人员,让其有机会在学会丹麦语的同时强化本族语言技能。

丹麦的托育机构并没有统一的托育课程,其内容尊重人的独特性,因此活动多依照个别幼儿的发展及成熟度来设计。

3. 人员配备

除居家保姆外,所有的托育机构都有一位主管(Manager)和一位副主管(Deputy Manager),两者都必须是具备正式资质的托育人员,负责托育机构行政及教学上的任务。托育人员还包括两类,分别是幼儿教师(Child and Youth Educator)和托育助理(Nursery and Childcare Assistant)。

根据丹麦教育部的规定,幼儿教师需要完成至少三年半的高等教育,所有的教育课程由教育部负责,政府全额公费资助。教育学院的每名学生每个月可领取 3 907 丹麦克朗的补助,享有每月低利贷款 2 301 丹麦克朗,即使在实习期间,也会由政府支付薪水。因此在丹麦,幼儿教师这一职业十分受年轻人的青睐,具有专业资格的幼儿教师达到所有托育人员的60% 以上,在北欧国家中比例最高。托育机构的主管和副主管一般是由专业的幼儿教师晋升而来的,他们需要在教育学院、地方或私人机构进行教育行政方面的训练才可获得晋升。

托育助理没有正式的教育背景限制和学历要求,多半是来自教育学院的学生,在入职前担任一到两年的托育助理。

居家保姆也需要接受一定的培训。自 1997 年起,居家保姆需在护理学校、教育学院或成人教育中心进行为期一年的基本训练课程,同时也可以加入幼儿教师师资培训计划,以获得更专业的认证。

在托育机构中,0—2 岁的婴儿与托育人员的比例为 3.3∶1,3—5 岁的幼儿与托育人员的比例为 7.2∶1,混龄托儿所的幼儿与托育人员比例为 6∶1。

(五) 丹麦婴幼儿托育质量评价与监管

在丹麦,对于婴幼儿托育服务的评价与监管主要由家庭和消费者事务部负责,目前没有国家级的评价与监管体系。对托育服务的监管责任主要由地方政府承担,地方政府成立了教学顾问团队,对托育机构的服务质量进行监管,并支持托育人员提高保育教育质量。此外,一般的托育机构还会成立家长委员会,负责对托育机构的教育目标、经费使用进行监督。

在丹麦的托育服务机构中,对托育服务质量的监督是基于大规模的自我监督、自发性的自我提升,家长对于托育机构所提供的服务品质有着重要的影响力,体现了去中央化的特色,而非建立在政府部门的评鉴机制之上。

三、 丹麦婴幼儿托育服务政策与法规的特点

1. 托育服务趋向弹性化

近年来,丹麦的托育服务趋向弹性化,兼顾家长与儿童的需求,并且考虑了政府的财政负担,主要体现为收费比例的弹性、幼儿在托时间的弹性以及父母获得额外服务的弹性。

2. 坚持以儿童为本的导向

丹麦的托育服务坚持以"儿童为本"的导向,不设置课程大纲,以个别儿童的发展需要为基础开展活动,强调环境和游戏在儿童发展中的重要地位,用个性化的保育教育让儿童得到独特的发展。

3. 将福利政策与劳动政策相结合

丹麦政府规定,只有在父母双方(或单亲)都参与劳动的状况下,其子女才有享受托育福利服务的权利,这充分体现了北欧国家模式福利的务实本质,将"享受福利"和"工作与纳税"两件事紧紧地结合在一起,让两者互相支撑,相辅相成,促进福利体系的良性循环。

4. 对婴幼儿托育行业较为重视,师资力量充足

在丹麦,政府对于婴幼儿的托育服务关注度较高,有七成的托育机构都是公立机构。此外,托育机构内的师幼比较高。对于托育人员的培训来说,丹麦有着严格的职前培养体系,

对托育人员设置了统一的培训计划,既包括保育教育理论,又包括具体的实操环节。丹麦对于托育人员培训的相关费用全部由政府承担,并且还给托育人员提供额外补助。这样就使得经过培训的托育人员必定是热爱这一职业,而且有着较高的职业素养的从业者,这对于丹麦婴幼儿托育事业的发展有极大的促进作用。

第六节　挪威婴幼儿托育服务政策与法规

一、 挪威婴幼儿托育服务政策与法规的历史演进

在 1975 年之前,挪威的托育机构包括两个部分:一是以教育为导向的幼儿园(Kindergarden),这种幼儿园受福禄培尔理念的影响,直到 19 世纪末才出现于挪威,多为中产阶级家庭服务;二是托儿之家(Day Home),其前身为托儿所(Children's Asylum),1837 年首次出现于特伦汗,目的是满足贫困家庭的托育需要。1953 年,挪威政府首次针对这两种托育机构出台相关法律,并于 1963 年开始资助托育机构。

1975 年,挪威政府将这两种托育机构合二为一,成为今天的幼儿园(Barnehager),也有人将其称为"日间护养机构",同时具备幼儿的教育和保育功能。1995 年,挪威政府颁布了《幼儿园法案》(Barnehager Act),提出幼儿园的首要目标是为 0—6 岁的婴幼儿提供良好的发展及活动机会。《幼儿园法案》规范了幼儿园的人员配置,例如:一位教师最多只能照顾 9 位 3 岁以下的婴幼儿,如果婴幼儿每天在园时间超过 6 个小时,那么负责的园长及教师需要具有教师资格证。同时,《幼儿园法案》还规定每所幼儿园均需建立一个全体家长委员会和一个由家长、教师代表组成的协调委员会(Co-ordinating Committee),共同制定幼儿园的工作计划。2006 年,《幼儿园法案》进行了修订并重新颁布。

1996 年,挪威儿童与家庭事务部(Ministry of Children and Family Affairs)出台《幼儿园框架计划》(Framework Plan for Barnehager)。这是挪威第一个关于幼儿教育的框架计划,旨在为幼儿园的教师和协调委员会提供一个具有约束力的框架,以便其在制定、实施和评价托育机构的工作内容时有据可循。《幼儿园框架计划》包括三部分内容。第一部分是总论,提出了挪威幼儿教育工作的目标和基本原则;第二部分是内容,指出所有幼儿应该体验五个学科领域的学习:社会宗教和伦理、美学、语言文本和沟通、自然环境和技术、身体活动和健康;第三部分是关于计划的运用和执行。2006 年,挪威儿童与家庭事务部对《幼儿园框架计划》进行了修订,出台了新的《幼儿园框架计划》,提出了新的内容,将在后文中详细介绍。

2003 年,挪威出台了《幼儿园协议》(Barnehager Agreement),为私立幼儿园的经营者提供国家资助,并规定了幼儿园的最高收费标准,旨在降低父母在托育服务上的花费。《幼儿园协议》出台后,从 2005—2014 年,挪威父母负担的育儿费用下降了 33%。

二、 挪威婴幼儿托育服务政策与法规的主要内容

（一）挪威婴幼儿托育服务的主管部门

自 1990 年起,挪威的幼儿园由儿童与家庭事务部负责,包括与托育机构相关的立法、政策制定和资金提供等。儿童与家庭事务部负责与 0—6 岁幼儿相关的大部分事务,并在各部门之间扮演协调的角色。从 2006 年起,儿童与家庭事务部将相关事宜交由教育研究部(The Ministry of Education and Research)、教育与训练局(Directorate for Education and Training)一同负责,主要事务包括幼儿教育与保育政策制定以及对幼儿教师的培训。

目前,挪威的托育服务呈现一种去中央化的发展趋势,幼儿教育与保育的责任被下放到市镇政府,由市镇政府进行管理。无论是《幼儿园法案》还是《幼儿园框架计划》,都在制定时避免了过于复杂的设定,这在很大程度上为地方政府提供了弹性处理权,让地方政府有足够的空间去适应法案和依据当地情况落实法案。

挪威的非政府组织也积极参与了婴幼儿托育服务相关政策的制定和讨论。这些非政府组织主要包括全国私立幼儿园协会(Private Barnehagers Landsforbund)、挪威教师联盟(Utdanningsforbundet)、全国父母委员会(the Nation Parents' Committee)、萨米协会(Sanmetinget)等,它们会定期与教育研究部开展双边会议,共同促进挪威幼儿教育的发展。

（二）挪威婴幼儿托育的相关政策

1. 育婴假

从 1993 年起,挪威开始向家长提供育婴假(Parental Leave)。挪威法律规定,如果在孩子出生之前 10 个月,母亲有 6 个月是在工作的,那么在孩子出生时父母双方均可以享受育婴假。在挪威,如果育婴假为 59 周,家长可获得相当于工资的 80% 的津贴;如果育婴假为 49 周,则家长可获得等同于全部工资的津贴。即使孩子是领养的,父母同样也可以获得育婴假。

自 1994 年起,时间账户计划(Time Accont)使挪威育婴假的使用变得更为灵活。父母可以将部分的育婴假存入时间账户中,即选择将完整的育婴假转为每周少上几天班或是每天少上几小时班的工作形式,以此来延长育婴假的使用时间。时间账户计划使育婴假最长可以延至 104 周,但完整的育婴假不得少于 12 周。

目前在挪威,育婴假制度运作良好,因此也大大减少了 12 个月以下婴儿的托育需求量。按照法律规定,母亲在产前 3 周至产后 6 周必须休假,而父亲的育婴假则必须休满 10 周,剩余的育婴假可以由父母双方自行分配。

2. 后期幼儿的照顾

如果幼儿的年龄在 12 岁以下,则父母每年有 10 天带薪假可以照顾孩子;育有两个孩子以上的父母每年有 15 天带薪假;单身母亲或父亲每年有 20 天带薪假。

3. 有特殊需要的幼儿的照顾

有特殊需要的幼儿包括身体有残疾的幼儿、土著民族和双语幼儿、低收入家庭的幼儿等。

根据挪威《小学教育法案》(Primary School Act)，身体有残疾的幼儿在学龄前有权接受教育，经过幼儿教育专家评估后可优先进入幼儿园，并且没有最低年龄的限制。

土著民族萨米族占挪威人口的 1.7%，根据《幼儿园法案》的规定，幼儿园必须为萨米族儿童提供萨米族语言和萨米族传统礼仪的教育，以巩固和发展萨米族传统文化。另外，挪威有 7.8% 的幼儿母语不是挪威语（同时也不是丹麦语、瑞典语或英语），挪威《第 24 号白皮书》指出，幼儿园需要为这些儿童提供语言测试，并在支持这些儿童使用母语的同时，帮助他们熟悉挪威语，使他们能使用双语或多语，以应对即将到来的小学教育。

挪威低收入家庭的幼儿占到全体幼儿数量的 3.4%，地方当局会为接收低收入家庭幼儿的幼儿园提供更多的教师或工作人员，同时为幼儿提供托育费用的全额资助。

（三）挪威婴幼儿托育机构的主要类型

在挪威，主要有三种类型的婴幼儿托育机构，分别是普通幼儿园、家庭式幼儿园(famile-barnehager)以及开放式幼儿园(apenbarnehager)。普通幼儿园为 0—5 岁的婴幼儿提供全年服务，幼儿的在园时长可以根据家长的需要自行选择。家庭式幼儿园一般设置在私人住宅中，一个家庭式幼儿园最多可为 5 位来自至少 2 个不同家庭的 0—5 岁的婴幼儿提供服务。在家庭式幼儿园中，每 30 位幼儿必须由一位取得专业资格证书的幼儿教师进行跨机构的监督和指导。开放式幼儿园则是为家长和幼儿提供的临时收托中心，由兼职的幼儿教师负责。需要注意的是，父母不能将幼儿单独留在开放式幼儿园，而是必须和他们一起参加活动。

因为挪威有完善的育婴假制度，1 岁以下的婴儿主要由父母进行照料，所以 1 岁以下婴儿的入托比例非常低。挪威 1 岁以下的婴儿进入托育机构的比例为 3.2%，2 岁和 3 岁幼儿进入托育机构的比例分别达到了 90.6% 和 95.3%。据调查，挪威有 98% 的父母选择普通幼儿园，有 2% 的父母选择家庭式幼儿园。

在挪威，约有 47% 的普通幼儿园属于公立性质，受到政府监督；其他的幼儿园则为私立性质，由家长、非营利性机构、营利性机构等经营。一般来说，私立普通幼儿园规模较小，但近年来数量不断增多，只要满足法定条件并得到当地幼儿园主管部门批准即可开办。

（四）挪威婴幼儿托育机构的相关规定

1. 经费支持

在挪威，所有的公立幼儿园和部分私立幼儿园能够受到国家资助，地方当局对其拥有或管理的公立幼儿园进行全额资助，对一些私立幼儿园进行部分资助。因此，依据其是否接受补助，可将幼儿园分为三类：公立幼儿园，接受地方当局补助的私立幼儿园，无地方当局补助的私立幼儿园。挪威中央政府和地方政府共承担了幼儿托育费用的 85%，剩余 15% 由幼儿家长承担。

1998年8月,挪威政府提出"现金照料福利计划"(the Cash-for-care Benefit Scheme)。如果1岁的婴儿没有进入任何托育机构,那么其家长可以获得补助,补助金额与其在幼儿园所需费用等额。另外,如果幼儿享受现金医疗福利,则补助金额为3 000挪威克朗/月;如果不享受现金医疗福利,则补助金额为6 000挪威克朗/月。这样的福利期一般为11个月。

此外,挪威政府还为18岁以下的儿童提供儿童福利(Barnetrygd),为单亲家庭提供额外补助,为育有12岁以下儿童的家庭提供免税额度等。

2. 托育内容

根据2006年修订的《幼儿园法案》与《幼儿园框架计划》,幼儿园开展活动的内容被划分为七个领域,分别是交流、语言与文字;身体、运动与健康;艺术、文化与创造力;自然、环境与技术;伦理、宗教与哲学;数字、空格与形状;当地社区与社会。

与1996年的《幼儿园框架计划》相比,2006年的《幼儿园框架计划》更为简短,为幼儿园提供了更大的自由度。2006年的《幼儿园框架计划》简要地列举了各个领域的主要要求。除此之外,对如何进行领域教学的工作方法的说明,被另制为《幼儿园框架计划》的指导手册。这份指导手册是由幼儿教育专家撰写的,内容包括如何对不同年龄段的幼儿开展各个领域的教育指导,旨在提升幼儿教师及工作人员的教育水平,但并不具备法律效力。

协调委员会应根据《幼儿园框架计划》制定自己的年度计划,但是不需要完全按照《幼儿园框架计划》的内容进行,可以根据当地的实际情况灵活调整。在年度计划中,幼儿园需要阐明教师如何实施每一项活动方案、如何根据幼儿的不同年龄段制定学习目标和幼儿的年度出勤率目标、如何对这些目标进行评估以及父母如何参与到幼儿园的活动之中。幼儿也可以参与年度计划的制定,他们可以对成人所制定的年度计划提出自己的建议。

一些幼儿园在《幼儿园框架计划》的范围内会强调特定的教育方法,例如户外幼儿园(Outdoor Barnehager)以自然和户外体育活动作为他们教育工作的主要内容。在户外幼儿园里,幼儿和教师每天在户外待上几个小时,有时甚至待上一整天。许多挪威的父母喜欢运动和户外活动,户外幼儿园很受这部分人的欢迎。此外,还有华德福幼儿园(Waldorf Barnehager)、蒙台梭利幼儿园(Montessori Barnehager)等。

3. 环境设置

挪威政府在《幼儿园法案》中对幼儿园室内和户外空间的标准有明确说明。对于0—3岁的婴幼儿,室内游戏区的面积标准为5.3平方米/人,室外区域的面积为室内游戏区和生活区的6倍。室外区域不包括停车位、通道等。

4. 人员配备

在挪威,幼儿园的工作人员主要有三类:园长、教师和教学助理。园长在挪威所有工作人员中占比为12%,教师占比为19%,教学助理占比为52%。还有其他的工作人员:2%的双语教学助理(Bilingual Assistant),负责协助教育萨米族和双语家庭的幼儿;5%的其他教学人员,负责协助教育其他有特殊需要的幼儿;10%的其他人员,包括厨师和清洁员等。

根据《幼儿园法案》的规定,幼儿教师需要具备足够的教育教学能力和领导力,幼儿教师应该是幼儿教育专业的本科毕业生,或者具有幼儿教育专业的学习经历;幼儿园的园长必须是幼儿教育专业的本科毕业生,如果是其他专业的毕业生,则必须继续接受幼儿教育专业的在职学习;对于教学助理,没有特别的教育背景要求。

实际上,挪威目前存在着专业幼儿教师严重短缺的问题。根据挪威统计局的统计数据,到 2035 年,挪威幼儿教师的需求将增加至 58 400 人,平均每年需雇佣 2 000 位新任幼儿教师以保持适宜的师幼比。然而在 2012 年,仅有 1 833 人获得了幼儿教育专业学位证书。基于这种情况,挪威政府不得不降低了对幼儿教师的专业要求。如果幼儿园的所有者(包括政府及私人)无法招聘到合格的幼儿教师,可以向市镇当局提出申请,免除对于所聘用人员的专业资格要求;在幼儿园开办的前三年必须每年申请豁免权,开办三年后可以申请永久豁免权。这意味着,目前挪威的幼儿园园长及教师中,有一定比例的人员是不具备幼儿教育专业背景的,这在很大程度上降低了挪威幼儿托育服务的质量。

另外,《幼儿园法案》规定,每 7—9 位 3 岁以下的幼儿必须配有一位幼儿教师;根据挪威《第 30 号白皮书》的建议,每 6 位 3 岁以下的幼儿应该配有一位幼儿教师,教学助理可以与教师一起负责教学计划的实施与开展。

(五) 挪威婴幼儿托育质量评价与监管

自 1975 年起,挪威的婴幼儿托育服务质量一直由市镇政府进行评价。由于挪威有近一半的幼儿园是公立的,且为市镇政府所有,因此所有者和监管者的双重角色使得监管的公信力有所下降。因此,2012 年,挪威教育与训练局开始全面负责对婴幼儿托育服务进行监管,规定由教育与训练局管理郡长,郡长监督市政府关于幼儿园法律法规、经费等各方面的执行使用情况。

挪威所有的幼儿园每年都需要在互联网上填写幼儿园质量报告,该报告将直接提交给教育与训练局。该报告的内容主要包括以下五方面信息:(1)幼儿园中各年龄段的幼儿数量,需要对萨米族、双语和身体有残疾的幼儿数量进行特别注明;(2)每日到园幼儿数量;(3)幼儿园中工作人员的职位、数量、性别、学历、专业等信息;(4)幼儿园每日开放时长;(5)父母入园所需缴纳的费用。此外,私立幼儿园还需单独填写年度总收入信息。教育与训练局将会对这些信息进行整合,编写一份年度幼儿园质量国家报告,供所有民众查阅。

2001 年,挪威参与了一项由欧洲经济共同体推行的为期三年的质量计划,并采用观察法评估了幼儿园的教育质量。

三、 挪威婴幼儿托育服务政策与法规的特点

(一) 挪威婴幼儿托育服务的优点

1. 鼓励家长参与托育服务

挪威法律规定家长对幼儿有照顾、抚养的义务,幼儿也有受家长照顾的权利。有关研究

表明,家长是否积极参与婴幼儿托育对婴幼儿的发展会产生巨大的影响。在这种情况下,政府制定了很多措施,旨在让家长有更多的时间与幼儿相处,包括完善的带薪育婴假制度、时间账户制度、儿童福利制度等。同时,《幼儿园法案》规定每所幼儿园都必须有全体家长委员会和协调委员会,促进家长更多地参与到婴幼儿的托育服务中去,推动幼儿园更好地开展工作。

2. 完善福利政策,减轻家长负担

对于1岁及以上的幼儿,按照挪威规定,幼儿托育服务的费用由中央政府、地方政府和家长共同承担,家长仅需承担15%,每月不超过2330挪威克朗的费用即可让幼儿享有托育服务。同时,私立幼儿园也可获得政府资助,这一举措进一步降低了家长在托育费用方面的支出,使得挪威大部分0—3岁婴幼儿接受托育服务成为可能。

3. 单纯的0—5岁一体化婴幼儿托育系统

挪威的托育服务机构呈现出一种"单纯且多样"的态势。挪威政府不对0—3岁婴幼儿教育与3—5岁幼儿教育进行区分,而是直接将其视为一个有机整体,《幼儿园计划框架》规定的七个领域贯穿了0—5岁婴幼儿的教育全过程,即使刚出生的婴儿也可以进入幼儿园享受托育服务。另外,挪威的办园形式非常多样,除了普通幼儿园外,还产生了分散的家庭式幼儿园、开放式幼儿园。特别是家庭式幼儿园,一般由几个家庭的幼儿组成,幼儿人数最多不超过5个,小巧灵活,容易开办,对提高0—3岁婴幼儿的入托率起到了很大的促进作用。

(二) 挪威婴幼儿托育服务的不足

1. 缺乏合格的幼儿教师

一方面,在挪威的幼儿园中,仅有57%的工作人员接受过专业的幼儿教育培训,比例明显偏低。更令人忧心的是,甚至有许多幼儿园的教学助理还没有达到高中文化水平。另一方面,即使是受过专业培训的幼儿教师,常常需要在公立幼儿园和家庭式幼儿园、开放式幼儿园之间来回奔波,整体流动率也比较大。从总体上看,挪威幼儿教师的地位、工资水平、工作条件都远远低于小学教师。这两种情况常常导致恶性循环:待遇问题导致高质量人才不愿意从事幼儿教育行业,而较低质量的工作水平又会影响幼儿教师的工资和待遇,最终影响了挪威婴幼儿托育服务的整体质量。

2. 对于托育服务质量评估和监控投入不足

尽管教育与训练局针对挪威的托育服务质量收集了很多相关资料与数据,但由于《幼儿园法案》和《幼儿园计划框架》给予了幼儿园较高的自由度,托育服务的质量没有一个客观的参考,家长也难以辨别托育机构的质量和级别。与其他领域相比,挪威政府在托育服务质量方面的投入还不是很多,整个托育行业亟待出台相关的标准、规范以及监管评估手册,以便幼儿园不断提升自己的教育水平,使家长能够选择高质量的托育服务。

思考与练习

1. 英国《早期奠基阶段法定框架：0—5 岁儿童学习、发展和保育标准》经历了怎样的发展历程，主要包括哪些内容？

2. 美国早期开端计划的主要内容及实施过程如何？

3. 日本为应对"少子化"推出了哪些政策？

4. 澳大利亚是如何对婴幼儿托育机构进行监管的？

5. 在丹麦，托育机构和居家保姆之间存在哪些异同？

6. 你觉得挪威应如何应对专业幼儿教师严重短缺的问题？

7. 结合本章内容，试谈英国、美国、日本、澳大利亚、丹麦、挪威等国家的婴幼儿托育服务政策对我国托育事业发展的启发。

第三章　指导和促进我国托育事业发展的政策与法规

学习目标

1. 了解我国0—3岁婴幼儿托育事业的发展现状。
2. 理解我国指导和促进托育行业发展的主要政策法规。
3. 了解有关0—3岁婴幼儿托育事业的地方性政策。

案例导入

2019年2月,郑雪生下了自己的第一个孩子。一家人虽沉浸在孩子诞生的喜悦中,但却发现照顾孩子并不比孕育孩子轻松。郑雪的母亲做过几次大手术,照顾孩子力不从心,家里保姆已经换了4个,但仍没有找到心仪的保姆。除此之外,郑雪和她的先生还有繁重的工作任务,这些都让她觉得焦头烂额。"就盼着孩子3岁后送到幼儿园,那时候就轻松了。"郑雪这样想。

事实上,郑雪的困境,正是越来越多双职工家庭所面临的尴尬现状:幼儿园只接收3—6岁的儿童,3岁以下婴幼儿"无处可托"。2016年,国家卫计委在北上广深等10个城市启动3岁以下婴幼儿托育服务专题调研,结果显示:至少有超过1/3的受访者有社会托育服务需求。此外,2017年,北京市妇联牵头进行的一项大样本调查的结果显示,有30%的全职妈妈、半数以上的在职妈妈均有此类服务需求。而2017年国家卫健委的调研数据显示,在一些大城市,3岁以下婴幼儿在各类托育机构的入托率仅为4.1%。

这表明我国各类托育机构的入托率较低,0—3岁婴幼儿托育服务的供给滞后。托育服务事关千家万户,为解决"幼有所育"的问题,我国已出台了许多0—3岁婴幼儿托育相关的政策与法规。本章将介绍指导和促进我国0—3岁婴幼儿托育事业发展的政策与法规。

本章导览

指导和促进我国托育事业发展的政策与法规

《国务院办公厅关于促进3岁以下婴幼儿照护服务发展的指导意见》的内容与解读
- 《指导意见》的出台背景
- 《指导意见》的主要内容
- 《指导意见》的意义

《支持社会力量发展普惠托育服务专项行动实施方案（试行）》的内容与解读
- 《实施方案》的出台背景与意义
- 《实施方案》的主要内容

《国务院办公厅关于促进养老托育服务健康发展的意见》的内容与解读
- 《意见》的出台背景与意义
- 《意见》的主要内容

全国婴幼儿照护服务示范城市创建活动的相关政策内容与解读
- 示范城市创建活动的开展背景与意义
- 《关于开展全国婴幼儿照护服务示范城市创建活动的通知》的主要内容
- 各地实施示范城市创建活动的方案
- 《关于做好第一批全国婴幼儿照护服务示范城市推荐申报工作的通知》的主要内容
- 第一批全国婴幼儿照护服务示范城市

《关于报送本地区每千人口拥有3岁以下婴幼儿托位数年度分解指标的通知》的内容与解读
- 《通知》的出台背景与意义
- 《通知》的主要内容

地方性政策举例：四川省《关于加快推进3岁以下婴幼儿托育服务发展的意见》
- 四川省《关于加快推进3岁以下婴幼儿托育服务发展的意见》的出台背景与意义
- 四川省《关于加快推进3岁以下婴幼儿托育服务发展的意见》的主要内容

第一节　《国务院办公厅关于促进 3 岁以下婴幼儿照护服务发展的指导意见》的内容与解读

为了有序推进婴幼儿照护服务的相关工作,2019 年 4 月,国务院办公厅印发《国务院办公厅关于促进 3 岁以下婴幼儿照护服务发展的指导意见》(以下简称《指导意见》),明确了促进婴幼儿照护服务发展的总体要求、主要任务、保障措施和组织实施。这是当前做好婴幼儿照护服务工作的指导性文件。

一、《指导意见》的出台背景

(一)党和国家高度重视婴幼儿照护服务的发展

党和国家高度重视婴幼儿照护服务的发展。党的十九大报告要求,在"幼有所育"上不断取得新进展。2019 年的《政府工作报告》指出,要加快发展多种形式的婴幼儿照护服务,支持社会力量兴办托育服务机构,加强儿童安全保障。2010 年 7 月印发的《国家中长期教育改革和发展规划纲要(2010—2020 年)》,并将学前教育单列一章,提出要"重视 0 至 3 岁婴幼儿教育"。2011 年,《中国儿童发展纲要(2011—2020 年)》全面实施,在"儿童与教育"部分,明确提出主要目标有:"促进 0—3 岁儿童早期综合发展。"并指出相应的策略措施:"积极开展 0—3 岁儿童科学育儿指导;积极发展公益性普惠性的儿童综合发展指导机构,以幼儿园和社区为依托,为 0—3 岁儿童及其家庭提供早期保育和教育指导。加快培养 0—3 岁儿童早期教育专业化人才。"同时明确了政府在发展 0—3 岁儿童早期教育上的责任。2012 年,教育部发布《国家教育事业发展第十二个五年规划》,提出:"加强对学前教育机构、早期教育指导机构的监管和教育教学的指导。""加强学前教育科学研究,推动学前教育和家庭教育相结合,依托幼儿园,利用多种渠道,积极开展公益性 0—3 岁婴幼儿早期教育指导服务。"与此同时,政府及相关部门尝试探索构建 0—3 岁婴幼儿早期发展服务体系。2012 年,教育部办公厅专门下发了《关于开展 0—3 岁婴幼儿早期教育试点工作有关事项的通知》,决定为贯彻落实相关精神,探索发展 0—3 岁婴幼儿早期教育的模式和经验,选择部分地(市)先行开展 0—3 岁婴幼儿早期教育试点。试点城市以发展公益性婴幼儿早期教育服务为目标,重点在早期教育管理体制、服务模式、服务内容等方面进行试点探索,总结经验。

2016 年 4 月,国务院常务会议提出要"支持普惠性托儿所和幼儿园尤其是民办托幼机构发展"。2017 年 6 月,促进儿童健康发展座谈会强调"扎实推进托育服务和普惠性学前教育发展"。2017 年 10 月,在党的十九大报告提出的保障和改善民生的七项要求中,"幼有所育"排在首位。2017 年 12 月,中央经济工作会议强调"针对人民群众关心的问题精准施策","解决好婴幼儿照护和儿童早期教育服务问题"。2018年的《政府工作报告》再次提出"儿童是民族的未来、家庭的希望。要多渠道增加学前教育资源供给,重视对幼儿教师的关心和培养,运用互联网等信息化手段对儿童托育中育儿过程加强监管,一定要让家长放心安心"。2019年《政府工作报告》指出"加快发展多种形式的婴幼儿照护服务,支持社会力量兴办托育服务机构,加强儿童安全保障"。2019年10月,中国共产党第十九届四中全会指出,必须健全幼有所育、学有所教、劳有所得、病有所医、老有所养、住有所居、弱有所扶等方面国家基本公共服务制度体系,注重加强普惠性、基础性、兜底性民生建设,保障群众基本生活。以上一系列内容的提出和落实,使得我国托育事业的发展迎来了前所未有的机遇。

(二)早期教育保育和托育机构的重要性日渐凸显

1. 从脑科学研究看早期教育保育的重要性

近年来,脑科学研究是教育改革领域中关注比较多的一个热点,越来越多的脑科学研究表明早期教育保育对人一生发展的重要性。2岁以内是大脑发育的高峰期,个体最终脑重一半以上的重量是在7个月到2岁期间增加的。对儿童学习机制的研究以及一些托育机构的研究和实践表明,儿童早期学习过程中的具体机能有不同的关键期。例如,在视觉系统内部,视觉敏感度、视觉优势、双眼功能就有不同的关键期。关键期的年龄可能是出生到3岁、出生到6岁、出生到10岁。大体上说,2—3岁是学习口头语言的关键期,4—5岁为学习书面语言的关键期,5岁左右是掌握数概念的关键期。人类语言功能似乎同样也有几个关键期,音位学的关键期从婴儿期开始,最有可能是在12岁左右结束。关键期可能与突触的生长和修剪有关。在儿童所处的环境中,环境的刺激维持和强化了经常加工信息的突触,经常使用的突触得到经验的强化和保持,而不经常使用的就要被修剪。

因此,丰富的环境会增加突触之间的联结,如果有不良的刺激/经验,那么不良经验塑造的突触联结就会扩散,甚至神经系统也会出现故障。这段时期的环境刺激为后来的学习奠定了重要的基础,因为外部世界是大脑生长的真正食粮。这进一步促使托育人员关注儿童所处的微观环境,特别是关注丰富的和刺激性的早期儿童环境,了解其重要性。[①]

由此可看出,环境对儿童早期发展的重要意义:儿童早期是一个人学习最多的时期,是大脑对新经验最开放的时期。大脑的发展在最早期是独特的,经验必须限定在一定的时间段里才能起作用。也就是说,早期的发展将要深深地影响儿童以后的发展。儿童早期的发育兼具可塑性和脆弱性。如果儿童在充满不利因素的环境中成长,比如面临心理风险、食物质量差、环境污染等,则儿童大脑结构的发展会受到影响,进而对儿童将来的发展产生不利甚至不可逆的危害。脑科学研究证实了早期教育保育实践活动的价值,也为早期教育保育提供了有益的和可供参考的信息。

---

① 王成刚. 脑科学视野中的儿童早期教育[D]. 上海:上海师范大学,2005.

2. 对优质托育机构需求的增加

随着社会经济的发展,越来越多的女性开始追求自己的职业成就,因此也有越来越多的双职工家庭需要把孩子送到托育机构去接受照料。一些国家和地区通过发展托育服务,不仅协助女性缓解家庭照料的压力,促进其就业,而且也最大程度上给有婴幼儿照顾需求的家庭提供帮助,有利于家庭的稳定和谐、社会的整体发展。此外,在一些国家和地区,托育服务除了可以满足一般性婴幼儿的替代性亲职照顾之外,还特别关注了有特殊需求的婴幼儿,如身心障碍婴幼儿、发展迟缓婴幼儿、学习障碍婴幼儿及其他弱势婴幼儿的早期发展和康复。[1]

随着托育服务的需求提升,托育机构的质量问题得到了越来越多的关注。有研究表明,高质量的早期教育保育十分有利于儿童的入学准备和学业成就,甚至与儿童将来成人后的工作和犯罪率也相关。[2] 如果儿童能在托育机构获得优质的教养、积极的人际互动、充足的睡眠与营养、与保教人员建立亲密的关系,这对儿童的发展是积极的。相反,如果儿童在托育机构受到忽视,甚至受到言语和身体上的攻击,则会对儿童的身心发展造成非常不利的影响。目前,我国托育机构的质量还存在参差不齐、鱼龙混杂的问题,因此,建立完善的托育机构质量监测和评价体制还需得到更多的重视。

(三)我国婴幼儿照护服务供需矛盾突出

1. 家长托育服务需求强烈

国内家长对托育服务的需求非常强烈,而目前我国的优质托育服务又供不应求,托育服务供给严重短缺,0—3岁婴幼儿入托率较低。当然,强烈的需求和不充分的供给也在推动着我国的托育事业不断向前发展。

"无人照料"、经济因素已经成为影响家长生育意愿的非常重要的因素。这也从侧面反映了家长对优质、普惠的0—3岁婴幼儿托育服务的需求。早在2007年的专项调查中,北京市就有55.3%的家长认为未满3岁儿童已适宜入托,九成家长认为"托儿所有必要发展";上海市这一比例更高达95.3%。然而在2017年,全国妇联的调查数据显示,上海市公办系统和民办系统2017年招收3岁以下婴幼儿数仅为1.4万名,仍仅占需求量的10%。[3]

这些现象说明,托育服务有着强烈的市场需求,同时也是一种基本的民生保障制度,故需要相应的政策来推动和促进托育事业的整体发展。

2. 我国托育服务仍存在一些问题

自中华人民共和国成立以来,我国针对0—3岁婴幼儿的托育服务经历了许多不同的发展阶段,在本书第一章已有所论述。2010年,更是我国托育政策与事业发展的重要转折点,

---

① 刘中一. 我国托育服务的历史、现状与未来[J]. 经济与社会发展,2018,16(04):70—74.
② 高敬. 早期教育机构质量的重要性、内涵与评价[J]. 学前教育研究,2011(07):14—19.
③ 洪秀敏,陶鑫萌. 改革开放40年我国0—3岁早期教育服务的政策与实践[J]. 学前教育研究,2019(02):3—11.

国家开始强调学前教育的社会公益性和普惠性，并积极探索构建0—3岁托育服务体系。但是，当前我国0—3岁婴幼儿的托育教育服务仍然存在很多问题。

第一，法治体系仍不健全，缺少立法和保护机制。从中华人民共和国成立至今，我国制定了很多涉及婴幼儿托育服务的儿童福利政策，也相继制定实施了《幼儿园管理条例》《幼儿园工作规程》等法规性文件，在一定程度上推动了学前教育事业的发展和教育品质的提高。但是，以上文件中的内容大多针对3—6岁的儿童，而缺少托育服务方面的法律法规，即无专门针对0—3岁儿童教育与保育的内容。这在一定程度上导致了儿童权益受侵害事件、"无证办园"等各类问题频繁发生，严重侵害了儿童的权益。对此，我国政府正在完善立法和保护机制，加强执法监督，健全监护制度。

第二，缺乏规范和监管。目前，针对0—3岁婴幼儿的托育机构在服务标准、课程质量、师资资质、卫生安全、园所环境方面缺乏有效的规范与监管，机构服务质量良莠不齐，甚至有虐童事件发生。另外，目前还没有一套系统的从业人员考核体系，致使托育人员专业素养参差不齐，技能规范性低，准入门槛不明晰，业务培训机制不完善。

第三，政府财政投入不足。婴幼儿托育是一项专业性很强的系统工程，需要多方力量共同参与。但由于申办托育服务机构资源不足、风险较大、标准不清、收费限制、营利较少等问题，多方参与办托育机构的积极性不高。一旦没有政府资金的长期支持，托育机构将很难长期维持运行。[①] 因此，需明确婴幼儿与国家、家庭之间的关系，强调政府主导作用，加快托育服务立法，成立托育服务监管部门，在政策和财政方面给予托育服务更多的支持，加大公共财政对托育服务体系建设的投入，鼓励社会力量参与托育服务，强化社区托育服务功能，建立以社区为基础的工作运行机制，充分挖掘和利用社区资源，缩小城乡差距，加快托育服务城乡一体化发展。[②]

在以上背景下，国务院办公厅于2019年印发《指导意见》，成为我国指导和促进托育事业发展的纲领性文件。

二、《指导意见》的主要内容

（一）总体要求

1. 一个指导思想

以习近平新时代中国特色社会主义思想为指导，全面贯彻党的十九大和十九届二中、三中全会精神，按照统筹推进"五位一体"总体布局和协调推进"四个全面"战略布局要求，坚持以人民为中心的发展思想，以需求和问题为导向，推进供给侧结构性改革，建立完善促进婴幼儿照护服务发展的政策法规体系、标准规范体系和服务供给体系，充分调动社会力量的积

① 洪秀敏，陶鑫萌. 改革开放40年我国0—3岁早期教育服务的政策与实践[J]. 学前教育研究，2019(02)：3—11.
② 高薇，苗春凤. 新中国成立70年来托育服务的发展历程与思考[J]. 北京青年研究，2019，28(04)：65—74.

极性,多种形式开展婴幼儿照护服务,逐步满足人民群众对婴幼儿照护服务的需求,促进婴幼儿健康成长、广大家庭和谐幸福、经济社会持续发展。

2. 四项基本原则

家庭为主,托育补充。人的社会化进程始于家庭,儿童监护抚养是父母的法定责任和义务,家庭对婴幼儿照护负主体责任。发展婴幼儿照护服务的重点是为家庭提供科学养育指导,并对确有照护困难的家庭或婴幼儿提供必要的服务。

政策引导,普惠优先。将婴幼儿照护服务纳入经济社会发展规划,加快完善相关政策,强化政策引导和统筹引领,充分调动社会力量积极性,大力推动婴幼儿照护服务发展,优先支持普惠性婴幼儿照护服务机构。

安全健康,科学规范。按照儿童优先的原则,最大限度地保护婴幼儿,确保婴幼儿的安全和健康。遵循婴幼儿成长特点和规律,促进婴幼儿在身体发育、动作、语言、认知、情感与社会性等方面的全面发展。

属地管理,分类指导。在地方政府领导下,从实际出发,综合考虑城乡、区域发展特点,根据经济社会发展水平、工作基础和群众需求,有针对性地开展婴幼儿照护服务。

3. 两个发展目标

到 2020 年,婴幼儿照护服务的政策法规体系和标准规范体系初步建立,建成一批具有示范效应的婴幼儿照护服务机构,婴幼儿照护服务水平有所提升,人民群众的婴幼儿照护服务需求得到初步满足。

到 2025 年,婴幼儿照护服务的政策法规体系和标准规范体系基本健全,多元化、多样化、覆盖城乡的婴幼儿照护服务体系基本形成,婴幼儿照护服务水平明显提升,人民群众的婴幼儿照护服务需求得到进一步满足。

（二）主要任务

1. 加强对家庭婴幼儿照护的支持与指导

《指导意见》中明确提出要坚持"以家庭为主,托育补充"的原则。这既顺应了婴幼儿成长发育的规律,符合在家庭中养育婴幼儿的实际情况;也体现了父母应当创造良好、和睦的家庭环境,依法履行对未成年人的监护职责和抚养义务的法律要求。

同时,《指导意见》提出政府以及全社会可以通过政策落实、就业支持、育儿指导、卫生服务等多种形式来支持家庭的婴幼儿照护服务,从而促进婴幼儿健康成长、家庭和谐幸福。全面落实产假政策,鼓励用人单位采取灵活安排工作时间等积极措施,为婴幼儿照护创造便利条件。支持脱产照护婴幼儿的父母重返工作岗位,并为其提供信息服务、就业指导和职业技能培训。加强对家庭的婴幼儿早期发展指导,通过入户指导、亲子活动、家长课堂等方式,利用互联网等信息化手段,为家长及婴幼儿照护者提供婴幼儿早期发展指导服务,增强家庭的科学育儿能力。切实做好基本公共卫生服务、妇幼保健服务工作,为婴幼儿家庭开展新生儿访视、膳食营养、生长发育、预防接种、安全防护、疾病防控等服务。

2. 加大对社区婴幼儿照护服务的支持力度

社区是社会治理和民生保障的重要载体。加大对社区婴幼儿照护服务的支持力度,是实现照护服务就近可及、普惠公平的现实需要。《指导意见》指出各级地方政府要按照标准和规范,采取公办民营、民办公助等多种方式,加大对社区婴幼儿照护服务的支持力度。

地方各级政府要按照标准和规范在新建居住区规划、建设与常住人口规模相适应的婴幼儿照护服务设施及配套安全设施,并与住宅同步验收、同步交付使用;老城区和已建成居住区无婴幼儿照护服务设施的,要限期通过购置、置换、租赁等方式建设。有关标准和规范由住房城乡建设部已于2019年8月底前制定。鼓励通过市场化方式,采取公办民营、民办公助等多种方式,在就业人群密集的产业聚集区域和用人单位完善婴幼儿照护服务设施。

鼓励地方各级政府采取政府补贴、行业引导和动员社会力量参与等方式,在加快推进老旧居住小区设施改造过程中,通过做好公共活动区域的设施和部位改造,为婴幼儿照护创造安全、适宜的环境和条件。

发挥城乡社区公共服务设施的婴幼儿照护服务功能,加强社区婴幼儿照护服务设施与社区服务中心(站)及社区卫生、文化、体育等设施的功能衔接,发挥综合效益。支持和引导社会力量依托社区提供婴幼儿照护服务。发挥网格化服务管理作用,大力推动资源、服务、管理下沉到社区,使基层各类机构、组织在服务保障婴幼儿照护等群众需求上有更大作为。

各地要根据实际,在农村社区综合服务设施建设中,统筹考虑婴幼儿照护服务设施建设。加大对农村和贫困地区婴幼儿照护服务的支持,推广婴幼儿早期发展项目。

3. 规范发展多种形式的婴幼儿照护服务机构

《指导意见》指出举办各类婴幼儿照护服务机构,须按规定注册登记:举办非营利性婴幼儿照护服务机构的,在婴幼儿照护服务机构所在地的县级以上机构编制部门或民政部门注册登记;举办营利性婴幼儿照护服务机构的,在婴幼儿照护服务机构所在地的县级以上市场监管部门注册登记。婴幼儿照护服务机构经核准登记后,应当及时向当地卫生健康部门备案。登记机关应当及时将有关机构登记信息推送至卫生健康部门。

地方各级政府要将需要独立占地的婴幼儿照护服务设施和场地建设布局纳入相关规划,新建、扩建、改建一批婴幼儿照护服务机构和设施。城镇婴幼儿照护服务机构建设要充分考虑进城务工人员随迁婴幼儿的照护服务需求。

支持用人单位以单独或联合相关单位共同举办的方式,在工作场所为职工提供福利性婴幼儿照护服务,有条件的可向附近居民开放。鼓励支持有条件的幼儿园开设托班,招收2至3岁的幼儿。

各类婴幼儿照护服务机构可根据家庭的实际需求,提供全日托、半日托、计时托、临时托等多样化的婴幼儿照护服务;随着经济社会发展和人民消费水平提升,提供多层次的婴幼儿照护服务。

落实各类婴幼儿照护服务机构的安全管理主体责任,建立健全各类婴幼儿照护服务机构安全管理制度,配备相应的安全设施、器材及安保人员。依法加强安全监管,督促各类婴幼儿照护服务机构落实安全责任,严防安全事故发生。

加强婴幼儿照护服务机构的卫生保健工作。认真贯彻保育为主、保教结合的工作方针,为婴幼儿创造良好的生活环境,预防控制传染病,降低常见病的发病率,保障婴幼儿的身心健康。各级妇幼保健机构、疾病预防控制机构、卫生监督机构要按照职责加强对婴幼儿照护服务机构卫生保健工作的业务指导、咨询服务和监督检查。

加强婴幼儿照护服务专业化、规范化建设,遵循婴幼儿发展规律,建立健全婴幼儿照护服务的标准规范体系。各类婴幼儿照护服务机构开展婴幼儿照护服务必须符合国家和地方相关标准与规范,并对婴幼儿的安全和健康负主体责任。运用互联网等信息化手段对婴幼儿照护服务机构的服务过程加强监管,让广大家长放心。建立健全婴幼儿照护服务机构备案登记制度、信息公示制度和质量评估制度,对婴幼儿照护服务机构实施动态管理。依法逐步实行工作人员职业资格准入制度,对虐童等行为零容忍,对相关个人和直接管理人员实行终身禁入。婴幼儿照护服务机构设置标准和管理规范由国家卫生健康委制定,各地据此做好婴幼儿照护服务机构核准登记工作。

(三)保障措施

1. 加强政策支持

充分发挥市场在资源配置中的决定性作用,梳理社会力量进入的堵点和难点,采取多种方式鼓励和支持社会力量举办婴幼儿照护服务机构。鼓励地方政府通过采取提供场地、减免租金等政策措施,加大对社会力量开展婴幼儿照护服务、用人单位内设婴幼儿照护服务机构的支持力度。鼓励地方政府探索试行与婴幼儿照护服务配套衔接的育儿假、产休假。创新服务管理方式,提升服务效能水平,为开展婴幼儿照护服务创造有利条件、提供便捷服务。

2. 加强用地保障

将婴幼儿照护服务机构和设施建设用地纳入土地利用总体规划、城乡规划和年度用地计划并优先予以保障,农用地转用指标、新增用地指标分配要适当向婴幼儿照护服务机构和设施建设用地倾斜。鼓励利用低效土地或闲置土地建设婴幼儿照护服务机构和设施。对婴幼儿照护服务设施和非营利性婴幼儿照护服务机构建设用地,符合《划拨用地目录》的,可采取划拨方式予以保障。

3. 加强队伍建设

高等院校和职业院校(含技工院校)要根据需求开设婴幼儿照护相关专业,合理确定招生规模、课程设置和教学内容,将安全照护等知识和能力纳入教学内容,加快培养婴幼儿照护相关专业人才。将婴幼儿照护服务人员作为急需紧缺人员纳入培训规划,切实加强婴幼儿照护服务相关法律法规培训,增强从业人员法治意识;大力开展职业道德和安全教育、职业技能培训,提高婴幼儿照护服务能力和水平。依法保障从业人员合法权益,建设一支品德高尚、富有爱心、敬业奉献、素质优良的婴幼儿照护服务队伍。

4. 加强信息支撑

充分利用互联网、大数据、物联网、人工智能等技术,结合婴幼儿照护服务实际,研发应用婴幼儿照护服务信息管理系统,实现线上线下结合,在优化服务、加强管理、统计监测等方面发挥积极作用。

5. 加强社会支持

加快推进公共场所无障碍设施和母婴设施的建设和改造,开辟服务绿色通道,为婴幼儿出行、哺乳等提供便利条件,营造婴幼儿照护友好的社会环境。企业利用新技术、新工艺、新材料和新装备开发与婴幼儿照护相关的产品必须经过严格的安全评估和风险监测,切实保障安全性。

(四)组织实施

1. 强化组织领导

各级政府要提高对发展婴幼儿照护服务的认识,将婴幼儿照护服务纳入经济社会发展相关规划和目标责任考核,发挥引导作用,制定切实管用的政策措施,促进婴幼儿照护服务规范发展。

2. 强化部门协同

婴幼儿照护服务发展工作由卫生健康部门牵头,发展改革、教育、公安、民政、财政、人力资源社会保障、自然资源、住房城乡建设、应急管理、税务、市场监管等部门要按照各自职责,加强对婴幼儿照护服务的指导、监督和管理。积极发挥工会、共青团、妇联、计划生育协会、宋庆龄基金会等群团组织和行业组织的作用,加强社会监督,强化行业自律,大力推动婴幼儿照护服务的健康发展。

3. 强化监督管理

加强对婴幼儿照护服务的监督管理,建立健全业务指导、督促检查、考核奖惩、安全保障和责任追究制度,确保各项政策措施、规章制度落实到位。按照属地管理和分工负责的原则,地方政府对婴幼儿照护服务的规范发展和安全监管负主要责任,制定婴幼儿照护服务的规范细则,各相关部门按照各自职责负监管责任。对履行职责不到位、发生安全事故的,要严格按照有关法律法规追究相关人员的责任。

4. 强化示范引领

在全国开展婴幼儿照护服务示范活动,建设一批示范单位,充分发挥示范引领、带动辐射作用,不断提高婴幼儿照护服务整体水平。

（五）部门职责分工

《指导意见》进一步明确了促进3岁以下婴幼儿照护服务发展工作部门职责分工：发展改革部门负责将婴幼儿照护服务纳入经济社会发展相关规划。教育部门负责各类婴幼儿照护服务人才培养。公安部门负责监督指导各类婴幼儿照护服务机构开展安全防范。民政部门负责非营利性婴幼儿照护服务机构法人的注册登记，推动有条件的地方将婴幼儿照护服务纳入城乡社区服务范围。财政部门负责利用现有资金和政策渠道，对婴幼儿照护服务行业发展予以支持。人力资源社会保障部门负责对婴幼儿照护服务从业人员开展职业技能培训，按规定予以职业资格认定，依法保障从业人员各项劳动保障权益。自然资源部门负责优先保障婴幼儿照护服务机构和设施建设的土地供应，完善相关规划规范和标准。住房城乡建设部门负责规划建设婴幼儿照护服务机构和设施，完善相关工程建设规范和标准。卫生健康部门负责组织制定婴幼儿照护服务的政策规范，协调相关部门做好对婴幼儿照护服务机构的监督管理，负责婴幼儿照护卫生保健和婴幼儿早期发展的业务指导。应急管理部门负责依法开展各类婴幼儿照护服务场所的消防监督检查工作。税务部门负责贯彻落实有关支持婴幼儿照护服务发展的税收优惠政策。市场监管部门负责营利性婴幼儿照护服务机构法人的注册登记，对各类婴幼儿照护服务机构的饮食用药安全进行监管。工会组织负责推动用人单位为职工提供福利性婴幼儿照护服务。共青团组织负责针对青年开展婴幼儿照护相关的宣传教育。妇联组织负责参与为家庭提供科学育儿指导服务。计划生育协会负责参与婴幼儿照护服务的宣传教育和社会监督。宋庆龄基金会负责利用公益机构优势，多渠道、多形式参与婴幼儿照护服务。

三、《指导意见》的意义

（一）有利于进一步提高婴幼儿照护服务质量，促进教育公平

《指导意见》的主要任务是加强对家庭、社区和婴幼儿照护服务机构的支持、指导、监督，最终目标是提升婴幼儿照护服务水平。《指导意见》明确指出要加强对家庭婴幼儿照护的支持和指导，加强对家庭的婴幼儿早期发展指导，通过入户指导、亲子活动、家长课堂等方式，利用互联网等信息化手段，为家长及婴幼儿照护者提供婴幼儿早期发展指导服务，增强家庭的科学育儿能力。对于社区的婴幼儿照护服务更是有资源、政策和服务上的倾斜。

对于婴幼儿照护服务机构，《指导意见》重点指出了要对机构加强监管。在机构层面，从注册登记、备案到实施的整个过程对机构进行全面的监督和管理，努力做到让广大家长放心。在人员层面，要依法逐步实行工作人员职业资格准入制度，对虐童等行为零容忍，对相关个人和直接管理人员实行终身禁入。《指导意见》还考虑到了农村地区的婴幼儿照护服务，指出要加大对农村和贫困地区的婴幼儿照护服务的支持，推广婴幼儿早期发展项目。《指导意见》的出台和实施将有助于进一步提高婴幼儿的照护服务质量，促进教育公平。

（二）有利于改善民生，引导社会正确地认识婴幼儿的照护服务

3岁以下婴幼儿的照护服务是保障和改善民生的重要内容，事关婴幼儿健康成长，事关千家万户。贯彻落实好《指导意见》，有利于增加婴幼儿照护服务供给，满足人民群众对婴幼儿照护服务的需求，促进婴幼儿健康成长，增进家庭和谐幸福；有利于完善家庭发展支持体系，营造婴幼儿照护的良好社会环境；有利于保障民生，促进就业，扩大消费，不断增进全体人民在共建共享发展中的获得感。

随着社会的进步，经济水平不断提高，家长对于婴幼儿的照护服务需求也越来越迫切。婴幼儿的照护服务不仅仅包括对孩子身体上的照顾，还包括对其心理上的关注。研究发现，早期教育保育是促进儿童潜能发展的重要途径，是效益最高的投入之一，是人才强国的重要奠基工程。联合国儿童基金会在《世界儿童状况》中报告，大脑发育的七种能力，如观察力、情感调控、条件反射、语言能力、符号学习、数量比较、与同龄人相处能力等，其中前五种能力发展的关键期都在两岁前，后两种能力发展的关键期在五岁前。如果在一个人成长的关键期，或者说在一个人最佳的发展期里学习某些能力，就会事半功倍，而如果错过了关键期，某些能力就很难再达到原本该达到的水平。[1]

对于不能在家照顾幼儿的家长，大多会选择把孩子送去托育机构，一方面是因为他们自己没有时间照料孩子，另一方面也希望孩子在托育机构接受良好的教育保育。然而，什么样的托育机构是优质的？托育服务应该给予婴幼儿什么？如何为自己的孩子选择合适的托育机构？这些问题可能是社会大众一开始不太了解的。此外，现在市场上一些托育机构质量不达标，严重者甚至会危害婴幼儿的健康成长。《指导意见》的出台，一方面可以帮助规范市场，另一方面也可以帮助全社会树立正确的"育儿观、质量观"，引导家长更新教育保育观念，遵循婴幼儿的成长规律和特点，促进婴幼儿在身体发育、动作、语言、认知、情感与社会性等方面的全面发展。

第二节 《支持社会力量发展普惠托育服务专项行动实施方案（试行）》的内容与解读

《支持社会力量发展普惠托育服务专项行动实施方案（试行）》（以下简称《实施方案》）由国家发展改革委、国家卫生健康委共同起草形成，于2019年10月印发，指导各地方实施专项行动。

一、《实施方案》的出台背景与意义

由于目前我国社会对3岁以下婴幼儿的托育服务有强烈的需求，党中央、国务院高度重

---

[1] 兰岚.早期教育与人的发展研究[D].延安：延安大学，2015：39.

视 3 岁以下婴幼儿托育服务的发展,而 3 岁以下婴幼儿的托育服务属于非基本公共服务的范围,因此,社会力量对于 3 岁以下托育服务的供应和发展至关重要。同时,普惠导向是我国托育服务不可动摇的一个基本导向。根据《实施方案》,普惠托育服务意味着托育服务质量有保障、价格可承受、方便可及且面向社会大众。发展普惠托育服务是提升人口素质的基础工程,是缓解我国老龄化、低生育率问题的重要前提,也是促进家庭和就业领域性别平等的助推器。中央经济工作会议部署了"支持社会力量发展普惠托育服务"的工作要求,国务院办公厅在 2019 年 4 月印发的《指导意见》中也强调了要"充分调动社会力量积极性,大力推动婴幼儿照护服务发展,优先支持普惠性婴幼儿照护服务机构",并明确提出"地方各级政府要将需要独立占地的婴幼儿照护服务设施和场地建设布局纳入相关规划,新建、扩建、改建一批婴幼儿照护服务机构和设施"。2019 年 10 月,为激发社会力量参与积极性,着力增加 3 岁以下婴幼儿普惠性托育服务有效供给,国家发展改革委、国家卫生健康委印发《实施方案》,进一步保障了《指导意见》中工作目标任务的落实落地。

《实施方案》从总体思路、基本原则、工作目标、中央预算内投资支持方式及内容、工作任务、附则等方面对支持社会力量发展普惠托育服务专项行动进行了全面而具体的安排,并附有"地方政府支持政策清单""企业责任承诺清单""支持社会力量发展普惠托育服务专项行动项目和资金管理办法(试行)",对各地发展改革委和卫生健康部门组织实施专项行动作出了指导和规定,促进了支持社会力量发展普惠托育服务这一工作目标的落实。

在《实施方案》印发后,国家发展改革委、国家卫生健康委于 2020 年就组织实施普惠托育服务专项行动,广泛动员各方资源扩大普惠托育服务项目储备。

二、《实施方案》的主要内容

(一)总体思路

《实施方案》明确了 3 岁以下婴幼儿托育服务属于非基本公共服务范围,是地方政府事权,要坚持社会化发展托育服务,围绕"政府引导、多方参与、社会运营、普惠可及",深入开展城企合作。国家通过中央预算内投资,支持和引导城市政府(包括设区市、自治州和县(市、区)等,下同)系统规划建设托育服务体系。城市政府提供全方位政策支持清单。企业(含企业、事业单位、社会组织等,下同)提供普惠托育服务清单,向社会公开、接受监督。城企双方签订合作协议,扩大普惠性托育服务有效供给,满足家庭多层次、多样化托育服务需求,增强人民群众获得感、幸福感和安全感。

(二)四个基本原则

1. 普惠导向

支持面向社会大众的普惠性托育服务项目,为婴幼儿家庭提供质量有保障、价格可承受、方便可及的托育服务。

2. 自愿参加

鼓励有积极性的城市自愿申报,鼓励信用好、有投资意愿的企业按照给定条件自愿申请,鼓励有资质的金融机构自愿参与。对企事业单位、营利非营利机构、国企民企、内资外资均一视同仁。

3. 竞争择优

优先考虑规划科学、基础扎实、政策力度大的城市;优先支持诚实守信、项目优质、专业能力强的企业;优先选择融资成本低、服务质量好的金融机构。

4. 安全规范

牢固树立安全意识,把婴幼儿的安全和健康摆在最为突出的位置,严格执行相关法律法规。明确责任主体,做到建设和运营规范,监管到位,确保项目安全运行。

(三)工作目标

《实施方案》从数量和质量两方面对普惠托育服务的发展提出了目标。

在数量方面,要建成一批具有带动效应、承担一定指导功能的示范性托育服务机构,社区托育服务骨干网基本完善,普惠性托位数量大幅增加。

在质量方面,《实施方案》提出,要让普惠托育的服务内容不断丰富,服务质量明显提升,对专业人才队伍建设支撑更加有力,对家庭科学养育指导能力持续增强,更多更好地惠及婴幼儿家庭。

(四)中央预算内投资支持方式及内容

《实施方案》提出,国家通过中央预算内投资,重点支持以下两类托育服务设施建设。

一类是承担一定指导功能的示范性托育服务机构。示范性托育服务机构具备托育服务功能,设置一定规模的普惠性托位,并提供托育从业人员培训、托育机构管理咨询、家庭养育指导和社区亲子服务等服务。示范性托育服务机构可以选址新建,也可利用早期教育指导中心、妇女儿童活动中心、妇女儿童之家、家庭教育指导服务中心、学前教育机构、计划生育服务机构、月子中心、家政服务公司等资源改扩建(含改建、扩建,下同)。

另一类是社区托育服务设施。通过新建、改扩建,支持一批嵌入式、分布式、连锁化、专业化的社区托育服务设施建设,提供全日托、半日托、计时托、临时托等多样化的普惠托育服务。支持在新建居住区等配建托育服务设施;支持在老城区和已建成居住区新建、改扩建托育服务设施;支持学前教育机构等通过新建改扩建等方式提供托育服务。鼓励托育服务设施与社区服务中心(站)及社区文化、体育、养老等设施共建共享。

政府机关、企事业单位利用自有土地或设施新建、改扩建托育服务设施,并对社会开放普惠性托位的,也可纳入以上两类支持范围。

（五）工作任务

1. 明确参与主体及责任

《实施方案》明确了专项行动通过城企双方签订合作协议的形式来开展，参与主体为城市政府和企业。

城市政府负责制定托育服务体系建设规划（方案），研究出台土地、场所、人才培养、财税优惠、包容审慎监管等全方位政策支持清单，提出发展目标并谋划一批普惠性托育服务项目，明确项目类型、规模、投融资方式、服务人群、计划开工时间以及服务要求及监管方式等。同时，《实施方案》还在附件中列出了"地方政府支持政策清单"，地方政府以此明确政策支持具体内容，并确保优惠政策落实到位。"地方政府支持政策清单"中包括必选项和自选项，其中必选项是城市申报专项行动的必要条件，自选项是专项行动择优遴选试点城市的重要参考依据，自选政策越多、政策含金量越高的城市优先纳入试点范围。

企业负责落实投资、明确建设内容及运营方案，并可通过自营、委托运营等方式提供普惠性托育服务。《实施方案》在附件中列出了"企业责任承诺清单"，企业以此明确普惠性托育服务具体内容，向社会公开、接受监督。参与企业有义务按照要求向政府有关部门报送进展情况。

2. 明确参与流程

《实施方案》明确了专项行动的四步参与流程：①项目申报——有意愿的城市政府向省级发展改革委报送项目，省级发展改革委牵头会同卫生健康委（或省政府明确的行业主管部门）组织审核后，按程序报送国家发展改革委，并抄送国家卫生健康委。②中央预算内投资适当补助——采用补助的方式，对于承担一定指导功能的示范性托育服务机构、社区托育服务设施，中央预算内投资按每个新增托位给予1万元的补助。③资金下达——地方项目采用切块下达的方式，支持已开工或当年拟开工项目，即"××省××年支持社会力量发展普惠托育服务项目"，将中央预算内投资下达到相关省份，由省份在收到下达通知书20个工作日内将资金分解到具体项目。④项目管理——城市政府对每个项目都要现场调研、查验，确保项目建设保时、保量、保质、保真，实施过程中的重大问题及时报省级和国家发展改革委、卫生健康委。城市政府需于参加专项行动当年年底前，完成本地区托育服务体系建设规划（方案）编制并报国家发展改革委备案。

3. 支持措施

《实施方案》提出了对专项行动的三项支持措施：①金融支持——形成金融机构推荐名单并实行动态管理，与国家发展改革委签订备忘录，对参与专项行动的托育机构提供普惠金融服务。②信用评价——引入第三方信用服务机构，依托全国信用信息共享平台、国家企业信用信息公示系统和地方各级信用信息平台，整合公共信用信息和市场信用信息，对托育服务机构开展公共信用综合评价。推动实施托育服务行业守信联合激励和失信联合惩戒，建立托育服务机构及从业人员"黑名单"制度。③试点示范——2020年开展专项行动试点，参与试点的城市要依托示范性托育服务机构和社区托育服务设施建设,充分吸引社会力量广泛参与,强化政策支持和服务监管,扩大托育服务有效供给。在试点基础上,遴选支持社会力量发展普惠托育服务重点联系城市,通过现场经验交流、典型案例征集等形式,及时总结推广典型经验和先进做法。

第三节　《国务院办公厅关于促进养老托育服务健康发展的意见》的内容与解读

2020 年 12 月,国务院办公厅印发了《国务院办公厅关于促进养老托育服务健康发展的意见》(以下简称《意见》),从政策体系、服务供给、发展环境和监管服务等四个方面就促进养老托育服务健康发展提出了共 23 项举措。其中,20 项举措内容与托育服务有关。

一、《意见》的出台背景与意义

尊老爱幼是中华民族的优良传统,"上有老下有小"是绝大多数家庭面对的责任,养老托育直接服务"一老一小",关系到每一个家庭的切身利益。当前,我国老年人口规模大、增速快,适龄人口生育意愿较低,人口均衡和可持续发展面临新的形势,人口老龄化是今后较长一段时期内我国的基本情况。人民对养老托育服务有旺盛、迫切的需求,而我国居家、社区养老托育供给能力不足,专业化机构总量短缺与结构矛盾并存,服务质量有待提升,难以满足人民对养老托育服务多层次、多样化的需求。

党中央、国务院高度重视"一老一小"问题。根据《民政部职能配置、内设机构和人员编制规定》,民政部内设机构新增养老服务司和儿童福利司。养老服务司和儿童福利司的设立意味"一老一小"问题将纳入各级党委和政府的视野,提上重要议事日程。2019 年的《政府工作报告》中也指出了养老托育相关问题。

《意见》提出了进一步健全老有所养、幼有所育的政策体系,从家庭、社区和机构三个方面对我国养老托育服务体系的完善作出了部署安排,从促融合、促创新和促提升三个方面指导了养老托育产业的健康发展。出台《意见》可促进养老托育服务健康发展,是积极应对人口老龄化的关键举措,是以人民为中心思想的集中体现,是服务业提质扩容增效的重要方面,对于减轻家庭养老育幼负担、促进人口长期均衡发展,具有重要意义。

二、《意见》的主要内容

(一) 健全老有所养、幼有所育的政策体系

在"健全老有所养、幼有所育的政策体系"这一方面,《意见》共提出了 6 项举措。

1. 分层次加强科学规划布局

根据"一老一小"人口分布和结构变化,科学谋划"十四五"养老托育服务体系,促进服务能力提质扩容和区域均衡布局。省级人民政府要将养老托育纳入国民经济和社会发展规划统筹推进,并制定"十四五"养老托育专项规划或实施方案。建立常态化督查机制,督促专项规划或实施方案的编制和实施,确保新建住宅小区与配套养老托育服务设施同步规划、同步建设、同步验收、同步交付。

2. 统筹推进城乡养老托育发展

在托育方面,《意见》指出,要探索在脱贫地区和城镇流动人口集聚区设置活动培训场所,依托基层力量提供集中托育、育儿指导、养护培训等服务,加强婴幼儿身心健康、社会交往、认知水平等方面的早期发展干预。

3. 积极支持普惠性服务发展

大力发展成本可负担、方便可及的普惠性养老托育服务。引导各类主体提供普惠性服务,支持非营利性机构发展,综合运用规划、土地、住房、财政、投资、融资、人才等支持政策,扩大服务供给,提高服务质量,提升可持续发展能力。优化养老托育营商环境,推进要素市场制度建设,实现要素价格市场决定、流动自主有序、配置高效公平,促进公平竞争。

4. 强化用地保障和存量资源利用

在年度建设用地供应计划中保障养老托育用地需求,并结合实际安排在合理区位。调整优化并适当放宽土地和规划要求,支持各类主体利用存量低效用地和商业服务用地等开展养老托育服务。在不违反国家强制性标准和规定前提下,各地可结合实际制定存量房屋和设施改造为养老托育场所设施的建设标准、指南和实施办法。建立健全"一事一议"机制,定期集中处置存量房屋和设施改造手续办理、邻避民扰等问题。在城市居住社区建设补短板和城镇老旧小区改造中统筹推进养老托育服务设施建设,鼓励地方探索将老旧小区中的国企房屋和设施以适当方式转交政府集中改造利用。支持在社区综合服务设施开辟空间用于"一老一小"服务,探索允许空置公租房免费提供给社会力量供其在社区为老年人开展助餐助行、日间照料、康复护理、老年教育等服务。支持将各类房屋和设施用于发展养老托育,鼓励适当放宽最长租赁期限。非独立场所按照相关安全标准改造建设托育点并通过验收的,不需变更土地和房屋性质。

5. 推动财税支持政策落地

各地要建立工作协同机制,加强部门信息互通共享,确保税费优惠政策全面、及时惠及市场主体。同步考虑公建服务设施建设与后期运营保障,加强项目支出规划管理。对吸纳符合条件劳动者的养老托育机构按规定给予社保补贴。

6. 提高人才要素供给能力

在托育方面,《意见》指出,加强婴幼儿发展与健康管理、婴幼儿保育等学科专业建设,结合行业发展动态优化专业设置,完善教学标准,加大培养力度。按照国家职业技能标准和行业企业评价规范,加强养老托育从业人员岗前培训、岗位技能提升培训、转岗转业培训和创业培训。加大脱贫地区相关技能培训力度,推动大城市养老托育服务需求与脱贫地区劳动力供给有效对接。深化校企合作,培育产教融合型企业,支持实训基地建设,推行养老托育"职业培训包"和"工学一体化"培训模式。

(二)扩大多方参与、多种方式的服务供给

在"扩大多方参与、多种方式的服务供给"方面,《意见》共提出了6项举措,其中5项涉及托育服务。

1. 增强家庭照护能力

支持优质机构、行业协会开发公益课程,利用互联网平台等免费开放,依托居委会、村委会等基层力量提供养老育幼家庭指导服务,帮助家庭成员提高照护能力。建立常态化指导监督机制,加强政策宣传引导,强化家庭赡养老年人和监护婴幼儿的主体责任,落实监护人对孤寡老人、遗弃儿童的监护责任。

2. 优化居家社区服务

发展集中管理运营的社区养老和托育服务网络,支持具备综合功能的社区服务设施建设,引导专业化机构进社区、进家庭。建立家庭托育点登记备案制度,研究出台家庭托育点管理办法,明确登记管理、人员资质、服务规模、监督管理等制度规范,鼓励开展互助式服务。

3. 提升公办机构服务水平

完善公建民营机制,打破以价格为主的筛选标准,综合从业信誉、服务水平、可持续性等质量指标,引进养老托育运营机构早期介入、全程参与项目工程建设,探索开展连锁化运营。

4. 拓宽普惠性服务供给渠道

实施普惠养老托育专项行动,发挥中央预算内投资引领作用,以投资换机制,引导地方政府制定支持性"政策包",带动企业提供普惠性"服务包",建设一批普惠性养老服务机构和托育服务机构。推动有条件的用人单位以单独或联合相关单位共同举办的方式,在工作场所为职工提供托育服务。支持大型园区建设服务区内员工的托育设施。

5. 引导金融机构提升服务质效

鼓励政府出资产业投资基金及市场化的创业投资基金、私募股权基金等按照市场化、法治化原则,加大对养老托育领域的投资力度。创新信贷支持方式,在依法合规、风险可控、商业可持续前提下,推进应收账款质押贷款,探索收费权质押贷款,落实好信贷人员尽职免责

政策。鼓励金融机构合理确定贷款期限,灵活提供循环贷款、年审制贷款、分期还本付息等多种贷款产品和服务。引导保险等金融机构探索开发有针对性的金融产品,向养老托育行业提供增信支持。支持保险机构开发相关责任险及养老托育机构运营相关保险。

(三)打造创新融合、包容开放的发展环境

在"打造创新融合、包容开放的发展环境"方面,《意见》共提出了6项举措,其中4项涉及托育服务。

1. 强化产品研发和创新设计

健全以企业为主体的创新体系,鼓励采用新技术、新工艺、新材料、新装备,增强以质量和信誉为核心的品牌意识,建立健全企业知识产权管理体系,推进高价值专利培育和商标品牌建设,培育养老托育服务、乳粉奶业、动画设计与制作等行业民族品牌。促进"一老一小"用品制造业设计能力提升,完善创新设计生态系统。

2. 促进用品制造提质升级

逐步完善养老托育服务和相关用品标准体系,加强标准制修订,强化标准实施推广,探索建立老年用品认证制度。推进互联网、大数据、人工智能、5G等信息技术和智能硬件的深度应用,促进养老托育用品制造向智能制造、柔性生产等数字化方式转型。鼓励国内外多方共建养老托育产业合作园区,加强市场、规则、标准方面的软联通,打造制造业创新示范高地。

3. 培育智慧养老托育新业态

在托育服务方面,《意见》提出要发展互联网直播互动式家庭育儿服务,鼓励开发婴幼儿养育课程、父母课堂等。

4. 加强宜居环境建设

普及公共基础设施无障碍建设,鼓励有条件的地区结合城镇老旧小区改造加装电梯。加强母婴设施配套,在具备条件的公共场所普遍设置专席及绿色通道。引导房地产项目开发充分考虑养老育幼需求。以满足老年人生活需求和营造婴幼儿成长环境为导向,推动形成一批具有示范意义的活力发展城市和社区。

(四)完善依法从严、便利高效的监管服务

在"完善依法从严、便利高效的监管服务"方面,《意见》共提出了5项举措。

1. 完善养老托育服务综合监管体系

以养老托育机构质量安全、从业人员、运营秩序等方面为重点加强监管。落实政府在制度建设、行业规划、行政执法等方面的监管责任,实行监管清单式管理,明确监管事项、监管依据、监管措施、监管流程,监管结果及时向社会公布。养老托育机构对依法登记、备案承

诺、履约服务、质量安全、应急管理、消防安全等承担主体责任。健全行业自律规约,加强正面宣传引导和社会舆论监督,加快构建以信用为基础的新型监管机制。

2. 切实防范各类风险

加强突发事件应对,建立完善养老托育机构突发事件预防与应急准备、监测与预警、应急处置与救援、事后恢复与重建等工作机制。将养老托育纳入公共安全重点保障范围,支持服务机构安全平稳运转。完善退出机制,建立机构关停等特殊情况应急处置机制。严防"一老一小"领域以虚假投资、欺诈销售、高额返利等方式进行的非法集资,保护消费者合法权益。

3. 优化政务服务环境

完善机构设立办事指南,优化办事流程,实施并联服务,明确办理时限,推进"马上办、网上办、就近办"。制定养老托育政务服务事项清单,推进同一事项无差别受理、同标准办理,力争实现"最多跑一次"。推进养老托育政务服务的"好差评"工作,完善评价规则,加强评价结果运用,改进提升政务服务质量。

4. 积极发挥多方合力

支持公益慈善类社会组织参与,鼓励机构开发志愿服务项目,建立健全"一老一小"志愿服务项目库。引导互联网平台等社会力量建立养老托育机构用户评价体系。以普惠为导向建立多元主体参与的养老和托育产业合作平台,在要素配置、行业自律、质量安全、国际合作等方面积极作为。发挥行业协会商会等社会组织积极性,开展机构服务能力综合评价,引领行业规范发展,更好弘扬尊老爱幼社会风尚。

5. 强化数据资源支撑

在托育服务方面,《意见》提出要探索构建托育服务统计指标体系。利用智库和第三方力量加强研究,开展人口趋势预测和养老托育产业前景展望,通过发布年度报告、白皮书等形式,服务产业发展,引导社会预期。

第四节　全国婴幼儿照护服务示范城市
创建活动的相关政策内容与解读

2021年4月,国家卫生健康委、国家发展改革委决定开展全国婴幼儿照护服务示范城市(以下简称示范城市)创建活动,发布了《关于开展全国婴幼儿照护服务示范城市创建活动的通知》。

对于此次示范城市创建活动,各省(区、市)积极响应,相继发布了各自的活动实施方案,如《福建省开展全国婴幼儿照护服务示范城市创建活动实施方案》《重庆市开展全国婴幼儿照护服务示范城市创建活动方案》等。

2022年4月,为做好第一批示范城市的推荐申报工作,国家卫生健康委办公厅、国家发展改革委办公厅发布《关于做好第一批全国婴幼儿照护服务示范城市推荐申报工作的通知》。

一、示范城市创建活动的开展背景与意义

我国婴幼儿照护服务正面临突出的供需矛盾,家长对普惠性婴幼儿照护服务有强烈需求,但现有的婴幼儿照护服务存在法治体系不健全、主管部门不明确、缺乏规范和监管以及政府财政投入不足的诸多问题。对此,政府高度重视,已出台了《国务院办公厅关于促进3岁以下婴幼儿照护服务发展的指导意见》和《国务院办公厅关于促进养老托育服务健康发展的意见》两个关键政策,以指导、促进婴幼儿照护服务的发展。

因此,经全国评比达标表彰工作协调小组同意,国家卫生健康委、国家发展改革委决定开展示范城市创建活动,以贯彻落实党的十九大和十九届二中、三中、四中、五中全会精神,并深入实施《指导意见》和《意见》。示范城市创建活动将激励各地方落实《指导意见》和《意见》中的工作目标和具体举措,促使各省(区、市)在创建示范城市的过程中积累有关发展婴幼儿照护服务的经验,而示范城市的典型经验和先进做法更将被总结推广,以促进全国婴幼儿照护服务水平的提高,进一步满足人民群众的婴幼儿照护服务需求。

二、《关于开展全国婴幼儿照护服务示范城市创建活动的通知》的主要内容

(一)总体要求

《关于开展全国婴幼儿照护服务示范城市创建活动的通知》指出,本次活动要充分发挥政策和规划的引导作用,创新管理体制,健全服务机制。活动以满足人民群众对婴幼儿照护服务的需求为目标,以普惠服务为重点,建立完善促进婴幼儿照护服务发展的政策法规体系、标准规范体系和服务供给体系,调动社会力量的积极性,多种形式开展婴幼儿照护服务。通过示范城市创建活动,形成一批可复制、可推广的典型经验,探索一批切实管用的政策举措。到2025年,婴幼儿照护服务的政策法规和标准规范体系基本健全,且每千人口拥有3岁以下婴幼儿托位数达到4.5个,人民群众的照护服务需求得到进一步满足。

(二)创建范围

示范城市创建以设区的市(地、州、盟)、直辖市的区(县)为单位开展,评选工作每2年为一个周期,每周期各省(区、市)推荐的示范城市不超过可参评单位总数的10%。

（三）创建内容

1. 完善支持政策

将婴幼儿照护服务纳入国民经济和社会发展规划，制定"十四五"托育服务体系建设专项规划或实施方案，明确托育服务体系建设目标、建设任务、资金来源和运营方式等。

制定"一老一小"整体解决方案，加强组织实施，方案含金量及实施的情况将作为考评的重要方面。

综合运用规划、土地、住房、财政、投资、融资、人才等支持政策，大力发展成本可负担、方便可及的普惠性托育服务。

在年度建设用地供应计划中保障托育用地需求，并安排在合理区位。

支持将各类房屋和设施用于发展托育，鼓励适当放宽最长租赁期限。

非独立场所按照相关安全规定标准改造建设托育点并通过验收的，无需变更土地和房屋性质。

托育服务各项税费优惠政策全面、及时惠及市场主体，对吸纳符合条件劳动者的托育机构按规定给予社保补贴。

加强婴幼儿发展与健康管理、婴幼儿保育等学科建设，培养相关专业人才。

支持保险机构开发相关责任险及托育机构运营相关保险。

2. 扩大服务供给

全面落实假期政策，探索试行与婴幼儿照护服务配套衔接的育儿假、产休假。

通过入户指导、亲子活动、家长课堂等方式，为婴幼儿家庭提供经常性的、普惠可及的育儿指导，提高家庭科学育儿能力。

将婴幼儿照护纳入城乡社区服务范围，加强社区婴幼儿照护服务设施与社区卫生等设施的功能衔接，鼓励开展家庭互助式服务。

新建住宅小区与配套婴幼儿照护服务设施同步规划、同步建设、同步验收、同步交付，在城市居住社区建设补短板和城镇老旧小区改造中统筹推进婴幼儿照护服务设施建设。

发展集中管理运营的托育服务网络，建设一批承担指导功能的普惠性托育机构，支持产业园区、用人单位等在工作场所为职工提供福利性托育服务，婴幼儿入托率、千人口托位数高于全省平均水平。

3. 推动创新融合

深化医育有机结合，加强对托育机构卫生保健工作的业务指导和人员培训。

充分利用互联网、大数据、物联网、人工智能等技术，研发应用婴幼儿照护服务信息管理系统，推进"互联网＋托育服务"，支持优质托育机构平台化发展。

开发科学育儿公益课程、父母课堂等，提供互联网直播互动式家庭育儿服务。

加强公共场所母婴设施的建设和改造，开辟绿色通道，为婴幼儿出行、哺乳等提供便利条件。

培育托育服务、乳粉奶业、动画设计与制作等行业民族品牌。

4. 完善监管服务

落实政府在制度建设、行业规划、行政执法等方面的监管责任。

强化部门协同,卫生健康行政部门牵头,相关部门按照各自职责,定期对托育机构开展监督检查。

健全托育机构备案登记制度、信息公示制度和质量评估制度,落实托育机构的安全管理主体责任。

发挥群团组织和行业组织的作用,加强宣传教育和社会监督。

依法实施守信联合激励和失信联合惩戒,构建以信用为基础的新型监管机制。

托育机构服务质量和声誉口碑好,婴幼儿家庭满意程度高,无安全责任事故。

（四） 工作要求

《关于开展全国婴幼儿照护服务示范城市创建活动的通知》提出要加强组织领导、制定创建方案、认真组织实施;同时,对第一批示范城市评选工作的时间安排如下。

2021 年 9 月 30 日前,将创建活动方案报送国家卫生健康委、国家发展改革委。

2022 年 9 月 30 日前,将推荐的示范城市申报材料报送国家卫生健康委、国家发展改革委。

2022 年年底前,国家卫生健康委、国家发展改革委将命名第一批全国婴幼儿照护服务示范城市。

三、 各地实施示范城市创建活动的方案

国家卫生健康委、国家发展改革委发布《关于开展全国婴幼儿照护服务示范城市创建活动的通知》后,全国各地积极响应。福建省、辽宁省、河北省、上海市、北京市、重庆市等地的卫生健康委、发展改革委纷纷结合地方的实际情况,制定了实施全国婴幼儿照护服务示范城市创建活动的方案。

从整体来看,各地实施全国婴幼儿照护服务示范城市创建活动的方案都是以国家卫生健康委、国家发展改革委《关于开展全国婴幼儿照护服务示范城市创建活动的通知》为主要参照,在此基础上结合地方各自的实际工作情况对开展示范城市创建活动的相关工作进行了补充要求。各地的活动方案主要围绕创建范围、工作要求和创建程序这三方面对地方开展示范城市创建活动作出了更具体的安排。

（一） 创建范围

地方政府根据国家卫生健康委、国家发展改革委《关于开展全国婴幼儿照护服务示范城市创建活动的通知》中有关创建范围的要求,在活动方案中明确了各自开展示范城市创建的基本单位和申报数量。比如,《福建省开展全国婴幼儿照护服务示范城市创建活动实施方案》明确了福建省的示范城市创建以设区的市为单位开展,第一周期(2021—2022 年)示范城

市申报数为1个。《上海市开展全国婴幼儿照护服务示范城市创建活动实施方案》则明确了上海市的示范城市创建以区为单位开展,推荐为"全国婴幼儿照护服务示范城市"的数量原则上不超过可申报区的10%(1—2个)。同时,上海市还同步开展上海市级婴幼儿照护服务示范区创建工作,参照全国婴幼儿照护示范城市创建评估指标,以区为单位进行申报和创建,每周期经评审命名为"上海市婴幼儿照护服务示范区"的不超过40%(6个)。

(二) 工作要求

各地在国家卫生健康委、国家发展改革委发布《关于开展全国婴幼儿照护服务示范城市创建活动的通知》提出的工作要求的基础上,对各自开展示范城市创建活动的工作要求作了一些补充。比如,《河北省"全国婴幼儿照护服务示范城市"创建活动方案》对河北省开展创建活动提出了"高度重视,加强组织领导""组织实施,强化工作指导"和"明确程序,积极申报评选"三项工作要求;《北京市全国婴幼儿照护服务示范城市创建活动实施方案》对北京市开展创建活动提出了"加强组织领导""强化动态管理""及时总结经验"的工作要求;《上海市开展全国婴幼儿照护服务示范城市创建活动实施方案》对上海市开展创建活动提出了"统一思想,加强管理""编制方案,有序开展""认真组织,有效实施""表彰宣传,示范辐射"四项要求。

(三) 创建程序

各地实施全国婴幼儿照护服务示范城市创建活动的方案中都明确了各自的创建程序和时间安排。比如,《辽宁省开展全国婴幼儿照护服务示范城市创建活动方案》中明确了创建程序为申报阶段(2022年5月31日前)、现场审核(2022年7月31日前)、评审遴选(2022年9月30日前)和国家命名(2022年年底前);《北京市全国婴幼儿照护服务示范城市创建活动实施方案》中的创建程序为区级申报(2021年12月31日前)、创建自评(2022年6月30日前)、市级评审(2022年8月31日前)和国家命名;《上海市开展全国婴幼儿照护服务示范城市创建活动实施方案》中的创建程序为申报阶段(2021年12月31日前)、创建自评(2022年5月31日前)、现场审核(2022年7月31日前)、评审遴选(2022年9月30日前)和市级命名(2022年年底前)。

四、《关于做好第一批全国婴幼儿照护服务示范城市推荐申报工作的通知》的主要内容

《关于做好第一批全国婴幼儿照护服务示范城市推荐申报工作的通知》主要对第一批示范城市的推荐数量和报送材料作出了明确要求,并附有《全国婴幼儿照护服务示范城市创建标准(2022年版)》供各省(区、市)卫生健康委、发展改革委参照以制定工作方案。

(一) 推荐数量

申报城市必须符合《全国婴幼儿照护服务示范城市创建标准(2022年版)》中10个方面的创建标准,缺一不可,特别是在多渠道发展普惠托育服务、托育机构纾困等方面出台切实

可行的政策措施。

向国家推荐的示范城市数量原则上不超过可参评单位总数的10%，超过10%的要排出顺序。

坚持好中选优、宁缺毋滥，可以少推荐或不推荐。

（二）报送材料

1. 城市申报报告

城市政府以正式文件的形式，向省级卫生健康委、发展改革委报送示范城市申报创建报告，对标2022年版创建标准，介绍主要举措、突出亮点和工作成效，简明扼要，重点突出，字数不超过3000字。

2. 省级评审推荐报告

省级卫生健康委、发展改革委以正式文件的形式，向国家卫生健康委、国家发展改革委报送示范城市评审推荐报告，包括本省（区、市）创建工作情况、评审推荐过程、推荐城市名单和推荐意见等，实事求是、客观真实，字数不超过2000字。

3. 报送时间

上述材料请于2022年9月30日前报送国家卫生健康委和国家发展改革委，电子版材料同步发至指定邮箱。报送材料前，拟推荐城市名单要在省（区、市）卫生健康委、发展改革委官方网站上公示，公示期不少于10个工作日，接受社会监督。

（三）《全国婴幼儿照护服务示范城市创建标准（2022年版）》

（1）建立地市级婴幼儿照护服务发展联席会议制度，将托育服务纳入民生工程或民生实事项目。

（2）将发展普惠托育服务纳入城市经济社会发展"十四五"规划，制定并实施整体解决方案。

（3）出台托育机构运营补贴、建设补助等具体措施，落实支持社区托育服务发展的税费优惠政策。

（4）高等院校和职业院校开设婴幼儿托育服务相关专业，将托育服务人员作为急需紧缺职业（工种）纳入培训规划。

（5）建立托育机构关停等特殊情况应急处置机制，针对疫情等影响出台房租补贴、人员补助等纾困政策。

（6）大力发展"医育结合"，在推进托育服务中加强儿童保健专业服务和指导。

（7）出台并落实为家庭科学育儿提供指导服务的政策措施，提高家庭婴幼儿照护能力。

（8）加大对农村婴幼儿照护服务的支持，重点关注困境儿童、留守儿童的早期发展。

（9）严格落实《托育机构消防安全指南（试行）》等一系列规范性文件，近三年来没有发生涉及婴幼儿照护服务的安全责任事故。

(10) 2021 年千人口托位数不低于全国平均水平（2.03 个），且 2025 年千人口托位数预期值不低于 4.5 个。

五、第一批全国婴幼儿照护服务示范城市

（一）示范城市名单

2023 年 3 月，根据《全国婴幼儿照护服务示范城市创建活动管理办法》和《国家卫生健康委办公厅国家发展改革委办公厅关于做好第一批全国婴幼儿照护服务示范城市推荐申报工作的通知》，经城市主动申报、省级评审推荐、国家审核公示，国家卫生健康委、国家发展改革委决定命名 33 个城市（区）为第一批全国婴幼儿照护服务示范城市。

第一批全国婴幼儿照护服务示范城市如下（按行政区划排序）：河北省石家庄市、衡水市；内蒙古自治区鄂尔多斯市；黑龙江省哈尔滨市；上海市黄浦区、浦东新区、奉贤区；江苏省南京市、无锡市、苏州市；浙江省杭州市、宁波市、温州市；安徽省合肥市、淮北市；福建省厦门市；江西省南昌市；山东省济南市、济宁市、聊城市；河南省郑州市；湖北省荆门市；广东省广州市、珠海市；广西壮族自治区南宁市、柳州市；重庆市万州区；四川省成都市、眉山市；云南省保山市；陕西省西安市；青海省西宁市；新疆维吾尔自治区克拉玛依市。

（二）示范城市意义

被命名的示范城市应坚持以习近平新时代中国特色社会主义思想为指导，持续深化创建，大力发展多种形式的普惠托育服务，逐步健全婴幼儿照护服务的政策法规体系、标准规范体系和服务供给体系，更好地满足人民群众的婴幼儿照护服务需求。各地要认真宣传推广第一批全国婴幼儿照护服务示范城市的典型经验，充分发挥示范引领、带动辐射作用，不断促进婴幼儿照护服务高质量发展。

第五节 《关于报送本地区每千人口拥有 3 岁以下婴幼儿托位数年度分解指标的通知》的内容与解读

2021 年 7 月，国家卫生健康委办公厅、国家发展改革委办公厅发布了《关于报送本地区每千人口拥有 3 岁以下婴幼儿托位数年度分解指标的通知》（以下简称《通知》）。

一、《通知》的出台背景与意义

党的十九大报告指出，坚持在发展中保障和改善民生；在幼有所育、学有所教、劳有所

得、病有所医、老有所养、住有所居、弱有所扶上不断取得新进展。"幼有所育"的概念在此被提出,其要求也促使学前教育从 3—6 岁逐步拓展到了 0—6 岁。表征"幼有所育"的重要指标有二:一是学前教育毛入园率,它可以反映对 3—6 岁儿童的照护服务能力;二是每千人口拥有 3 岁以下婴幼儿托位数,即 3 岁以下婴幼儿托位数/总人口(千人),它可以反映对 3 岁以下婴幼儿的照护服务能力。

在"十三五"时期,我国 3 岁以下婴幼儿托育服务刚刚起步,2020 年每千人口拥有 3 岁以下婴幼儿托位数约为 1.8 个。而学前教育毛入园率在"十三五"时期从 75% 提高到了 85.2%,供求矛盾得到一定程度缓解。相对来看,3 岁以下婴幼儿照护服务短缺的问题更为突出。因此,每千人口拥有 3 岁以下婴幼儿托位数在 2021 年颁布的《中华人民共和国国民经济和社会发展第十四个五年规划和 2035 年远景目标纲要》中,被设置为 20 个"十四五"时期经济社会发展主要指标之一。根据《"十四五"公共服务规划》,在"十四五"时期,我国将发展普惠托育服务体系,2025 年每千人口拥有 3 岁以下婴幼儿托位数可达 4.5 个。每千人口拥有 3 岁以下婴幼儿的托位数由 2020 年的 1.8 个提高到 2025 年的 4.5 个,是以上 2 个文件中明确的近 5 年的发展目标。

《通知》向各省、自治区、直辖市及新疆生产建设兵团卫生健康委、发展改革委明确了报送本地区每千人口拥有 3 岁以下婴幼儿托位数年度分解指标的工作要求,有助于"每千人口拥有 3 岁以下婴幼儿托位数达到 4.5 个"这一目标任务的按期有效完成,有利于党的十九届五中全会和《中华人民共和国国民经济和社会发展第十四个五年规划和 2035 年远景目标纲要》精神的贯彻落实。

二、《通知》的主要内容

《通知》主要对各省(区、市)报送年度分解指标提出了三项基本原则和三项工作要求,并附有"'十四五'时期本地区千人口托位数年度指标分解表"供各省(区、市)填写报送。

(一)三项基本原则

1. 坚持目标导向

以按期有效完成千人口托位数指标任务为根本目标。各地区要按照国家统一要求对标调整本地指标,到"十四五"末期千人口托位数原则上不得少于 4.5 个,并逐年分解托位数和托位建设任务。

2. 坚持科学统计

科学确定托位范围,确保数据质量。对不具备托育服务功能的早教、早培机构,不纳入统计范围。幼儿园开设托班招收 3 岁以下婴幼儿的,按实际入园婴幼儿数核定。家庭托育点按实际收托婴幼儿数核定。

3. 坚持效果导向

以更好地满足婴幼儿照护服务需求为出发点,以本地常住人口为核定基数,在年度千人口托位数指标分解时,充分考虑每年常住人口总量变动情况,提前谋划、留有余量。对于育龄人口占比较高、未来一段时期新出生人口较多、托育服务需求较大的地区,应上浮指标值,合理增加"十四五"时期托位建设总量和每年建设数量,确保托育服务有效提供。

(二)三项工作要求

1. 加强组织领导

各省(区、市)卫生健康委和发展改革委要高度重视,加强统筹协调,广泛深入了解情况,确保本地区合理上报年度分解指标,共同按期有效完成千人口托位数指标。

2. 认真审核上报

各省(区、市)卫生健康委和发展改革委要切实履行职责,遵守填报原则,认真审核上报数据。将《"十四五"时期本地区千人口托位数年度指标分解表》加盖本省(区、市)卫生健康委和发展改革委公章,于 8 月 31 日前报送国家卫生健康委和国家发展改革委。

3. 以指标促落实

在制定并分解千人口托位数指标任务的同时,以指标任务完成作为工作导向,科学谋划托育服务设施数量、规模和布局,优化发展政策环境,健全工作机制。把《"十四五"积极应对人口老龄化工程和托育建设实施方案》中提出的"公办托育服务能力建设项目""普惠托育服务专项行动建设项目"等中央预算内投资支持项目,作为千人口托位数指标任务完成的重要工作抓手,以项目推进促任务落实。

(三)"十四五"时期本地区千人口托位数年度指标分解表

表 3-1　"十四五"时期本地区千人口托位数年度指标分解表

年度	本省(区、市)常住人口数量 (万)	本省(区、市)3岁以下婴幼儿托位数 (个)	本省(区、市)每千人口拥有3岁以下婴幼儿托位数 (个)
2021 年			
2022 年			
2023 年			
2024 年			
2025 年			

第六节　地方性政策举例：四川省《关于加快推进 3 岁以下婴幼儿托育服务发展的意见》

本节以四川省为例，分析发展 0—3 岁婴幼儿托育服务的地方性政策。2018 年底，为深入贯彻党的十九大精神，大力发展四川省 3 岁以下婴幼儿托育服务，四川省发布了《关于加快推进 3 岁以下婴幼儿托育服务发展的意见》。

一、四川省《关于加快推进 3 岁以下婴幼儿托育服务发展的意见》的出台背景与意义

婴幼儿阶段是人生发展的重要时期，促进婴幼儿健康成长，事关国家和民族的未来，事关千万家庭的健康福祉。截至四川省《关于加快推进 3 岁以下婴幼儿托育服务发展的意见》发布前，四川省 3 岁以下婴幼儿托育服务发展不充分、供给不足等问题较为突出，难以满足广大家庭的基本需求。

四川省《关于加快推进 3 岁以下婴幼儿托育服务发展的意见》提出了发展托育服务的总体要求、工作目标、基本原则、主要任务和保障措施，有助于促进四川省 3 岁以下婴幼儿托育服务的发展，增强广大家庭获得幸福感。

二、四川省《关于加快推进 3 岁以下婴幼儿托育服务发展的意见》的主要内容

（一）总体要求：政府主导、部门联动、多方参与

3 岁以下婴幼儿托育服务旨在为 3 岁以下婴幼儿及其实际抚养人提供婴幼儿保育和科学育儿的指导服务。为提高婴幼儿托育服务供给，满足广大家庭婴幼儿托育服务需求，推动四川省经济社会健康发展，要按照"政府主导、部门联动、多方参与"的总体思路，建立主体多元、管理规范、质量保证的婴幼儿托育服务体系。

（二）工作目标：建立婴幼儿托育服务体系

到 2020 年，婴幼儿托育服务政策法规和标准规范体系初步建立，婴幼儿托育服务体系初步形成，婴幼儿托育服务水平明显提高。

坚持以习近平新时代中国特色社会主义思想为指导，践行以人民为中心的发展理念，以问题和需求为导向，建立健全促进 3 岁以下婴幼儿托育服务发展的政策体系、标准规范体系

和服务供给体系,满足广大家庭对婴幼儿托育服务需求,促进婴幼儿健康成长,促进广大家庭和谐幸福。

(三) 基本原则

1. 坚持政府主导,统筹发展

坚持政府对发展婴幼儿托育服务的主导作用,将婴幼儿托育服务与经济社会政策衔接,加大政策支持力度。加强部门协作,统筹各领域资源,动员各方力量,加快推进婴幼儿托育服务发展。鼓励支持社会组织、企业、事业单位、个人举办托育机构。

2. 坚持家庭为主,托养结合

坚持以家庭养育婴幼儿为主,强化家庭对婴幼儿养育的主体责任,为家庭养育婴幼儿提供支持。为确有需求的家庭提供婴幼儿托育服务,减轻广大家庭婴幼儿养育负担。

3. 坚持安全健康,规范发展

树立儿童优先发展理念,保障婴幼儿的安全与健康。遵循婴幼儿成长的特点和规律,坚持科学育儿,促进婴幼儿在身体发育、动作、语言、认知、情感与社会性等方面全面发展。

4. 坚持因地制宜,分类指导

鼓励各地综合区域、城乡发展特点,根据经济社会发展水平、人民群众服务需求,有效整合区域资源,从实际出发推动发展婴幼儿托育服务,探索具有地域特色的托育服务模式。

(四) 主要任务

1. 科学规划建设婴幼儿托育机构

统筹规划托育服务机构。各地要根据城乡规划、常住人口规模和人口结构变化,科学规划建设托育机构。新建居住区和旧城改造居住区要按照有关标准和规范,同步规划、建设与常住人口相适应的托育机构,新建、扩建、改建一批婴幼儿托育机构,满足群众的基本托育服务需求。

选址设置安全适宜。托育机构选址应在地质条件较好、环境适宜、交通便利、居民相对集中、周边治安状况良好的地带,避开加油站、输油输气管道和高压供电走廊等。在居民居住、就业集中区域,如符合消防安全、卫生防疫、环保等相关要求,举办者可探索结合住宅配套设施、商务办公、教育、科研、文化等建筑综合设置婴幼儿托育设施。

建筑设计规范安全。托育机构建筑设计、功能布局、设施设备等应以保障安全为先,新建、改建、扩建托育机构严格执行《托儿所、幼儿园建筑设计规范》和国家相关抗震、消防标准的规定。利用房龄20年以上的建筑提供托育服务的,须通过房屋结构安全检测。

建筑场所面积适度。托育机构应有与举办规模、服务功能相适应的固定场所,建筑面积原则上不少于300平方米,建筑场所由婴幼儿活动用房、服务用房、附属用房三部分组成。内设婴幼儿生活区、游戏活动区、保健观察室、婴幼儿盥洗室、洗涤消毒用房、厨房、配餐区、储藏室、门卫室等区域,满足开展婴幼儿托育服务要求的功能分区。

设施配套完备齐全。托育机构室内装修符合安全、卫生、环保、消防等要求,按照消防法规、消防技术标准要求设置安全疏散通道、消防设施器材。配备防寒保暖、防暑降温等基本设施。

2. 规范发展婴幼儿托育服务

实施托育机构标准化建设。发挥资源技术优势,支持有条件的医疗卫生机构举办托育机构,实施托育机构标准化建设。新建托育机构可参照《四川省3岁以下婴幼儿托育机构指南(试行)》进行规划建设、建筑设计、配置资源,在县(市、区)市场监督管理、民政等有关部门注册登记,并将相关信息报同级卫生健康部门备案。

鼓励托幼机构提供托育服务。鼓励有条件的幼儿园举办托育机构,提供托育服务。培育建设一批示范托育机构,发挥托育示范引领作用。

支持社会力量参与。鼓励支持社会资本举办托育机构,鼓励用人单位以单独或联合相关单位共同举办方式,在工作场所为职工提供福利性的婴幼儿托育点,有条件的可向附近居民适当开放。

规范托育机构服务内容。各类托育服务机构可根据家庭的实际需求和消费水平,提供日托、半日托、计时托、临时托等多样化、多层次的托育服务。针对婴幼儿的生活照料、保健护理、个体发展情况提供咨询、指导。为辖区内3岁以下婴幼儿家庭提供亲子活动体验及有偿的计时制亲子活动服务。对机构保教人员或家长、实际抚养人开展科学育儿、卫生健康、安全防护等相关知识培训。面向婴幼儿家庭广泛开展科学育儿理念及知识的宣传倡导。

构建托育服务标准规范体系。研究制定婴幼儿托育服务评价标准,建立机构信息公示制度、等级评定制度,提高托育服务质量。

建立托育机构安全管理制度。配置安装相应的安全设施和器材,建立安全责任制。相关部门要按照职责加强监管,严防安全事故发生。

加强托育机构卫生保健工作。按照《托儿所幼儿园卫生保健管理办法》规定,认真贯彻预防为主、保教结合的工作方针,为婴幼儿创造良好的生活环境,预防控制传染病,降低常见病的发病率,保障婴幼儿的身心健康。各级妇幼保健机构、疾病预防控制机构、卫生健康监督机构要依职责加强对托育服务机构卫生保健工作的业务指导和监督检查。

3. 加强婴幼儿家庭养育指导服务

托育机构根据辖区家庭服务需求,组织开展适合3岁以下婴幼儿身心发展特点的活动,不定期举办各类科学育儿讲座、育儿沙龙、专家咨询等活动,丰富家长科学育儿知识,提高家长科学育儿能力。加强对家庭的婴幼儿早期发展指导,通过入户指导、亲子活动、家长课堂等方式,利用互联网等信息化手段,为家长和婴幼儿照护者提供科学育儿指导服务。

（五）保障措施

1. 加强组织领导

各地要深入贯彻党的十九大精神，提高保障和改善民生的政治站位，加强婴幼儿托育服务的组织领导，将婴幼儿托育服务纳入经济社会发展规划，通过保障用地、提供场地、减免租金、落实税费优惠、金融支持、政府购买服务等政策措施，加大对社会力量开展婴幼儿托育服务的支持力度，加快推进婴幼儿托育服务体系建设，着力解决重点难点问题，促进婴幼儿托育服务健康发展。

2. 加强部门协作

卫生健康部门是3岁以下婴幼儿托育服务的主管部门。发展改革、教育、公安、民政、人力资源社会保障、自然资源、住房建设、应急管理、市场监督管理、税务等部门根据各自职责加强对婴幼儿托育服务的指导、监督和管理。建立多部门托育服务工作协调机制，定期研究工作推进中的重大事项和问题，完善政策措施。积极发挥行业学会协会的作用，加强社会监督，强化行业自律，有力推进婴幼儿托育服务健康发展。

3. 强化示范引领

在全省开展婴幼儿托育机构标准化建设，定期对托育服务机构服务质量、安全保障等进行考核评估，实现动态管理和质量跟踪，有效保障婴幼儿托育服务质量。建设一批标准化托育机构，发挥示范引领作用，不断提高婴幼儿托育服务水平。

4. 加强监督管理

建立健全托育机构安全防护、卫生保健、质量评价、信息公示等管理制度，确保婴幼儿托育服务质量。建立各级婴幼儿托育服务专家队伍，为婴幼儿托育服务提供政策咨询、标准制订、技术培训、质量评估等智力支持。按照属地管理和分工负责的原则，各相关部门依据职责负监管责任，各地对婴幼儿托育服务的规范发展和安全监管负主体责任。对履行职责不到位、发生安全事故的，严格按照有关法律法规追究相关责任人的责任，确保各项政策措施、规章制度落实到位。

以上政策法规的出台主要具有以下四重意义。

第一，制定托育相关政策有利于规范托育机构的运营模式，保障0—3岁婴幼儿托育事业更好发展。随着托育服务越来越受到父母的重视，市场上的托育机构如雨后春笋般涌现出来。由于没有严格的行业准入标准，缺乏监管，整个市场仍存在办学水平参差不齐、管理不规范、托育人员专业水平参差不齐、市场混乱等现象。任何市场的发展离不开政策的规范与指导。[①] 无论是什么行业，政策法规都是保证行业秩序的有力依据，在托育行业也是如此。

---

① 周红.威海市婴幼儿早教市场现状及对策[J].当代经济,2015(09):114—115.

相关政策文件的出台,规范了托育服务市场,以及托育机构的设立及运营。

第二,有利于提升托育人员专业能力,加强人员队伍建设。托育人员的专业知识水平影响着托育服务的质量,所以要想提高托育服务的质量,就要对托育人员进行培训,提高托育人员的准入标准,对托育人员制定统一的规定和要求。同时,托育人员在入职之后也要定期地参加培训,提升自身的专业知识水平和技能。[①]

第三,细化相关政策,权责分明,利于政府部门监管。我们常常说依法、依规监管和处罚,法律作出往往是原则性的规定,难以作出可测量的细节规定,而"规"是标准,标准是婴幼儿托育管理必要管理手段和得力抓手。事前规范、事中完善,事后也要有监管,完善综合监管机制、纳入诚信评价机制、加大查处力度,有利于维护市场秩序。标准也是加强维护合法权益的依据和手段。一旦出现了事故或者纠纷,按照标准就可以分清其责任,如管理方面、设施方面、工作人员方面或原材料方面,可以据标准清楚地分辨出责任的归属。

第四,制定托育相关政策有利于婴幼儿身心健康发展,为家庭提供保障。托育机构是家长获得育儿知识的一个重要途径,托育机构的存在对婴幼儿家长具有指导价值。另外,托育机构的学习和训练对促进婴幼儿大脑发育、养成良好习惯和获取知识技能也有重要作用。因此,托育机构的开设满足了社会和家长对这一年龄段儿童教育保育的渴望和需求,使教育服务及公共服务更加完整化、全面化。[②]科学的教养课程、舒适的保育环境是保障儿童健康成长的重要前提。

思考与练习

1.《国务院办公厅关于促进 3 岁以下婴幼儿照护服务发展的指导意见》中的三个主要任务是什么?

2. 支持社会力量发展普惠托育服务专项行动的措施有哪些?

3. 我国 0—3 岁婴幼儿托育事业的发展现状如何?

4. 综合本章中的政策文件,分析我国政府通过哪些手段来指导和促进 0—3 岁婴幼儿托育事业的发展。

① 李静. 我国 0—3 岁早教机构发展中存在的问题及对策[J]. 早期教育(教师版),2015(09):9—11.
② 周影. 早教机构的发展现状与行政监管对策[J]. 中国校外教育,2015(30):1+38.

第四章 指导和规范我国托育机构的政策与法规

学习目标

1. 了解我国婴幼儿托育机构的发展现状。
2. 理解我国指导和规范托育机构发展的核心政策。
3. 了解近年出台的一些有关托育机构发展的地方性政策。

案例导入

山东省济南市历下区的李女士曾为"谁来带娃"而困扰——双职工家庭,家中有两个孩子,祖辈身体又不好。可是孩子小,还没有到入园年龄;雇保姆,花费大,且李女士也有点不放心。后来,李女士所在公司的楼下开设了一家托育中心,解了她的燃眉之急。如今,右手抱娃、左手拎包,成了李女士上下班的标配动作,"托育中心在一楼,我们公司在四楼,接送孩子很方便"。

2021年,浙江省绍兴市柯桥区执法人员在检查中发现,一家托育机构正在开展3岁以下婴幼儿托育服务,但其负责人未能提供托育机构备案证明。经调查发现,该托育机构未申请备案,擅自开展托育服务。执法人员现场固定证据,责令限期整改、给予警告的行政处罚,并开出一张托育机构罚单。根据柯桥区0—3岁婴幼儿营利性托育机构白名单,全区完成备案的仅有四家。"备案的目的是将托育市场标准化、规范化,以切实保障3岁以下婴幼儿健康成长。"备案相关资料的准备并不简单,从场地租赁、消防设施、餐饮卫生的"硬件"要求,到人员配备、人员资质的"软件"要求,都需要区卫健局、建设局、市场监管局、民政局等多部门的层层把关。

本章导览

指导和规范我国托育机构的政策与法规

- 《托育机构设置标准（试行）》和《托育机构管理规范（试行）》的内容与解读
  - 《设置标准》和《管理规范》的出台背景与意义
  - 《设置标准》和《管理规范》的主要内容解读

- 《托育机构保育指导大纲（试行）》的内容与解读
  - 《大纲》的出台背景与意义
  - 《大纲》的主要内容

- 《托儿所、幼儿园建筑设计规范》的内容与解读
  - 《设计规范》的出台背景与意义
  - 《设计规范》的主要内容

- 《托育机构婴幼儿伤害预防指南（试行）》的内容与解读
  - 《预防指南》的出台背景与意义
  - 《预防指南》的主要内容

- 《托育机构婴幼儿喂养与营养指南（试行）》的内容与解读
  - 《喂养与营养指南》的出台背景与意义
  - 《喂养与营养指南》的主要内容

- 《托育机构负责人培训大纲（试行）》和《托育机构保育人员培训大纲（试行）》的内容与解读
  - 《负责人大纲》和《保育人员大纲》的出台背景与意义
  - 《负责人大纲》和《保育人员大纲》的主要内容

- 《托育综合服务中心建设指南（试行）》的内容与解读
  - 《建设指南》的出台背景与意义
  - 《建设指南》的主要内容

- 地方性政策举例：上海市托育机构相关规定
  - 《上海市3岁以下幼儿托育机构管理暂行办法》和《上海市3岁以下幼儿托育机构设置标准（试行）》的出台背景与意义
  - 《上海市3岁以下幼儿托育机构管理暂行办法》和《上海市3岁以下幼儿托育机构设置标准（试行）》的主要内容

第一节 《托育机构设置标准(试行)》和《托育机构管理规范(试行)》的内容与解读

2019年10月,为加强托育机构专业化、规范化建设,国家卫生健康委按照《指导意见》的要求,组织制定了《托育机构设置标准(试行)》(以下简称《设置标准》)和《托育机构管理规范(试行)》(以下简称《管理规范》)。《设置标准》和《管理规范》适用于经有关部门登记、卫生健康部门备案,为3岁以下婴幼儿提供全日托、半日托、计时托、临时托等托育服务的机构,自2019年10月8日起施行。

一、《设置标准》和《管理规范》的出台背景与意义

0—3岁是个体发展的开端,是整个人生发展的关键期,是一生发展的基础。[①] 3岁以下婴幼儿照护服务是生命全周期服务管理的重要内容,事关婴幼儿健康成长,事关千家万户。

党和国家高度重视婴幼儿照护服务的发展。党的十九大报告提出要在"幼有所育"上不断取得新进展;2017年12月召开的中央经济工作会议部署,要解决好婴幼儿照护和儿童早期教育服务问题。2018年的《政府工作报告》提出:"要多渠道增加学前教育资源供给,重视对幼儿教师的关心和培养,运用互联网等信息化手段对儿童托育中育儿过程加强监管,一定要让家长放心安心。"2019年的《政府工作报告》指出:"加快发展多种形式的婴幼儿照护服务,支持社会力量兴办托育服务机构,加强儿童安全保障。"

结合《设置标准》和《管理规范》的出台背景,可以发现这两个文件的出台具有以下三重意义。

(一) 保障托育机构婴幼儿的身心健康发展

《设置标准》聚焦于建立专业化、规范化的托育机构,而《管理规范》着眼于加强托育机构管理,这两个文件都谈到了要促进婴幼儿的身心健康发展。

《设置标准》中强调托幼机构的功能职责是"负责婴幼儿日常生活照料,安排游戏活动,促进婴幼儿身心健康,养成良好行为习惯",且在场地设施、人员规模等方面都考虑到了婴幼儿的发展特点。《管理规范》在总则中强调"坚持儿童优先的原则,尊重婴幼儿成长特点和规律,最大限度地保护婴幼儿,确保婴幼儿的安全和健康"。在保育管理上,《管理规范》考虑到了婴幼儿的生理需求、情感需求、认知需求等多方面的需求;在健康管理和安全管理上,《管理规范》照顾到了婴幼儿容易受到疾病感染和意外伤害的特点。这两个国家文件的出台和实施将充分调动包括社会力量在内的各方的积极性,旨在保护并促进托育机构婴幼儿的身心健康发展。

[①] 华爱华.“早期关心与发展”的内涵与0—3岁婴幼儿教养理念[J].学前教育研究,2004(11):5—8.

（二）回应并落实《指导意见》中的相关发展目标和工作任务

《指导意见》对 0—3 岁婴幼儿托育服务的发展提出了许多指导意见，而托育机构作为提供托育服务的主要来源，在其中获得了高度重视。《指导意见》设置的两个发展目标中提出，到 2020 年"婴幼儿照护服务的政策法规体系和标准规范体系初步建立，建成一批具有示范效应的婴幼儿照护服务机构，婴幼儿照护服务水平有所提升"，到 2025 年"婴幼儿照护服务的政策法规体系和标准规范体系基本健全，多元化、多样化、覆盖城乡的婴幼儿照护服务体系基本形成，婴幼儿照护服务水平明显提升"。在"规范发展多种形式的婴幼儿照护服务"这一主要任务中，《指导意见》更是从托育机构的安全管理工作、卫生保健工作以及婴幼儿照护服务专业化、规范化建设等方面对 0—3 岁婴幼儿托育机构的规范发展作出了全面的指导。

《设置标准》聚焦于建立专业化、规范化的托育机构，而《管理规范》着眼于加强对托育机构的管理，这两个文件都谈到了要促进婴幼儿的身心健康发展，且与《指导意见》的根本目标一致。从某种意义上说，《设置标准》和《管理规范》的出台是对《指导意见》所提出两个阶段性发展目标及相关工作任务的积极回应与有效落实，也是主管部门加强婴幼儿照护服务机构专业化、规范化建设及管理的重要抓手。

（三）我国首个国家层面关于托育机构管理的具体文件

婴幼儿成长快、个体差异大，基本没有自理能力，容易发生意外情况，对托育服务的要求极高，但不少托育机构为了追求自身利益最大化，往往忽略了婴幼儿健康、安全、科学发展等方面的要求，所提供的托育服务质量堪忧。这不仅造成广大家长对托育机构缺乏信任，也可能带来婴幼儿托育服务资源的闲置和浪费（即实际入托率低）。[①] 由此可见，要建设专业化、规范化的托育机构，不能完全依赖托育机构的自我管理，更需要政策法规的约束管理。

一些地方政府此前出台了有关托育机构设置和管理的一些地方性政策规定，如 2018 年 4 月，上海市发布《上海市 3 岁以下幼儿托育机构管理暂行办法》《上海市 3 岁以下幼儿托育机构管理设置标准（试行）》；2019 年 5 月，安徽省淮北市发布《淮北市 3 岁以下婴幼儿照护服务机构设置标准（试行）》《淮北市 3 岁以下婴幼儿照护服务机构管理办法（试行）》；2019 年 9 月，安徽省合肥市发布《合肥市促进 3 岁以下婴幼儿照护服务工作实施意见》；2019 年 12 月，浙江省发布《浙江省人民政府办公厅关于加快推进 3 岁以下婴幼儿照护服务发展的实施意见》；2020 年 1 月，四川省发布《关于促进 3 岁以下婴幼儿照护服务发展的实施意见》。

但是，地方政府在具体执行政策方案的过程中往往会因为主管部门职能和角色的差别而遇到诸多问题，如地方的托育机构标准由于缺少与其他政策的协调统一而难以真正落地等。同时，全国统一的婴幼儿照护服务机构标准、规范的缺乏以及对各个主体具体实践指导的缺失导致很多地方的婴幼儿照护服务机构实际上仍然游离于政府部门的监管之外。

《设置标准》和《管理规范》这两个文件首次从国家层面对托育机构的设置和规范作出了

---

① 余宇. 托育"国标"出台，幼有所育在路上[J]. 教育家，2019(43)：2.

明确规定,充分体现了国家"放管服"的改革精神。《设置标准》对托育机构的设置要求、场地设施、人员规模等进行了统一的、明确的规定,有助于提升托育人员的质量和素质,促进托育机构为婴幼儿提供专业规范、安全健康、符合其身心发展规律的照护服务,从而促进婴幼儿早期发展。《管理规范》则对托育机构的收托管理、保育管理、健康管理、安全管理、人员管理、监督管理等多方面的管理工作提供了一系列的指导和建议,进一步强化了托育机构及其人员的管理。两个文件的出台都有助于规范托育机构的发展,提升托育机构的质量,为我国托育事业的发展保驾护航。

二、《设置标准》和《管理规范》的主要内容解读

(一)托育机构举办者应符合的要求

托育机构举办主体应当是自然人、法人或其他组织。托育机构应当坚持儿童优先的原则,尊重婴幼儿成长的特点和规律,最大限度保护婴幼儿,确保婴幼儿的人身安全和健康成长。

(二)托育机构的申办流程及材料

托育机构首先要完成备案登记。根据《托育机构登记和备案办法(试行)》的规定,举办事业单位性质的托育机构的,向县级以上机构编制部门申请审批和登记。举办社会服务机构性质的托育机构的,向县级以上民政部门申请注册登记。举办营利性托育机构的,向县级以上市场监督管理部门申请注册登记。登记机关应当及时将托育机构登记信息通过共享、交换等方式推送至同级卫生健康行政部门。

政策导引

学习《托育机构登记和备案办法(试行)》。

《管理规范》规定,托育机构登记后,应当向机构所在地的县级以上卫生健康部门备案,提交评价为"合格"的《托幼机构卫生评价报告》、消防安全检查合格证明、场地证明、工作人员资格证明等材料,填写备案书和承诺书。提供餐饮服务的,应当提交《食品经营许可证》。卫生健康部门应当对申请备案的托育机构提供备案回执和托育机构基本条件告知书。

托育机构变更备案事项的,应当向原备案部门办理变更备案。托育机构终止服务的,应当妥善安置收托的婴幼儿和工作人员,并办理备案注销手续。

卫生健康部门应当将托育服务有关政策规定、托育机构备案要求、托育机构有关信息在官方网站公开,接受社会查询和监督。

申请举办托育机构,需提交以下材料:

（1）填写并提交托育机构备案书、备案承诺书；

（2）营业执照或其他法人登记证书；

（3）提交评价"合格"的《托幼机构卫生评价报告》；

（4）提交建筑消防安全合格证明；

（5）提交《食品经营许可证》；

（6）提交场地证明、工作人员专业资格证明及健康合格证明等材料；

（7）法律法规规定的其他相关材料。

（三）托育机构在建筑选址、设施设备方面的要求

托育机构在建筑选址、设施设备等方面均应遵循以保障安全为先的原则。

1. 托育机构在建筑选址上的要求

（1）托育机构设置应当综合考虑城乡区域发展特点，根据经济社会发展水平、工作基础和群众需求，科学规划，合理布局。

（2）托育机构应当有自有场地或租赁期不少于3年的场地。

（3）托育机构的场地应当选择自然条件良好、交通便利、符合卫生和环保要求的建设用地，远离对婴幼儿成长有危害的建筑、设施及污染源，满足抗震、防火、疏散等要求。

（4）托育机构的建筑应当符合有关工程建设国家标准、行业标准，设置符合标准要求的生活用房，根据需要设置服务管理用房和供应用房。

（5）托育机构的房屋装修、设施设备、装饰材料等，应当符合国家相关安全质量标准和环保标准，并定期进行检查维护。

2. 托育机构在设施设备上的要求

（1）托育机构应当配备符合婴幼儿月龄特点的家具、用具、玩具、图书和游戏材料等，并符合国家相关安全质量标准和环保标准。

（2）托育机构应当设有室外活动场地，配备适宜的游戏设施，且有相应的安全防护设施。在保障安全的前提下，可利用附近的公共场地和设施。

（3）托育机构应当设置符合标准要求的安全防护设施设备。

（四）对托育机构的从业人员及配比的要求

1. 人员基本条件方面

托育机构工作人员应当具有完全民事行为能力和良好的职业道德，热爱婴幼儿，身心健康，无虐待儿童记录，无犯罪记录。

2. 人员资质方面

托育机构应当根据场地条件、收托婴幼儿规模，合理配置综合管理、保育照护、卫生保

健、安全保卫等工作人员,并且工作人员必须符合国家和地方相关规定要求的资格条件。托育机构负责人负责全面工作,应当具备大专以上学历、有从事儿童保育教育、卫生健康等相关管理工作3年以上的经历,且经托育机构负责人岗位培训合格。保育人员主要负责婴幼儿日常生活照料,安排游戏活动,促进婴幼儿身心健康,养成良好行为习惯。保育人员应当具有婴幼儿照护经验或相关专业背景,受过婴幼儿保育相关培训和心理健康知识培训。保健人员应当经过妇幼保健机构组织的卫生保健专业知识培训合格;保安人员应当取得公安机关颁发的《保安员证》,并由获得公安机关《保安服务许可证》的保安公司派驻。

3. 人员配比方面

合理配备保育人员,与婴幼儿的比例应当不低于:乳儿班1:3,小托班1:5,大托班1:7。按照有关托儿所卫生保健规定配备保健人员、炊事人员。每个独立设置的托育机构应当至少有1名保安人员在岗。

(五) 托育机构的主要功能职责

托育机构是由专业人员为3岁以下婴幼儿提供全日托、半日托、计时托等照护服务的机构。托育机构应当坚持儿童优先的原则,尊重婴幼儿成长的特点和规律,最大限度保护婴幼儿,确保婴幼儿的人身安全和健康成长。托育机构应当设置适宜的生活环境和条件,向婴幼儿提供符合生理心理需求、生长发育特点的活动、膳食、睡眠、清洁卫生等服务,做好婴幼儿每日生活安排,促进婴幼儿早期发展。

提供教育活动:托育机构应当遵循不同月龄婴幼儿的生理、心理和认知发展规律,以游戏为主要形式安排活动,充分尊重个体差异,寓教于乐。

日常照护服务:托育机构应当对婴幼儿进行全日饮食、睡眠等生活健康观察,做好日常照护记录,必要时向监护人反馈。

健康管理服务:托育机构应当配合卫生健康部门做好疾病预防控制、婴幼儿健康管理等工作。

家庭指导服务:托育机构可通过入户指导、亲子活动、家长课堂等方式,利用互联网等信息化手段,为家庭和社区提供科学育儿指导服务。

(六) 托育机构管理的主要内容及注意事项

托育机构的管理主要包括收托管理、保育管理、健康管理、安全管理、人员管理、监督管理等几个方面。

1. 收托管理

婴幼儿父母或监护人(以下统称婴幼儿监护人)应当主动向托育机构提出入托申请,并提交真实的婴幼儿及其监护人的身份证明材料。托育机构应当与婴幼儿监护人签订托育服务协议,明确双方的责任、权利义务、服务项目、收费标准以及争议纠纷处理办法等内容。婴幼儿进入托育机构前,应当完成适龄的预防接种,经医疗卫生机构进行健康检查,合格后方可入托;离开机构3个月以上的,返回时应当重新进行健康检查。

托育机构收托婴幼儿人数不应超过备案人数。每个独立设置的托育机构收托的婴幼儿不宜超过 150 人。一般设置乳儿班(6—12 个月,10 人以下)、小托班(12—24 个月,15 人以下)、大托班(24—36 个月,20 人以下)三种班型。18 个月以上的婴幼儿可混合编班,每个班不超过 18 人。

托育机构应当建立收托婴幼儿信息管理制度,及时采集、更新,定期向备案机关报送。建立完善信息公示制度,定期公示收费项目和标准、保育照护、膳食营养、卫生保健、安全保卫等情况,接受监督。

托育机构应当建立与家长联系的制度,建立家长开放日制度,定期召开家长会议,接待来访和咨询,帮助家长了解托育机构的保育照护内容和方法。成立家长委员会,对托育机构事关婴幼儿的重要决策提出意见和建议。此外,托育机构应当加强与社区的联系与合作,面向社区宣传科学育儿知识,开展多种形式的服务活动,促进婴幼儿早期发展。

2. 保育管理

托育机构应当科学合理安排婴幼儿的生活,做好饮食、饮水、喂奶、如厕、盥洗、清洁、睡眠、穿脱衣服、游戏活动等服务。托育机构应当顺应喂养,科学制定食谱,保证婴幼儿膳食平衡,有特殊喂养需求的,婴幼儿监护人应当提供书面说明。托育机构应当建立婴幼儿照护服务日常记录和反馈制度,定期与婴幼儿监护人沟通婴幼儿发展情况。

托育机构应当保证婴幼儿每日户外活动不少于 2 小时,寒冷、炎热季节或特殊天气情况下可酌情调整。活动以游戏为主要形式,为幼儿提供适宜的刺激和丰富的直接经验,促进婴幼儿在身体发育、动作、语言、认知、情感与社会性等方面的全面发展。游戏活动中重视婴幼儿的情感变化,注重与婴幼儿面对面、一对一的交流互动,动静交替,合理搭配多种游戏类型。支持婴幼儿主动探索、操作体验、互动交流和表达表现,发挥婴幼儿的自主性,保护婴幼儿的好奇心。

3. 健康管理

托育机构应当按照有关托儿所卫生保健规定,完善相关制度,切实做好婴幼儿和工作人员的健康管理,做好室内外环境卫生。建立卫生消毒和病儿隔离制度、传染病预防和管理制度,配合卫生健康部门做好疾病预防控制和婴幼儿健康管理工作。坚持晨午检和全日健康观察,发现婴幼儿身体、精神、行为异常时,应当及时通知婴幼儿监护人,婴幼儿患病期间应当在医院接受治疗或在家护理。

托育机构工作人员上岗前,应当经医疗卫生机构进行健康检查,合格后方可上岗。托育机构应当组织在岗工作人员每年进行 1 次健康检查。在岗工作人员患有传染性疾病的,应当立即离岗治疗;治愈后,须持病历和医疗卫生机构出具的健康合格证明,方可返岗工作。

托育机构不得开展任何违背婴幼儿成长规律的活动。严禁虐待、歧视、体罚或变相体罚、侮辱人格等损害婴幼儿身心健康的行为。托育机构发现婴幼儿遭受或疑似遭受家庭暴力的,应当依法及时向公安机关报案。

4. 安全管理

托育机构应当落实安全管理主体责任,建立健全安全防护措施和检查制度,配备必要的安保人员和物防、技防设施。

托育机构的房屋、设施设备、装修装饰材料、用品用具和玩教具材料等,应当符合国家相关安全质量标准和环保标准,定期进行检查维护。严禁设置、放置威胁婴幼儿安全的设施、设备和物品。

托育机构应当明确专兼职消防安全管理人员及管理职责,加强消防设施维护管理,确保用火用电用气安全。托育机构工作人员应当掌握急救的基本技能和防范、避险、逃生、自救的基本方法,在紧急情况下必须优先保障婴幼儿的安全。托育机构应当制定突发事件的应急预案,定期对工作人员进行安全教育和突发事件应急处理能力培训,并经常进行演练。

托育机构应当建立完善的婴幼儿接送制度,婴幼儿应当由婴幼儿监护人或其委托的成年人接送。托育机构应当建立照护服务、安全保卫等监控体系,监控报警系统确保24小时设防,婴幼儿生活和活动区域应当全覆盖。监控录像资料保存期不少于90日,不得无故中断监控,不得随意更改、删除监控资料。

5. 人员管理

托育机构应当建立工作人员岗前培训和定期培训制度,通过集中培训、在线学习等方式,不断提高工作人员的专业能力、职业道德和心理健康水平。托育机构应当加强工作人员法治教育,增强法治意识。对虐童等行为实行零容忍,一经发现,严格按照有关法律法规和规定,追究有关负责人和责任人的责任。托育机构应当依法与工作人员签订劳动合同,保障工作人员的合法权益。

6. 监督管理

托育机构应当加强党组织建设,积极支持工会、共青团、妇联等组织开展活动。托育机构应当建立职工大会或职工代表大会制度,依法加强民主管理和监督。托育机构应当制定年度工作计划,每年年底向卫生健康等部门报告工作,必要时随时报告。

建立托育机构信息公示和质量评估制度,实施动态管理。卫生健康行政部门和有关部门按照职责分工,加强对托育机构的指导、监督和管理。各级妇幼保健、疾病预防控制、卫生监督等机构应当按照职责加强对托育机构卫生保健工作的业务指导、咨询服务和监督检查。

第二节　《托育机构保育指导大纲(试行)》的内容与解读

《托育机构保育指导大纲(试行)》(以下简称《大纲》)由国家卫生健康委组织制定,于

2021年1月印发之日起开始执行,适用于经有关部门登记、卫生健康部门备案,为婴幼儿提供全日托、半日托等照护服务的托育机构。提供计时托、临时托等照护服务的托育机构也可参照执行。

一、《大纲》的出台背景与意义

《指导意见》强调要加强婴幼儿照护服务专业化、规范化建设,并对各类婴幼儿照护服务机构提出了"开展婴幼儿照护服务必须符合国家和地方相关标准和规范"的要求。显然,科学的、健全的婴幼儿照护服务的标准规范体系是实现这一要求的一个重要前提。2019年10月,国家卫生健康委按照《指导意见》的要求,出台了《设置标准》和《管理规范》,对托育机构包括保育工作在内的各方面工作作出了基本的指引。

保育是指成人给予婴幼儿精心的照顾和养育,以保护和促进婴幼儿正常发育与良好发展,包括身体保育和心理保育两个方面,由家庭保育和托育机构保育共同构成。[①] 对3岁以下婴幼儿的保育工作涉及婴幼儿的营养与喂养、睡眠、生活与卫生习惯等各个方面,工作内容繁杂琐碎,却对婴幼儿的健康成长起着不可忽视的作用。根据婴幼儿的成长特点和规律,托育机构对婴幼儿的教养应"以养为主,保中有教"。照料好婴幼儿的生活、提供舒适安全的生活环境、科学养育、满足婴幼儿的基本需要是托育机构开展一切教养活动的基础。[②] 照顾好婴幼儿在托育机构的一日生活,才能保障婴幼儿在托育机构的身心健康发展。因此,指导和规范托育机构保育工作对加强婴幼儿照护服务专业化、规范化建设至关重要。

《大纲》根据《指导意见》要求,依据国家卫生健康委《设置标准》和《管理规范》而制定,强调托育机构保育工作是婴幼儿照护服务的重要组成部分,是生命全周期服务管理的重要内容,对婴幼儿营养与喂养、睡眠、生活与卫生习惯等保育重点工作提出了目标和要求。《大纲》对托育机构保育工作提出方向性指引和规范性要求,对提高婴幼儿照护服务规范化水平、促进婴幼儿健康成长具有重要意义。

二、《大纲》的主要内容

(一)总则

1. 适用范围

《大纲》适用于经有关部门登记、卫生健康部门备案,为婴幼儿提供全日托、半日托等照护服务的托育机构。提供计时托、临时托等照护服务的托育机构可参照执行。

2. 托育机构保育的核心要义

托育机构保育是婴幼儿照护服务的重要组成部分,是生命全周期服务管理的重要内容。

① 金扣干,文春玉.0—3岁婴幼儿保育[M].上海:复旦大学出版社,2012:1—2.
② 何慧华.0—3岁婴幼儿保育与教育[M].上海:上海交通大学出版社,2013:104.

通过创设适宜环境,合理安排一日生活和活动,提供生活照料、安全看护、平衡膳食和早期学习机会,促进婴幼儿身体和心理的全面发展。

3. 托育机构保育的基本原则

尊重儿童。坚持儿童优先,保障儿童权利。尊重婴幼儿成长特点和规律,关注个体差异,促进每个婴幼儿全面发展。

安全健康。最大限度地保护婴幼儿的安全和健康,切实做好托育机构的安全防护、营养膳食、疾病防控等工作。

积极回应。提供支持性环境,敏感观察婴幼儿,理解其生理和心理需求,并及时给予积极适宜的回应。

科学规范。按照国家和地方相关标准和规范,合理安排婴幼儿的生活和活动,满足婴幼儿生长发育的需要。

(二)目标与要求

1. 营养与喂养

在婴幼儿的营养与喂养方面,托育机构保育工作的目标有二:一是获取安全、营养的食物,达到正常生长发育水平;二是养成良好的饮食行为习惯。

此外,托育机构应注意7—12个月、13—24个月、25—36个月三个月龄段的婴幼儿在营养与喂养方面分别有不同的保育要点。详见表4-1。

表4-1 7—12个月、13—24个月、25—36个月营养与喂养保育要点

婴幼儿月龄段	保 育 要 点
7—12个月	继续母乳喂养,不能继续母乳喂养的婴儿使用配方奶喂养。
	及时添加辅食,从富含铁的泥糊状食物开始,遵循由一种到多种、由少到多、由稀到稠、由细到粗的原则。辅食不添加糖、盐等调味品。
	每引入新食物要密切观察婴儿是否有皮疹、呕吐、腹泻等不良反应。
	注意观察婴儿所发出的饥饿或饱足的信号,并及时、恰当回应,不强迫喂食。
	鼓励婴儿尝试自己进食,培养进餐兴趣。
13—24个月	继续母乳或配方奶喂养,可以引入奶制品作为辅食,每日提供多种类食物。
	鼓励和协助幼儿自己进食,关注幼儿以语言、肢体动作等发出进食需求,顺应喂养。
	培养幼儿使用水杯喝水的习惯,不提供含糖饮料。
25—36个月	每日提供多种类食物。
	引导幼儿认识和喜爱食物,培养幼儿专注进食习惯、选择多种食物的能力。
	鼓励幼儿参与协助分餐、摆放餐具等活动。

2. 睡眠

在婴幼儿的睡眠方面，托育机构保育工作的目标有二：一是获得充足睡眠；二是养成独自入睡和作息规律的良好睡眠习惯。

此外，托育机构应注意7—12个月、13—24个月、25—36个月三个月龄段的婴幼儿在睡眠方面分别有不同的保育要点。详见表4-2。

表4-2　7—12个月、13—24个月、25—36个月睡眠保育要点

婴幼儿月龄段	保 育 要 点
7—12个月	识别婴儿困倦的信号，通过常规睡前活动，培养婴儿独自入睡。
	帮助婴儿采用仰卧位或侧卧位姿势入睡，脸和头不被遮盖。
	注意观察婴儿睡眠状态，减少抱睡、摇睡等安抚行为。
13—24个月	固定幼儿睡眠和唤醒时间，逐渐建立规律的睡眠模式。
	坚持开展睡前活动，确保幼儿进入较安静状态。
	培养幼儿独自入睡的习惯。
25—36个月	规律作息，每日有充足的午睡时间。
	引导幼儿自主做好睡眠准备，养成良好的睡眠习惯。

3. 生活与卫生习惯

在婴幼儿的睡眠方面，托育机构保育工作的目标有二：一是学习盥洗、如厕、穿脱衣服等生活技能；二是逐步养成良好的生活卫生习惯。

此外，托育机构应注意7—12个月、13—24个月、25—36个月三个月龄段的婴幼儿在生活与卫生习惯方面分别有不同的保育要点。详见表4-3。

表4-3　7—12个月、13—24个月、25—36个月生活与卫生习惯保育要点

婴幼儿月龄段	保 育 要 点
7—12个月	及时更换尿布，保持臀部和身体干爽清洁。
	生活照护过程中，注重与婴儿互动交流。
	识别及回应婴儿哭闹、四肢活动等表达的需求。
13—24个月	鼓励幼儿及时表达大小便需求，形成一定的排便规律，逐渐学会自己坐便盆。
	协助和引导幼儿自己洗手、穿脱衣服等。
	引导和帮助幼儿学会咳嗽和打喷嚏的方法。
25—36个月	培养幼儿主动如厕。
	引导幼儿餐后漱口，使用肥皂或洗手液正确洗手，认识自己的毛巾并擦手。
	鼓励幼儿自己穿脱衣服。

4. 动作

在婴幼儿的动作方面,托育机构保育工作的目标有二:一是掌握基本的大运动技能;二是达到良好的精细动作发育水平。

此外,托育机构应注意7—12个月、13—24个月、25—36个月三个月龄段的婴幼儿在动作方面分别有不同的保育要点。详见表4-4。

表4-4　7—12个月、13—24个月、25—36个月动作保育要点

婴幼儿月龄段	保　育　要　点
7—12个月	鼓励婴儿进行身体活动,尤其是地板上的游戏活动。
	鼓励婴儿自主探索从躺位变成坐位,从坐位转为爬行,逐渐到扶站、扶走。
	提供适宜的玩具,促进抓、捏、握等精细动作发育。
13—24个月	鼓励幼儿进行形式多样的身体活动,为幼儿提供参加爬、走、跑、钻、踢、跳等活动的机会。
	提供多种类活动材料,促进涂画、拼搭、叠套等精细动作发育。
	鼓励幼儿自己喝水、用小勺吃饭、自己翻书等。
25—36个月	为幼儿提供参加走直线、跑、跨越低矮障碍物、双脚跳、单足站立、原地单脚跳、上下楼梯等活动的机会。
	提供多种类活动材料,促进幼儿搭建、绘画、简单手工制作等精细动作发育。
	鼓励幼儿自己用水杯喝水、用勺吃饭、协助收纳等。

5. 语言

在婴幼儿的语言方面,托育机构保育工作的目标有四:一是对声音和语言感兴趣,学会正确发音;二是学会倾听和理解语言,逐步掌握词汇和简单的句子;三是学会运用语言进行交流,表达自己的需求;四是愿意听故事、看图书,初步发展早期阅读的兴趣和习惯。

此外,托育机构应注意7—12个月、13—24个月、25—36个月三个月龄段的婴幼儿在语言方面分别有不同的保育要点。详见表4-5。

表4-5　7—12个月、13—24个月、25—36个月语言保育要点

婴幼儿月龄段	保　育　要　点
7—12个月	经常和婴儿说话,引导其对发音产生兴趣,模仿和学习简单的发音。
	向婴儿复述生活中常见物品和动作,帮助其逐渐理解简单的词汇。
	引导婴儿使用简单的声音、表情、动作、语言表达自己的需求。
	为婴儿选择合适的图画书,朗读简单的故事或儿歌。

续　表

婴幼儿月龄段	保 育 要 点
13—24 个月	培养幼儿正确发音,逐步将语言与实物或动作建立联系。
	鼓励幼儿模仿和学习使用词语或短句表达自己的需求。
	引导幼儿学会倾听并乐意执行简单的语言指令,积极使用语言进行交流。
	提供机会让幼儿多读绘本、多听故事、学念儿歌。
25—36 个月	指导幼儿正确地运用词语说出简单的句子。
	鼓励幼儿用语言表达自己的需求和感受。
	创造条件和机会,使幼儿多听、多看、多说、多问、多想,谈论生活中的所见所闻。
	培养幼儿阅读的兴趣和能力,学讲故事、学念儿歌。

6. 认知

在婴幼儿的认知方面,托育机构保育工作的目标有三:一是充分运用各种感官探索周围环境,有好奇心和探索欲;二是逐步发展注意、观察、记忆、思维等认知能力;三是学会想办法解决问题,有初步的想象力和创造力。

此外,托育机构应注意 7—12 个月、13—24 个月、25—36 个月三个月龄段的婴幼儿在认知方面分别有不同的保育要点。详见表 4 - 6。

表 4 - 6　7—12 个月、13—24 个月、25—36 个月认知保育要点

婴幼儿月龄段	保 育 要 点
7—12 个月	提供有利于视、听、触摸等材料,激发婴儿的观察兴趣。
	鼓励婴儿调动各种感官,感知物体的大小、形状、颜色、材质等。
	引导婴儿观察周围的事物,模仿所看到的某些事物的声音和动作。
13—24 个月	引导幼儿运用各种感官探索周围环境,逐步发展注意、记忆、思维等认知能力。
	鼓励幼儿辨别生活中常见物体的大小、形状、颜色、软硬、冷热等明显特征。
	鼓励幼儿在操作、摆弄、模仿等活动中想办法解决问题。
25—36 个月	引导幼儿运用各种感官反复持续探索周围环境,逐步巩固和加深对周围事物的认识。
	启发幼儿观察辨别生活中常见物体的特征和用途,进行简单的分类,并感受生活中的数学。
	培养幼儿在感兴趣的事情上能够保持一定的专注力。
	通过各种游戏和活动,鼓励幼儿主动思考、积极提问并大胆猜想,激发幼儿的想象力和创造力。

7. 情感与社会性

在婴幼儿的情感与社会性方面,托育机构保育工作的目标有三:一是有安全感,能够理解和表达情绪;二是有初步的自我意识,逐步发展情绪和行为的自我控制;三是与成人和同

伴积极互动,发展初步的社会交往能力。

此外,托育机构应注意7—12个月、13—24个月、25—36个月三个月龄段的婴幼儿在情感与社会性方面分别有不同的保育要点。详见表4-7。

表4-7 7—12个月、13—24个月、25—36个月情感与社会性保育要点

婴幼儿月龄段	保 育 要 点
7—12个月	观察了解不同月龄婴儿的需要,把握其情绪变化,尊重和满足其爱抚、亲近、搂抱等情感需求。
	引导婴儿理解和辨别高兴、喜欢、生气等不同情绪。
	敏感察觉婴儿情绪变化,理解其情感需求并及时回应。
	创设温暖、愉快的情绪氛围,促进婴儿交往的积极性。
13—24个月	引导幼儿用表情、动作、语言等方式表达自己的情绪。
	培养幼儿愉快的情绪,及时肯定和鼓励幼儿适宜的态度和行为。
	拓展交往范围,引导幼儿认识他人不同的想法和情绪。
	引导幼儿理解并遵守简单的规则。
25—36个月	谈论日常生活中幼儿感兴趣的人和事,引导其通过语言和行为等方式表达情绪情感。
	鼓励幼儿进行情绪控制的尝试,指导其学会简单的情绪调节策略。
	创设人际交往的机会和条件,使幼儿感受与人交往的愉悦。
	帮助幼儿理解和遵守简单的规则,初步学习分享、轮流、等待、协商,尝试解决同伴冲突。

(三) 组织与实施

托育机构是实施保育的场所,应当提供健康、安全、丰富的生活和活动环境,配置符合婴幼儿月龄特点的家具、用具、玩具、图书、游戏材料和安全防护措施,并根据场地条件合理确定收托规模,配备符合要求的保育人员。

托育机构负责人负责保育的组织与管理,指导、检查和评估保育人员的工作。

托育机构保育人员是保育工作的主要实施者,应当具有良好的职业道德和业务能力,身心健康。负责婴幼儿日常生活照料和活动组织,主动了解和满足婴幼儿不同的发展需求,平等对待每一个婴幼儿,呵护婴幼儿健康成长。

托育机构制定科学的保育方案,合理安排婴幼儿饮食、饮水、如厕、盥洗、睡眠、游戏等一日生活和活动,支持婴幼儿主动探索、操作体验、互动交流和表达表现,丰富婴幼儿的直接经验。

托育机构建立信息管理、健康管理、疾病防控和安全防护监控制度,制定安全防护、传染病防控等应急预案,切实做好室内外环境卫生,注意防范和避免伤害,确保婴幼儿的安全和健康。

托育机构应当与家庭、社区密切合作,充分整合各方资源支持托育机构保育工作,向家

庭、社区宣传科学的育儿理念和方法,提供照护服务和指导服务,帮助家庭增强科学育儿能力。

第三节 《托儿所、幼儿园建筑设计规范》的内容与解读

住房和城乡建设部于 2016 年 4 月批准《托儿所、幼儿园建筑设计规范》为行业标准,编号为 JGJ39 - 2016,自 2016 年 11 月 1 日起实施,同时废止了原《托儿所、幼儿园建筑设计规范》(JGJ39 - 87)。2019 年 8 月,住房和城乡建设部批准了《托儿所、幼儿园建筑设计规范》(JGJ39 - 2016)局部修订的条文,自 2019 年 10 月 1 日起实施,同时废止经此次修改的原条文。新建、扩建、改建的托儿所、幼儿园和相同功能的建筑设计都应符合该标准的要求。以下将此文件简称为《设计规范》。

一、《设计规范》的出台背景与意义

托儿所、幼儿园是婴幼儿度过学前生活、接受早期教育的场所。接纳 0—3 岁婴幼儿的场所是托儿所,接纳 3—6 岁幼儿的场所是幼儿园。接纳 0—6 岁婴幼儿的托育机构与托儿所、幼儿园有相同功能,故也应属于此范畴。

建筑空间场所是托儿所、幼儿园(托育机构)的必要硬件,是婴幼儿物质生活环境的主要组成部分,是保障婴幼儿身心安全的重要基础。为婴幼儿提供一个安全、健康、适宜的生活环境是所有托儿所、幼儿园(托育机构)的基本任务。但我国许多托儿所、幼儿园(托育机构)建筑在一些方面仍有不符合国家标准的规定的情况,还存在安全、适用、卫生健康方面的隐患,对提升托儿所、幼儿园(托育机构)的品质,保证托儿所、幼儿园(托育机构)婴幼儿的安全和健康十分不利。

《设计规范》从基地和总平面、建筑设计、室内环境和建筑设备多维度对托儿所、幼儿园的建筑设计提出了要求,考虑到了托儿所、幼儿园的空气质量、水环境、光环境和声环境等方面的安全问题,有益于保证托儿所、幼儿园的建筑设计质量,使建筑设计满足适用、安全、卫生、经济、美观等方面的基本要求,对保障婴幼儿安全、适用、健康的生活环境有重大意义。同时,根据相关政策的出台和指引、国家卫生健康委的建议以及实践情况,及时对不完善的部分作出修订,使托儿所、幼儿园的建筑设计更便民、更科学、更健康。

二、《设计规范》的主要内容

(一)规模与指标

托儿所、幼儿园的规模应符合表 4 - 8 的规定。

表4-8　托儿所、幼儿园的规模

规模	托儿所（班）	幼儿园（班）
小型	1—3	1—4
中型	4—7	5—8
大型	8—10	9—12

托儿所、幼儿园的每班人数应符合表4-9的规定。

表4-9　托儿所、幼儿园的每班人数

名称	班别	人数
托儿所	乳儿班（6—12月）	10人以下
	托小班（12—24月）	15人以下
	托大班（24—36月）	20人以下
幼儿园	小班（3—4岁）	20—25人
	中班（4—5岁）	26—30人
	大班（5—6岁）	31—35人

（二）基地选址

托儿所、幼儿园建设基地的选择应符合当地总体规划和国家现行有关标准的要求。

托儿所、幼儿园应建设在日照充足、交通方便、场地平整、干燥、排水通畅、环境优美、基础设施完善的地段，不应置于易发生自然地质灾害的地段。

托儿所、幼儿园与易发生危险的建筑物、仓库、储罐、可燃物品和材料堆场等之间的距离应符合国家现行有关标准的规定，不应与大型公共娱乐场所、商场、批发市场等人流密集的场所相毗邻，应远离各种污染源，并应符合国家现行有关卫生、防护标准的要求。

园内不应有高压输电线、燃气、输油管道主干道等穿过。

四个班及以上的托儿所、幼儿园建筑应独立设置。三个班及以下时，可与居住、养老、教育、办公建筑合建，但合建的既有建筑应经有关部门验收合格，符合抗震、防火等安全方面的规定。

（三）场地规划

托儿所、幼儿园应设室外活动场地，其中，托儿所室外活动场地人均面积不应小于3 m²。城市人口密集地区改、扩建的托儿所，设置室外活动场地确有困难时，室外活动场地人均面积不应小于2 m²。

活动地面应平整、防滑、无障碍、无尖锐突出物，并宜采用软质地坪。

共用活动场地应设置游戏器具、沙坑、30 m 跑道等,宜设戏水池,储水深度不应超过 0.30 m。游戏器具下地面及周围应设软质铺装。

活动场地宜设洗手池、洗脚池。

室外活动场地应有 1/2 以上的面积在标准建筑日照阴影线之外。

托儿所、幼儿园场地内绿地率不应小于 30%,绿地内不应种植有毒、带刺、有飞絮、病虫害多、有刺激性的植物。

供应区内宜设杂物院,并应与其他部分相隔离。杂物院应有单独的对外出入口。

基地周围应设围护设施,在出入口处应设大门和有良好视野的警卫室。出入口不应直接设置在城市干道一侧,应设置供车辆和人员停留的场地,且不应影响城市道路交通。

托儿所、幼儿园的活动室、寝室及具有相同功能的区域,应布置在当地最好朝向,冬至日底层满窗日照不应小于 3 小时。需要获得冬季日照的婴幼儿生活用房窗洞开口面积不应小于该房间面积的 20%。此条为强制性条文,必须严格执行。

夏热冬冷、夏热冬暖地区的幼儿生活用房不宜朝向西;当不可避免时,应采取遮阳措施。

(四) 建筑设计

托儿所、幼儿园中的生活用房不应设置在地下室或半地下室。此条为强制性规定,必须严格执行。

托儿所、幼儿园建筑应由生活用房、服务管理用房和供应用房等部分组成,且宜按生活单元组合方法进行设计,各班生活单元应保持使用的相对独立性。

托儿所生活用房应布置在首层。当布置在首层确有困难时,可将托大班布置在二层,其人数不应超过 60 人,并应符合有关防火安全疏散的规定。

托儿所、幼儿园的建筑造型和室内设计应符合幼儿的心理和生理特点。

托儿所、幼儿园的外廊、室内回廊、内天井、阳台、上人屋面、平台、看台及室外楼梯等临空处应设置防护栏杆,栏杆应以坚固、耐久的材料制作。防护栏杆的高度应从可踏部位顶面起算,且净高不应小于 1.30 m。防护栏杆必须采用防止幼儿攀登和穿过的构造,当采用垂直杆件做栏杆时,其杆件净距离不应大于 0.09 m。此条为强制性规定,必须严格执行。

距离地面高度 1.30 m 以下,幼儿经常接触的室内外墙面,宜采用光滑易清洁的材料;墙角、窗台、暖气罩、窗口竖边等阳角处应做成圆角。

幼儿使用的楼梯,当楼梯井净宽度大于 0.11 m 时,必须采取防止幼儿攀滑措施。楼梯栏杆应采取不易攀爬的构造,当采用垂直杆件做栏杆时,其杆件净距不应大于 0.09 m。此条为强制性规定,必须严格执行。

幼儿经常通行和安全疏散的走道不应设有台阶,当有高差时,应设置防滑坡道,其坡度不应大于 1∶12。疏散走道的墙面距地面 2 m 以下不应设有壁柱、管道、消火栓箱、灭火器、广告牌等突出物。

(五) 室内环境

托儿所、幼儿园的生活用房、服务管理用房和供应用房中的厨房等均应有直接天然采光。

托儿所、幼儿园建筑室内允许噪声级应符合表4-10的规定。

表4-10　室内允许噪声级

房间名称	允许噪声级（A声级，dB）
生活单元、保健观察室	≤45
多功能活动室、办公室	≤50

托儿所、幼儿园的幼儿用房应有良好的自然通风,其通风口面积不应小于房间地板面积的1/20。夏热冬冷、严寒和寒冷地区的幼儿用房应采取有效的通风设施。

（六）建筑设备

消火栓系统、自动喷水灭火系统及气体系统灭火设计等,应符合国家现行有关防火标准的规定。当设置消火栓灭火设施时,消防立管阀门布置应避免幼儿碰撞,并应将消火栓箱暗装设置。单独配置的灭火器箱应设置在不妨碍通行处。

托儿所、幼儿园建筑应设置饮用水开水炉,宜采用电开水炉。开水炉应设置在专用房间内,并应设置防止幼儿接触的保护措施。

采用低温地面辐射供暖方式时,地面表面温度不应超过28℃。热水地面辐射供暖系统供水温度宜采用35℃—45℃,不应大于60℃;供回水温差不宜大于10℃,且不宜小于5℃。

政策导引

学习《托儿所、幼儿园建筑设计规范》。

第四节　《托育机构婴幼儿伤害预防指南(试行)》的内容与解读

2021年1月,国家卫生健康委颁布了《托育机构婴幼儿伤害预防指南(试行)》(以下简称《预防指南》),主要针对窒息、跌倒伤、烧烫伤、溺水、中毒、异物伤害、道路交通伤害等3岁以下婴幼儿常见的伤害类型,为托育机构管理者和工作人员在安全管理、改善环境、加强照护等方面开展伤害预防提供技术指导和参考,提出注意做好动物伤、锐器伤、钝器伤等其他类型伤害的预防控制,并给出了婴幼儿伤害紧急处置提示。

　　该指南适用于经有关部门登记、卫生健康部门备案,为3岁以下婴幼儿提供全日托、半日托、计时托、临时托等托育服务的机构。

一、《预防指南》的出台背景与意义

　　伤害是儿童面临的重要健康威胁,造成了沉重的疾病负担。0—3岁婴幼儿的智力迅速发展,坐、爬、站、走等活动能力开始增强,对事物又充满好奇心。在这一时期,婴幼儿喜欢探索陌生事物,他们会攀高爬低、东找西找、伸出手指到处摸索,还会把任何东西放入口中,因此存在数不胜数的潜在危机。[①]同时,0—3岁婴幼儿在生理和心理上都不成熟,他们的动作协调性及自我控制能力较差,又缺乏防护意识,自我保护能力极低。因此,0—3岁是婴幼儿窒息、跌倒伤、烧烫伤、溺水、中毒、异物伤害、道路交通伤害等伤害事件的高发期。

　　但是,大量证据表明,伤害不完全是意外,是可以预防和控制的。虽然0—3岁婴幼儿自身能接受的安全教育有限,但看护人对伤害的正确认识和安全的婴幼儿生活环境已能在很大程度上预防与控制婴幼儿伤害。为婴幼儿创建一个安全的生活环境,规避环境中的潜在危险因素,可以预防婴幼儿伤害的发生。此外,看护人对伤害的认识和态度对婴幼儿伤害的发生也具有重要作用。一方面,如果看护人能悉心照顾婴幼儿,并确保其周围环境安全,那么很多严重的意外伤害事故是完全可以避免的。另一方面,如果看护人在意外伤害发生时能正确、及时地处理,把握住治疗的最佳时机,伤害造成后果的严重性就会大大降低。

　　《预防指南》为托育机构开展伤害预防提供技术指导、参考和紧急处置提示,强调托育机构应"最大限度地保护婴幼儿的安全健康",指明托育机构应重点开展"落实安全管理的主体责任""提升环境安全水平""规范和加强对婴幼儿的照护""开展针对工作人员、家长以及幼儿的伤害预防教育和技能培训""加强对工作人员的急救技能培训",进一步加强了对托育机构的指导,有助于提高托育机构服务质量,保障婴幼儿安全健康成长。

二、《预防指南》的主要内容

(一)婴幼儿窒息预防

　　窒息是指呼吸道内部或外部障碍引起血液缺氧的状态。常见的婴幼儿窒息原因包括被床上用品、成人身体、塑料袋等罩住口鼻;吸入和咽下食物、小件物品、呕吐出的胃内容物等阻塞气道;绳带等绕颈造成气道狭窄;长时间停留在密闭空间导致缺氧等。

1. 安全管理

　　制定和落实预防婴幼儿窒息的管理细则,主要内容包括:婴幼儿生活环境和娱乐运动设备导致窒息风险的定期排查和清除;婴幼儿睡眠、喂养照护与管理;婴幼儿服饰、玩具安全管

[①] 陈小丽,林毅容,严冬梅,阮翠雯.婴幼儿意外伤害相关因素分析与干预[J].护理学报,2006(04):91—92.

理;工作人员预防婴幼儿窒息的安全教育和技能培训。

2. 改善环境

将绳带、塑料袋、小块食物、小件物品等可造成婴幼儿绕颈或窒息的物品放在婴幼儿不能接触的位置。

使用玩具、儿童用品等前后,检查有无零件、装饰物、扣子等破损、脱落或丢失。

排除护栏、家具、娱乐运动设备中可能卡住婴幼儿头颈部的安全隐患。

在橱柜、工具房等密闭空间设置防护设施,防止婴幼儿进入。

3. 加强照护

婴幼儿睡眠时,检查其口鼻是否被床上用品、衣物等覆盖,并及时清除。

不喂食易引起窒息的食物;婴幼儿进食时保持安静,避免跑跳、打闹等行为。

婴幼儿在娱乐运动设备上玩耍时,加强看护,避免拉绳、网格等造成窒息。

(二) 婴幼儿跌倒伤预防

跌倒伤是指一个人因倒在地面、地板或其他较低平面上的非故意事件造成的身体损伤。常见的婴幼儿跌倒伤原因包括:滑倒;从家具、楼梯或娱乐运动设备上跌落;从阳台坠楼等。婴幼儿正处于运动能力的发展过程中,跌倒较常见,托育机构应加强防护,预防婴幼儿跌倒伤。

1. 安全管理

制定和落实预防婴幼儿跌倒伤的管理细则,主要内容包括:严格执行《托儿所、幼儿园建筑设计规范》相关条文;婴幼儿生活环境和娱乐运动设备跌倒伤风险的定期排查和清除;婴幼儿玩耍娱乐、上下楼、睡眠等活动的安全照护与管理;婴幼儿服饰、玩具安全管理;工作人员预防婴幼儿跌倒伤的安全教育和技能培训。

2. 改善环境

地面应平整、防滑、无障碍、无尖锐突出物,并宜采用软质地坪;清除可能绊倒婴幼儿的家具、电线、玩具等物品。

楼梯处装有楼梯门,确保婴幼儿不能打开。

规范安装娱乐运动设备,设备周围地面使用软质铺装。

婴幼儿床有护栏。

在窗户、楼梯、阳台等周围不摆放可攀爬的家具或设施。

墙角、窗台、暖气罩、窗口竖边等阳角处应做成圆角,家具选择圆角或使用保护垫。

3. 加强照护

工作人员与家长沟通,为婴幼儿选择适宜活动的鞋、衣服等服饰。

为婴幼儿换尿布、衣物时,工作人员应专心看护,始终与其保持近距离,中途不能离开。

婴幼儿使用娱乐运动设备过程中或上下楼梯时,工作人员应加强看护,与其保持较近距离并确保婴幼儿在视线范围内。

婴幼儿玩耍运动前,对玩耍运动环境、设备设施进行安全性检查。

（三）婴幼儿烧烫伤预防

烧烫伤是由热辐射导致的对皮肤或者其他机体组织的损伤,包括皮肤或其他组织中的部分或全部细胞因热液(烫伤)、热的固体(接触烧烫伤)、火焰(烧伤)等造成的损伤以及由放射性物质、电能、摩擦或接触化学物质造成的皮肤或其他器官组织的损伤。常见的婴幼儿烧烫伤原因包括热粥、热水等烫伤,取暖设备等烫伤,蒸汽高温等烫伤,火焰烧伤等。

1. 安全管理

制定和落实预防婴幼儿烧烫伤的管理细则,主要内容包括:严格执行《托儿所、幼儿园建筑设计规范》相关条文;婴幼儿生活环境烧烫伤风险的定期排查和清除;婴幼儿进食、玩耍娱乐、洗浴清洁等活动照护与管理;婴幼儿玩具用品、电器、取暖设备安全管理;工作人员预防婴幼儿烧烫伤的安全教育和技能培训。

2. 改善环境

设置热水器出水最高温度应低于45℃。

设置专门区域存放热水、热饭菜、温奶器、消毒锅等物品,专用房间放置开水炉,并设置防护措施防止婴幼儿接触;使用门栏或护栏等防止婴幼儿误入厨房、浴室等可能造成烧烫伤的区域。

桌子、柜子不使用桌布等覆盖物,以避免婴幼儿拉扯桌布,热源物倾倒、坠落。

化学用品、打火机、火柴等物品专门保管并上锁;不使用有明火的蚊香驱蚊。

3. 加强照护

婴幼儿饮食、盥洗前检查温度。

加热、取放热物时观察周围有无婴幼儿,避免因碰撞、泼洒造成烫伤。

安全使用暖水袋等可能造成婴幼儿烫伤的用品。

（四）婴幼儿溺水预防

溺水为一个因液体进入而导致呼吸损伤的过程。常见的婴幼儿溺水地点包括:浴缸、水盆、水桶等室内设施;池塘、游泳池等室外场所。

1. 安全管理

制定和落实预防婴幼儿溺水的管理细则,主要内容包括:婴幼儿生活环境溺水风险的定期排查和清除;婴幼儿洗浴清洁、玩耍等活动照护与管理;工作人员预防婴幼儿溺水的安全教育和技能培训。

2. 改善环境

托育机构内的池塘、沟渠、井、鱼缸、鱼池、涉水景观等安装护栏、护网。

水缸、盆、桶等储水容器加盖,并避免婴幼儿进入储水容器所在区域。使用完水池、浴缸、盆、桶后及时排水。

3. 加强照护

保持婴幼儿在工作人员的视线范围内,避免婴幼儿误入盥洗室、厨房、水池边等有水区域。

婴幼儿在水中或水边时,工作人员应专心看护,始终与其保持近距离,中途不能离开。

(五) 婴幼儿中毒预防

中毒是指因暴露于一种外源性物质造成细胞损伤或死亡而导致的伤害。常见的毒物包括:农药、药物、日用化学品、有毒植物、有毒气体等。本指南的中毒指急性中毒,不包括慢性中毒。

1. 安全管理

制定和落实预防婴幼儿中毒的管理细则,主要内容包括:婴幼儿生活环境中毒风险的定期排查和清除;婴幼儿安全用药;工作人员预防婴幼儿中毒的安全教育和技能培训。

2. 改善环境

将药物、日用化学品等存放在婴幼儿无法接触的固定位置。

规范使用消毒剂、清洁剂。

使用煤火取暖的房间应有窗户、风斗等通风结构,并保证正常工作;正确安装、使用符合标准的燃气热水器。

托育机构内不种植有毒植物,不饲养有毒动物。

3. 加强照护

玩具及生活用品应安全无毒,同时工作人员要关注婴幼儿的啃咬行为,避免婴幼儿因啃咬而导致中毒。

避免有毒食物引起婴幼儿中毒,例如有毒蘑菇、未彻底加热煮熟的扁豆等。

(六) 婴幼儿异物伤害预防

异物伤害是指因各种因素导致异物进入体内,并对机体造成一定程度损伤,出现了各种症状和体征,如食道穿孔、气道梗阻、脑损伤等。婴幼儿异物伤害多因异物通过口、鼻、耳等进入身体造成损伤,常见的异物包括:食物、硬币、尖锐异物、电池、小磁铁、气球、玩具零件及碎片等。

1. 安全管理

制定和落实预防婴幼儿异物伤害的管理细则，主要内容包括：婴幼儿生活环境异物伤害风险的定期排查和清除；婴幼儿饮食、玩耍等活动照护与管理；婴幼儿食物、玩具、儿童用品安全管理；工作人员预防婴幼儿异物伤害的安全教育和技能培训。

2. 改善环境

将硬币、电池、小磁铁、装饰品（例如项链、皮筋、耳环等）、文具（例如笔帽、别针）等小件物品放置在婴幼儿接触不到的区域。

使用玩具、儿童用品等前后，检查有无零件、装饰物、扣子等破损、脱落或丢失。

定期检查家具、娱乐运动设备有无易掉落的零件、装饰物（例如螺丝钉、螺母等），并固定。

3. 加强照护

及时收纳可能被婴幼儿放入口、鼻、耳等身体部位的小件物品。

及时制止婴幼儿把硬币、电池等小件物品放入口、鼻、耳等身体部位的行为。

选择适龄玩具，不提供含有小磁铁、小块零件的玩具。

不提供易导致异物伤害的食物，如含有鱼刺、小块骨头的食物。

（七）婴幼儿道路交通伤害预防

道路交通伤害是指道路交通碰撞造成的致死或非致死性损伤。道路交通碰撞是指发生在道路上至少牵涉一辆行进中车辆的碰撞或事件。

1. 安全管理

制定和落实预防婴幼儿道路交通伤害的管理细则，主要内容包括：托育机构车辆安全要求和管理制度，携带婴幼儿出行安全管理制度；托育机构内车辆行驶、停放安全管理制度，运输婴幼儿出行车辆驾驶员的资质要求，儿童安全座椅安全使用要求；工作人员预防婴幼儿道路交通伤害的安全教育和技能培训。

2. 改善环境

托育机构内将婴幼儿活动区域与车辆行驶和停靠区域隔离。

托育机构出入口设立专门安全区域。

托育机构出入口与道路间设置隔离设施。

3. 加强照护

携带婴幼儿出行时，应严格遵守道路交通法规。

携带婴幼儿出行时，密切看管并限制婴幼儿随意活动。

携带婴幼儿出行时，给婴幼儿穿戴有反光标识的衣物。

婴幼儿乘坐童车出行时,规范使用童车安全带。

(八) 其他伤害预防

除上述伤害类型以外,还要注意动物伤、锐器伤、钝器伤、冻伤、触电等其他类型伤害的预防控制。托育机构应针对本地区 3 岁以下婴幼儿实际面临的伤害问题,开展伤害防控工作,最大程度地确保婴幼儿健康安全。

(九) 婴幼儿伤害紧急处置提示

日常加强工作人员的急救知识培训,掌握基本急救技能。

发生严重婴幼儿伤害时,立即呼救并拨打 120 急救电话。等待救援期间,密切关注婴幼儿的生命体征,在掌握急救技能的前提下先予以现场急救。

非严重婴幼儿伤害可先自行处置,并根据伤害情况决定是否送医。

通知监护人。

第五节　《托育机构婴幼儿喂养与营养指南(试行)》的内容与解读

根据《指导意见》《设置标准》《管理规范》《设计规范》《婴幼儿辅食添加营养指南》《中国居民膳食指南(2016)》《婴幼儿喂养健康教育核心信息》,国家卫生健康委组织编写了《托育机构婴幼儿喂养与营养指南(试行)》(以下简称《喂养与营养指南》),于 2021 年 12 月发布。

该指南适用于经有关部门登记、卫生健康行政部门备案,为 3 岁以下婴幼儿提供全日托、半日托、计时托、临时托等托育服务的机构。

一、《喂养与营养指南》的出台背景与意义

营养是影响婴幼儿体格生长发育的重要因素,是婴幼儿健康成长的物质基础。儿童年龄越小,受营养的影响越大。缺乏营养可导致婴幼儿生长迟缓,甚至影响关键器官的发育,使身体免疫、内分泌、神经调节等功能低下,增加发生某些慢性疾病的危险;营养过剩则可导致婴幼儿超重,甚至肥胖,同样影响生长发育。[①] 而婴幼儿的生理和心理尚未成熟,营养的获取几乎全部依赖看护人的喂养,科学的喂养对婴幼儿的健康成长至关重要。

除此之外,婴幼儿喂养对培养其进食行为和饮食习惯也有重要作用。儿童在 0—3 岁时所养成的饮食习惯会影响整个孩童期,甚至持续影响其成年后的饮食习惯,适宜的进食行为

---

① 欧萍,刘光华.婴幼儿保健[M].上海:上海科技教育出版社,2017:53—54.

和良好的饮食习惯有助于他们保持营养均衡与食欲、预防疾病以及增进健康。科学的婴幼儿喂养能帮助婴幼儿逐渐养成在恰当的时间,用恰当的方法,愉快地、礼貌地进食,养成种类和数量适宜的食物行为模式。[①] 此外,我国还有丰富的饮食文化,婴幼儿可从小在日常用餐中进行文化启蒙。

《喂养与营养指南》提出了 6—24 月龄、24—36 月龄婴幼儿的喂养与营养要点,对培养婴幼儿良好进食行为和饮食习惯、启蒙中华饮食文化以及托育机构喂养和膳食管理提出了指导与建议,对托育机构遵循婴幼儿成长特点和规律为婴幼儿提供科学、规范的喂养服务有指导作用,有助于促进托育机构服务质量提升,保障婴幼儿安全健康成长。

二、《喂养与营养指南》的主要内容

(一)6—24 月龄婴幼儿喂养与营养要点

托育机构应与家庭配合,为实现母乳喂养提供便利条件,尽量采用亲喂母乳喂养。在母乳喂养同时为婴幼儿提供适宜的辅食。

1. 支持母乳喂养

托育机构要做好母乳喂养宣教;按照要求设立喂奶室或喂奶区域,并配备相关设施、设备;鼓励母亲进入托育机构亲喂,保证按需喂养。

2. 辅食添加原则与注意事项

从 6 月龄开始添加辅食,首选富含铁的泥糊状食物;鼓励尝试新的食物,每次只引入 1种,若婴幼儿出现不适或严重不良反应,及时通知家长并送医;逐渐调整辅食质地,与婴幼儿的咀嚼吞咽能力相适应,从稠粥、肉泥等泥糊状食物逐渐过渡到半固体或固体食物等;逐渐增加食物种类,保证食物多样化,包括谷薯类、豆类和坚果类、动物性食物(鱼、禽、肉及内脏)、蛋、含维生素 A 丰富的蔬果、其他蔬果、奶类及奶制品等 7 类;辅食应选择安全、营养丰富、新鲜的食材,并符合婴幼儿喜好,1 岁以内婴儿辅食不加盐、糖和调味品,制作过程注意卫生,进食过程注意安全。

3. 自带食物管理

如家长要求使用自带食物,托育机构应与家庭充分沟通,并做好接收和使用记录。如使用特殊医学用途婴儿配方食品,家长应提供医生或临床营养师的建议。

4. 顺应喂养

托育机构应根据不同年龄婴幼儿的营养需要、进食能力和行为发育需要,提倡顺应喂养。喂养过程中,应及时感知婴幼儿发出的饥饿和饱足反应(动作、表情、声音等),及时做出

---

① 康松玲,贺永琴. 婴幼儿营养与喂养[M]. 上海:上海科技教育出版社,2017:107.

恰当的回应,鼓励但不强迫进食。从开始辅食添加起,引导婴幼儿学习在嘴里移动、咀嚼和吞咽食物,逐步尝试自主进食。

(二) 24—36 月龄幼儿的喂养与营养要点

1. 合理膳食

食物搭配均衡,做到膳食多样化;每日三餐两点,主副食并重,加餐以奶类、水果为主,配以少量松软面点,不影响正餐进食量,晚间不宜安排甜食;保证幼儿按需饮水,提供安全饮用水,避免提供果汁饮料等;选择安全、营养丰富、新鲜的食材和清洁水制备食物,制作过程注意卫生,进食过程注意安全;食物合理烹调,宜采用蒸、煮、炖、煨等方法。

2. 培养良好的习惯

规律进餐,每次正餐控制在 30 分钟内,鼓励幼儿自主进食;安排适宜的进餐时间、地点和场景,引导幼儿对健康食物的选择,培养不挑食不偏食的良好习惯,不限制也不强迫进食,进餐时避免分散注意力,开始培养进餐礼仪;喂养过程中注意进食安全,不提供易导致呛噎的食物;合理安排幼儿的身体活动和户外活动,建议户外活动每天不少于 2 小时。

(三) 婴幼儿食育

食育有益于身心健康,增进亲子关系。托育机构与家庭配合开展食育,让婴幼儿感受、认识和享受食物,培养良好进食行为和饮食习惯,启蒙中华饮食文化。

1. 感受和认识食物

适时引导婴幼儿感知、感受食物,促进认识和接受食物,可以让幼儿观察或参与简单的植物播种、照料、采摘等过程,并让幼儿参与食物的制备。

2. 培养饮食行为

营造安静温馨、轻松愉悦的就餐环境,引导婴幼儿享受食物,逐步养成规律就餐、专注就餐、自主进食的良好饮食习惯;正确选择零食,避免高糖、高盐和油炸食品。

3. 体验饮食文化

培养用餐礼仪、感恩食物、珍惜食物。结合春节、元宵、端午和中秋等传统节日活动,让幼儿体验中华饮食文化。

(四) 喂养和膳食管理

1. 规章制度建设

托育机构应建立完善的母乳、配方食品和商品辅食喂养管理制度和操作规范,包括喂奶室管理制度,配方食品和商品辅食的接收、查验及储存、使用制度,及相关卫生消毒制度。

　　托育机构从供餐单位订餐的,应当建立健全机构外供餐管理制度,选择取得食品经营许可、能承担食品安全责任、社会信誉良好的供餐单位。对供餐单位提供的食品随机进行外观查验和必要检验,并在供餐合同(或者协议)中明确约定不合格食品的处理方式。

　　鼓励母乳喂养,为哺乳母亲设立喂奶室,配备流动水洗手等设施、设备。

　　托育机构乳儿班和托小班设有配餐区,位置独立,备餐区域有流动水洗手设施、操作台、调配设施、奶瓶架,配备奶瓶清洗、消毒工具,配备奶瓶、奶嘴专用消毒设备,配备乳类储存、加热设备。

　　托育机构应配备食品安全管理人员,并制定食堂管理人员、从业人员岗位工作职责,食品安全管理人员及从业人员上岗前应当参加食品安全法律法规和婴幼儿营养等专业知识培训。

　　婴幼儿膳食应有专人负责,班级配餐由专人配制分发,工作人员与婴幼儿膳食要严格分开。

　　做好乳类喂养、辅食添加、就餐等工作记录。

2. 膳食和营养要求

　　托育机构应根据不同月龄(年龄)婴幼儿的生理特点和营养需求,制定符合要求的食谱,并严格按照食谱供餐。

　　食谱按照不同月龄段进行制定和实施,每1周或每2周循环1次。食谱要具体到每餐次食物品种、用量、烹制或加工方法及进食时间。

　　主副食的选料、洗涤、切配、烹调方法要适合不同月龄(年龄)婴幼儿,减少营养素的损失,符合婴幼儿清淡口味,达到营养膳食的要求。烹调食物注意色、香、味、形,提高婴幼儿的进食兴趣。

　　食谱中各种食物提供的能量和营养素水平,参照中国营养学会颁布的《中国居民膳食营养素参考摄入量(DRIs)(2013)》推荐的相应月龄(年龄)婴幼儿每日能量平均需要量(EER)和推荐摄入量(RNI)或适宜摄入量(AI)确定。

　　食谱各餐次热量分配:早餐提供的能量约占一日的30%(包括上午10点的点心),午餐提供的能量约占一日的40%(含下午3点的午后点心),晚餐提供的能量约占一日的30%(含晚上8点的少量水果、牛奶等)。

　　食谱中各种食物的选择原则以及食物用量,参照中国营养学会颁布的《7—24月龄婴幼儿喂养指南(2016)》《学龄前儿童膳食指南(2016)》中膳食原则,以及《7—24月龄婴幼儿平衡膳食宝塔》《学龄前儿童平衡膳食宝塔》中建议的食物推荐量范围。

　　半日托及全日托的托育机构至少每季度进行一次膳食调查和营养评估。提供一餐的托育机构(含上、下午点心)每日能量和蛋白质供给量应达到相应建议量的50%以上;提供两餐的托育机构,每日能量和蛋白质供给量应达到相应建议量的70%以上;提供三餐的托育机构,每日能量和蛋白质和其他营养素的供给量应达到相应建议量的80%以上。

　　三大营养素热量占总热量的百分比是蛋白质12%—15%,脂肪30%—35%,碳水化合物

50%—65%。优质蛋白质占蛋白质总量的50%以上。

有条件的托育机构可为贫血、营养不良、食物过敏等婴幼儿提供特殊膳食,有特殊喂养需求的,婴幼儿监护人应当提供书面说明。

定期进行生长发育监测,保障婴幼儿健康生长。

第六节　《托育机构负责人培训大纲(试行)》和《托育机构保育人员培训大纲(试行)》的内容与解读

2021年8月,国家卫生健康委办公厅发布了《关于印发〈托育机构负责人培训大纲(试行)〉和〈托育机构保育人员培训大纲(试行)〉的通知》,要求各级卫生健康部门要统筹做好托育机构负责人和保育人员岗位培训总体规划,开发高质量培训指导教材和资源库,并对托育机构负责人和保育人员培训机构加强监管遵照执行《托育机构负责人培训大纲(试行)》(以下简称《负责人大纲》)和《托育机构保育人员培训大纲(试行)》(以下简称《保育人员大纲》)。

一、《负责人大纲》和《保育人员大纲》的出台背景与意义

当前,我国的托育行业刚刚起步,托育人才缺口较大,托育人才素质整体较低,托育人才规范化、标准化建设尚不能匹配高质量发展的目标。托育人才队伍培训缺乏相关制度设计,培训机构的培训资质和培训质量缺乏规范管理,培训机会、培训内容和培训标准无章可循且缺乏监督,培训效果无从保证。根据2019年国家卫生健康委人口家庭司委托课题组在北京、南京、上海等13个城市开展的托育服务供需调研,仅有13.38%的托育人员有机会参与机构外组织的培训,且内容大多是针对托育机构共同开展的疾病防控和保健类培训。[①]

我国日益关注和重视托育服务人才队伍建设的问题。在《指导意见》中,"加强队伍建设"被设置为照护服务发展的保障措施之一。《设置标准》和《管理规范》也从岗位要求、任职资格、人员配备、健康状况等方面对托育人员提出了明确要求。

《负责人大纲》和《保育人员大纲》分别从培训方式、培训目标、培训内容、培训原则和培训考核等方面对托育机构负责人和保育人员的培训作出了明确、具体的规定。两个培训大纲的制定有助于推动托育人才队伍的规范化和标准化建设,深入贯彻《指导意见》精神,切实加强人才队伍建设。

---

① 洪秀敏,朱文婷,张明珠,刘倩倩."十四五"时期我国托育服务人才队伍建设的战略思考[J].学前教育,2020(12):4—8.

二、《负责人大纲》和《保育人员大纲》的主要内容

（一）培训对象

《负责人大纲》的培训对象：拟从事或正在从事托育机构管理工作的负责人。

《保育人员大纲》的培训对象：拟从事或正在从事托育机构保育工作的保育人员。

（二）培训方式

负责人培训和保育人员培训都采用理论和实践相结合、线上与线下相结合的方式。

负责人培训总时间不少于 60 学时，其中理论培训不少于 40 学时，实践培训不少于 20 学时。

保育人员培训总时间不少于 120 学时，其中理论培训不少于 60 学时，实践培训不少于 60 学时。

（三）培训目标

通过培训，使参训托育机构负责人端正办托思想，正确理解贯彻党和国家的托育服务方针政策；规范办托行为，具备履行岗位职责必备的基本知识与能力；增强管理能力，能够科学组织与管理托育机构。

通过培训，使参训保育人员熟悉托育服务法规与政策，树立法治意识与规范保育思想；学习保育工作的基本技能与方法，强化安全保育意识；掌握婴幼儿早期发展与回应性照护的知识与策略，提升科学保育素养。

（四）培训内容

1. 理论培训内容

（1）托育机构负责人培训的理论培训内容由以下九个部分构成。

① 法律法规和政策文件。《中华人民共和国未成年人保护法》《中华人民共和国母婴保健法》《中华人民共和国母婴保健法实施办法》《中华人民共和国食品安全法》《托儿所幼儿园卫生保健管理办法》等相关法律法规，《国务院办公厅关于促进 3 岁以下婴幼儿照护服务发展的指导意见》《托育机构设置标准（试行）》《托育机构管理规范（试行）》《托儿所、幼儿园建筑设计规范》《建筑设计防火规范》《托育机构登记和备案办法（试行）》《托育机构保育指导大纲（试行）》《托育机构婴幼儿伤害预防指南（试行）》《婴幼儿喂养健康教育核心信息》等相关政策文件。

② 职业道德。职业认同，岗位职责，行业规范，儿童权利，婴幼儿家庭合法权益，心理健康知识。

③ 专业理念。儿童观，保育观，与家庭、社区合作共育观念，医育结合理念。

④ 规范发展。登记备案，托育服务协议签订，收托健康检查，收托信息管理，信息公示，

机构发展规划,机构发展反思与改进。

⑤ 卫生保健知识。室内外环境卫生,设施设备、用品、材料等卫生消毒,婴幼儿常见疾病、传染病、伤害的预防与控制,科学喂养与膳食添加,睡眠环境与照护,晨午检与全日健康观察,体格锻炼,心理行为保健,工作人员健康管理。

⑥ 安全防护。安全消防知识,食品安全知识,场地设施,婴幼儿适龄的家具、用具、玩具、图书、游戏材料配备要求,安全防护措施和检查,突发事件应急预案与处理。

⑦ 保育管理。婴幼儿生理、心理发展知识,一日生活和活动安排与组织,生活与卫生习惯培养,动作、语言、认知、情感与社会性等方面保育要点,户外活动要求与组织,游戏安排与组织,环境创设与利用。

⑧ 人员队伍管理。人员配备与资格要求,人员劳动合同签订,人员合法权益保障,人员职位晋升与工作激励,人员岗前培训与定期培训,人员安全与法治教育,人员专业发展规划,人员心理健康管理。

⑨ 外部关系。家长会议、家长接待与咨询、家长委员会、家长开放日等与家庭合作相关的要求与策略,向家庭、社区提供照护服务和指导服务的内容与策略,配合主管部门业务指导的内容与要求。

(2) 托育机构保育人员培训的理论培训内容由以下八个部分构成。

① 法律法规和政策文件。《中华人民共和国未成年人保护法》《中华人民共和国母婴保健法》《中华人民共和国母婴保健法实施办法》《托儿所幼儿园卫生保健管理办法》等相关法律法规;《国务院办公厅关于促进3岁以下婴幼儿照护服务发展的指导意见》《托育机构设置标准(试行)》《托育机构管理规范(试行)》《托育机构保育指导大纲(试行)》《托育机构婴幼儿伤害预防指南(试行)》《婴幼儿喂养健康教育核心信息》等相关政策文件。

② 职业道德。职业规范,职业责任,儿童权利保护,专业认同,人文素养,心理健康等。

③ 专业理念。儿童观,保育观,医育结合理念等。

④ 卫生保健知识。卫生与消毒,物品管理,生长发育监测,体格锻炼,心理行为保健,婴幼儿常见病预防与管理,传染病预防与控制,健康信息收集。

⑤ 安全防护。食品安全知识,环境与设施设备防护安全,婴幼儿常见伤害预防与急救,意外事故报告原则与流程等。

⑥ 生活照料。各月龄营养与喂养要点,进餐照护、饮水照护、睡眠照护、生活卫生习惯培养、出行照护等。

⑦ 早期发展支持。婴幼儿生理、心理发展知识,婴幼儿个体差异与支持,特殊需要婴幼儿识别与指导,活动设计与组织等。

⑧ 沟通与反思。日常记录与反馈,与家庭、社区沟通合作,家庭、社区科学养育指导,保育实践反思等。

2. 实践培训内容

(1) 托育机构负责人培训的实践培训内容由以下四个部分构成。

① 机构规范设置。托育机构场地、建筑设计、室内外环境、设施设备、图书与游戏材料等规范设置的实践观摩与学习。

② 日常管理制度。信息管理、健康管理、膳食管理、疾病防控、安全防护、人员管理、人员培训、财务管理、家长与社区联系等制度的建立与实施，年度工作计划制定与定期报告，托育机构质量评估制度的建立与落实。

③ 保育活动组织。入托、晨检、饮食、饮水、如厕、盥洗、睡眠、游戏、离托等一日生活安排与指导，动作、语言、认知、情感与社会性等保育活动组织与指导，环境创设，照护服务日常记录和反馈，保育人员工作的检查和评估。

④ 应急管理训练。婴幼儿常见伤害急救基本技能，防范、避险、逃生、自救的基本方法，消防、安全保卫等演练，突发意外伤害的处理程序，安全突发事件应急处理程序。

（2）托育机构保育人员培训的实践培训内容由以下八个部分构成。

① 卫生消毒。活动室、卧室等室内外环境卫生清扫、检查和预防性消毒，抹布、拖布等卫生洁具的清洗与存放，床上用品、玩具、图书、餐桌、水杯、餐巾等日常物品的清洁与预防性消毒。

② 健康管理。晨午检及全日健康观察，运动和体格锻炼，健康行为养成，计划免疫宣传与组织等。

③ 疾病防控。发热、呕吐、腹泻、惊厥、上呼吸道感染等常见疾病的识别、预防与护理，手足口、疱疹性咽炎、水痘、流感等婴幼儿常见传染病的识别、报告与隔离，贫血、营养不良、肥胖等营养性疾病，先心病、哮喘、癫痫等疾病婴幼儿的登记和保育护理。

④ 安全防护。窒息、跌倒伤、烧烫伤、溺水、中毒、异物伤害、动物致伤、道路交通伤害等常见伤害急救技能，地震等重大自然灾害的逃生流程与演练，火灾、踩踏、暴力袭击等突发事件的预防与应急处理。

⑤ 饮食照护。膳食搭配，辅食添加，喂养方法，进餐环境创设，进餐看护与问题识别，独立进餐、专注进食、不挑食等饮食习惯培养，辅助婴幼儿水杯饮水等。

⑥ 睡眠照护。睡眠环境创设，困倦信号识别，睡眠全过程观察、记录与照护；规律就寝、独立入睡等睡眠习惯培养，睡眠问题的识别与应对，婴幼儿睡眠的个别化照护等。

⑦ 清洁照护。刷牙、洗手、洗脸、漱口和擦鼻涕等盥洗的方法，便器的使用方法，尿布/纸尿裤/污染衣物的更换，便后清洁的方法，如厕习惯培养，婴幼儿大、小便异常的处理等。

⑧ 活动组织与支持。一日生活和活动的安排，生活和活动环境的创设与利用，活动材料的配备，动作、语言、认知、情感与社会性等活动的组织与实施，游戏活动的支持与引导，婴幼儿行为观察与分析，婴幼儿需求的识别与回应等。

（五）培训原则

托育机构负责人培训和保育人员培训都遵循以下三个原则。

1. 岗位胜任原则

培训应以托育机构负责人、保育人员岗位要求为重点，通过系统培训引导与自主学习反思相结合的方式,促进托育机构负责人、保育人员明晰岗位工作任务,具备胜任岗位职责的基本知识与能力。

2. 需求导向原则

培训应以托育机构负责人在管理工作中的重点与难点、保育人员在保育工作中的重点与难点为出发点,综合考虑岗位需求和发展需要,按需施教,优化培训内容,确保托育机构负责人学以致用、用以促学、学用相长,确保托育机构保育人员所学即所需、所学即所用、学用相长。

3. 多元方式原则

培训可通过专题讲座、网络研修、研讨交流、案例分析、返岗实践等多元方式,借助互联网等手段,推动托育机构负责人、保育人员理论学习和现场观摩相结合、线上学习与线下研修相结合,提高培训的便捷性、有效性。

（六）培训考核

托育机构负责人培训和保育人员培训的考核内容都分为理论考试和实践技能考核两部分,各级卫生健康部门负责对培训效果进行抽查。

第七节　《托育综合服务中心建设指南(试行)》的内容与解读

根据《国务院办公厅关于促进3岁以下婴幼儿照护服务发展的指导意见》《国家发展改革委民政部国家卫生健康委关于印发〈"十四五"积极应对人口老龄化工程和托育建设实施方案〉的通知》等有关文件要求,依据国家卫生健康委《托育机构设置标准(试行)》《托育机构管理规范(试行)》及相关法律法规标准规范,国家卫生健康委组织制定了《托育综合服务中心建设指南(试行)》(以下简称《建设指南》),于2021年12月发布。

该指南适用于托育综合服务中心的新建、改建和扩建工程项目。

一、《建设指南》的出台背景与意义

我国的托育服务仍处于起步阶段,既面临需求不断扩大、投资快速增长的发展机遇,也面临设施缺口大、运营成本高、人才供给不足等挑战。

2021年6月,《国家发展改革委民政部国家卫生健康委关于印发"十四五"积极应对人口老龄化工程和托育建设实施方案〉的通知》发布。该通知指出,"十四五"时期我国养老、托育服务体系建设面临的需求更为迫切,加强养老、托育服务体系建设,是在发展中保障和改善民生的基础性工程,是贯彻落实全面建设社会主义现代化强国任务要求的具体实践。同时,该通知提出了到2025年,不断发展和完善普惠托育服务体系的发展目标。

《建设指南》从项目构成和建设规模、选址与规划布局、建筑与建筑设备等方面为托育综合服务中心的建设提供了技术要求和指导,对地方做好公办托育服务能力建设项目申报工作有指导作用,同时也为政府安排中央预算内投资予以支持提供了参考和依据,有助于促进《实施方案》的贯彻落实。

二、《建设指南》的主要内容

(一) 总则

1. 统筹规划,科学布局

托育综合服务中心的建设,应当综合考虑城乡区域发展特点,根据经济社会发展水平、本地工作基础和3岁以下婴幼儿家庭需求,优化资源配置,统筹设施数量、规模和布局。

2. 规范建设,示范引领

托育综合服务中心的建设,应发挥示范引领、带动辐射作用,为托育服务机构高质量建设提供技术支撑及样板标杆,努力做到规模适度、功能完善、环境安全、装备适宜、经济合理。

3. 创新机制,多方协作

托育综合服务中心的建设,应积极争取地市级及以上政府发挥支持引导作用,充分调动社会力量积极参与,建立健全项目立项、建设、运营等机制,为托育服务健康发展提供综合保障。

(二) 项目构成与建设规模

(1) 托育综合服务中心建设项目由场地、房屋建筑和建筑设备组成。

① 场地包括建筑占地、道路、室外活动场地、绿地等;

② 房屋建筑包括托育服务用房、托育从业人员培训用房、托育产品研发和标准设计用房、婴幼儿早期发展用房、监督管理用房和设备辅助用房等;

③ 建筑设备包括给排水系统、暖通空调系统、电气系统、智能化系统及电梯等。

(2) 托育综合服务中心建筑面积宜为 $3\,000\,m^2$ 以上。根据项目建设的实际情况和具体要求,可调整相应建筑面积。

(3) 托育综合服务中心的托位数可根据当地实际需要设置相应的托位,原则上建设托位规模在 150 个以内为宜,可相应设置乳儿班(6—12 个月,10 人以下)、托小班(12—24 个月,15 人以下)、托大班(24—36 个月,20 人以下)三种班型。18 个月以上的婴幼儿可混合编班,每个班不超过 18 人。

（4）托育服务用房主要包括婴幼儿活动用房、服务管理用房和附属用房等，每托位建筑面积不应少于 12 m²。托育服务用房参照此部分用房相关标准和规范执行。在托育机构建设标准正式发布前，公办托育服务机构可参照此部分用房进行建设。

（5）托育从业人员培训用房可包括实训室、培训室、教师办公室等，并可根据需要设置绘画室、手工室、辅食制作室、讨论室、报告厅、教研室、远程示教室等。

（6）托育产品研发和标准设计用房可根据研发业务需要设置，可包括研发室、标准设计室、教具制作室、从业人员培训教材编写室、绘本创作室、影音制作室、模拟体验室、产品展示厅等，建筑面积宜为 600—800 m²。鼓励相邻城市或区域共建共享，集中进行产品研发和标准设计。

（7）婴幼儿早期发展用房可包括养育照护指导室、早期发展指导室、营养膳食指导室、婴幼儿情景体验区、互联网家长课堂、工作人员办公室等，建筑面积宜为 1 000—1 200 m²。

（8）监督管理用房可根据协助监管相关业务需要设置，可包括监控管理室、信息机房、资料存储室、办公室等，建筑面积宜为 400—600 m²。

（9）设备辅助用房包括变配电室、空调机房、进排风机房、消防水泵房、给水泵房、智能化系统机房、车库等。车库建筑面积应根据所在地区的相关要求确定并另行增加。

（三）选址与规划布局

（1）托育综合服务中心的选址应符合城乡总体发展规划要求，结合人口发展、群众需求等因素，合理布点，保障安全。

（2）托育综合服务中心的选址应满足以下要求：

① 宜交通便利、环境安静、符合卫生和环保要求；宜远离对婴幼儿成长有危害的建筑、设施及污染源；

② 应具有较好的工程地质条件和水文地质条件；

③ 周边应有便利的供水、供电、排水、通信及市政道路等公用基础设施；

④ 宜有良好的自然通风和采光条件。

（3）托育综合服务中心宜独立设置。当与其他建筑合并设置时，宜设置在低层区域，自成一区，并应设置独立的出入口。

（4）托育综合服务中心主入口不宜直接设在城市主干道或过境公路干道一侧，机构外宜设置人流缓冲区和安全警示标志，独立园区周围宜设置围墙。

（5）托育综合服务中心的规划布局应功能分区明确、方便管理、节约用地。

（6）托育综合服务中心应设置婴幼儿室外活动场地。室外活动场地面积每托位宜为 2—5 m²，宜有良好的日照和通风条件，并应设置安全防护设施。当与其他设施共用活动场地时，应考虑共用时的安全防护措施，并方便照护。

（7）托育综合服务中心停车宜符合当地有关规定。场地内设汽车库（场）时，应与婴幼儿室外活动场地分开，并宜设置家长接送临时停车区域。

（8）托育综合服务中心绿化用地宜符合当地有关规定。绿化用地面积每托位不宜低于 $1.5—3\,m^2$，绿地中严禁种植有毒、有刺、有飞絮、病虫害多、有刺激性的植物。

（四）建筑与建筑设备

（1）托育综合服务中心的建设，应贯彻安全、适用、经济、节能、环保的原则，应功能完善、分区明确，托育服务用房应适合婴幼儿身心健康发展。

（2）托育服务用房应为独立区域，宜有良好朝向；托育从业人员培训用房、托育产品研发和标准设计用房、婴幼儿早期发展用房及监督管理用房宜自成一区。

（3）托育服务用房应设置在二层及以下部分，应设独立出入口，婴幼儿活动用房不应设在地下室、半地下室，应满足婴幼儿生活、活动等功能需要。

（4）托育服务用房的室内装修和设施应符合下列规定：

① 入口晨检接待厅应宽敞明亮，有利于人流集散通行，宜设置家长等候区、婴儿车存放区；

② 每个婴幼儿应有一张床位，不应设双层床，床侧不宜紧靠外墙布置；睡眠和活动区合并设置的，应设置床位的收纳空间；

③ 婴幼儿活动区域的室内房间高度和走廊宽度应符合婴幼儿活动和照护的要求，楼梯扶手、栏杆、踏步高度和宽度应满足婴幼儿使用、保护婴幼儿安全的要求；

④ 婴幼儿卫生间宜邻近活动区或睡眠区设置，宜分间或分隔设置；卫生间不宜设置台阶，应设婴儿护理台和婴儿冲洗设施；托小班和托大班宜设适合幼儿使用的卫生器具，每班宜设 2—4 个大便器、2—3 个小便器、3—5 个适合幼儿使用的洗手池或盥洗台水龙头，便器之间宜设隔断；可结合需求设置成人卫生间；

⑤ 母婴室宜邻近婴幼儿生活空间，宜设尿布台、洗手池等设施；

⑥ 隔离室宜设置独立卫生间，具有良好通风；

⑦ 餐食准备区宜相对独立，与婴幼儿活动用房宜有一定距离。

（5）婴幼儿活动区域应满足以下要求：

① 宜设双扇平开门，不应设置弹簧门、推拉门、旋转门，不宜设置门槛，宜设置门扇固定装置；门应设置观察窗，采用安全玻璃；

② 婴幼儿活动区域宜采用柔性、易清洁的楼地面材料；有水房间地面应采用防滑材料；墙面宜选用环保、耐久、易清洁和美观的材料；宜选用吸声降噪材料，并适合婴幼儿心理特点的色彩；内墙阳角、柱子及窗台宜做成小圆角；

③ 婴幼儿活动区域窗台距楼地面不宜高于 $0.6\,m$，当窗台面距楼地面高度低于 $0.9\,m$ 时，应采取防护措施，防护高度应从可踏部位顶面起算，不应低于 $0.9\,m$；

④ 婴幼儿活动区家具宜适合婴幼儿尺度、防蹬踏，边缘宜做成小圆角，桌椅和玩具柜等家具表面及婴幼儿手指可触及的隐蔽处，均不得有锐利的棱角、毛刺及小五金部件的锐利尖端；

⑤ 婴幼儿活动用房应有直接天然采光，并应满足相应的日照要求。卫生间、未设外窗的

房间等宜设置通风设施。

（6）托育从业人员培训用房应满足以下要求：

① 实训室应按照睡眠、活动、饮食、如厕等婴幼儿活动内容分设不同的区域，在每个区域配置不同的家具和相应设施；

② 主要培训用房室内采光宜均匀明亮，采光应符合建筑采光设计标准的要求，严禁使用有色玻璃，并应防止眩光。

（7）托育产品研发和标准设计用房应满足以下要求：

① 影音制作用房应有相应的隔声措施，满足影音制作要求，并避免对周边用房的干扰；

② 标准设计用房应有标准化教具、器材展示、存放的空间；

③ 产生噪声的教具制作用房应相对独立，并有良好的隔声措施。

（8）婴幼儿早期发展用房应满足以下要求：

① 宜设置相对独立的出入口和等候区、婴儿车存放区等；

② 应按照活动类别，动静分区：咨询室、评估室、指导室、工作人员办公室宜设置在"静区"，婴幼儿情景体验区、多功能活动室、多媒体教室、亲子课堂宜设置在"动区"；

③ 宜结合成人卫生间设置婴幼儿卫生设施，或设置独立的婴幼儿卫生间；应设置母婴室，使用面积不应低于 10 m^2；

④ 母婴室应设置洗手盆、婴儿尿布台及桌椅等必要的家具；可与托育服务用房母婴室合并使用；

⑤ 灯具的选择和照度应满足各区域活动要求，并应防止眩光。

（9）监督管理用房应满足以下要求：

① 监督管理用房应相对独立、自成一区，宜设置在相对安静的区域，机房不应布置在用水区域的正下方，宜避免设置在顶层；

② 监控管理室、信息机房的设备布置应满足机房管理、人员操作和安全、设备散热、安装维护要求；宜采用防静电架空地面；新建项目净高应根据机柜高度及通风要求确定；

③ 监控管理室、信息机房的温度、相对湿度应满足电子信息设备的使用要求。

（10）托育综合服务中心的抗震、消防应符合现行国家相关标准的规定。

（11）托育综合服务中心的给水应符合现行国家标准《生活饮用水卫生标准》的规定。婴幼儿活动区域的电热水器等应有防止幼儿接触的保护措施。

（12）设置集中采暖系统的婴幼儿活动用房，散热器宜暗装。采用电采暖，必须有可靠的安全防护措施。

（13）托育综合服务中心的供电设施应安全可靠。室内照明宜采用带保护罩的节能灯具，应安装应急照明灯。婴幼儿活动用房应采用安全型插座。

（14）托育综合服务中心应根据使用特点和需求，设置相适应的智能化及信息系统，充分利用互联网、大数据、物联网、人工智能等技术，推动线上实景教学、线下线上融合，加强安全监督和防控。

（五）相关指标

（1）托育综合服务中心的投资估算应按国家现行有关规定编制，并根据工程实际内容及价格变化的情况，按照动态管理的原则进行调整。

（2）新建独立托育综合服务中心应根据使用要求、区域特点，合理确定投资。

（3）托育综合服务中心的经济评价和后评估应按照国家现行有关建设项目经济评价方法与参数的规定执行。

第八节　地方性政策举例：上海市托育机构相关规定

2018 年 4 月，上海市人民政府办公厅印发了《上海市 3 岁以下幼儿托育机构管理暂行办法》，上海市教育委员会等 16 部门共同制定《上海市 3 岁以下幼儿托育机构设置标准（试行）》。

《上海市 3 岁以下幼儿托育机构管理暂行办法》和《上海市 3 岁以下幼儿托育机构设置标准（试行）》中的托育机构都指的是在上海市行政区域内，由社会组织、企业、事业单位或个人举办，面向 3 岁以下，尤其是 2—3 岁幼儿实施保育为主、教养融合的幼儿照护的全日制、半日制、计时制机构。幼儿园托班和托儿所不适用这两个文件。

一、《上海市 3 岁以下幼儿托育机构管理暂行办法》和《上海市 3 岁以下幼儿托育机构设置标准（试行）》的出台背景与意义

上海市也存在市民对 0—3 岁婴幼儿托育服务的需求与托育服务发展不平衡不充分的矛盾。全国妇联妇女研究所的数据显示，在上海接受调查的家长中，有 95% 认为有必要发展托育服务，超 20% 的家长有过找不到托儿所的经历。上海市妇联的调查数据也显示，88% 的上海户籍家庭需要婴幼儿托育服务。虽然我国有祖辈帮助带养孩子的传统，但上海市科学育儿基地 2014 年的调查显示，作为幼儿的主要带养者，有近一半的祖辈实际上处于"无可奈何"的窘境。①

上海市一方面坚持以家庭养育为主的基本定位，努力加强对家庭科学育儿知识的指导；另一方面坚持政府引导，支持社会多方参与，充分调动社会力量，营造共同承担社会责任的托育服务氛围。《上海市 3 岁以下幼儿托育机构管理暂行办法》和《上海市 3 岁以下幼儿托育机构设置标准（试行）》遵循幼儿的身心发展规律，顺应托幼一体化的发展趋势，根据有关法律法规和相关政策要求而制定，保障了托育机构托育服务的专业性，有助于促进托育机构健康有序发展。

---

① 吴苏贵，钱洁，李显波，李银雪.进一步完善上海 0—3 岁婴幼儿托育服务体系[J].科学发展，2018(03)：49—53.

二、《上海市 3 岁以下幼儿托育机构管理暂行办法》和《上海市 3 岁以下幼儿托育机构设置标准（试行）》的主要内容

（一）托育机构举办者的资格

具有独立法人资格的社会组织、企业、事业单位和具有中华人民共和国国籍的个人可以申请举办托育机构。其中事业单位出资举办的，应当经其上级主管单位批准同意；国有及国有控股企业投资举办的，应当向对其国有资产负有监管职责的机构履行备案手续。个人申请举办的，应当具有政治权利和完全民事行为能力。

此外，企事业单位、园区和商务楼宇，面向本单位、园区和商务楼宇内职工适龄幼儿提供免费福利性托育服务的，可以申请举办托育点。

（二）托育机构的设立申请

申请举办托育机构，需提交以下材料：

（1）举办者资格证明；

（2）场地证明，自有场所的，应当提供房屋产权证明，租赁场所的，应当提供出租方的房屋产权证明以及具有法律效力的租赁协议；

（3）由区公安、消防部门出具的消防安全合格证明文件；

（4）由区级及以上卫生计生部门指定的医疗卫生机构出具的《托育机构卫生评价报告》；

（5）由区市场监督管理部门出具的《食品经营许可证》；

（6）从业人员资格证明材料，包括身份证明、学历证明、健康证明、从业资格证明等。

申请人应当如实提供有关材料情况，并对所提交材料的真实性负责。

（三）托育机构的选址和建筑设计要求

托育机构在选址、建筑设计等方面均应遵循以保障安全为先的原则。

托育机构在选址上要符合下列要求：

（1）地质条件较好、环境适宜、空气流通、日照保障、交通方便、场地平整干燥、排水通畅、基础设施完善、周边环境适宜、邻近绿化带、符合卫生和环保要求的宜建地带；

（2）避开可能发生地质灾害和洪水灾害的区域等不安全地带，避开加油站、输油输气管道和高压供电走廊等；

（3）不得与公共娱乐场所、集市、批发市场等人流密集、环境喧闹、杂乱或不利于幼儿身心健康成长的建筑物及场所毗邻，远离医院、垃圾及污水处理站等危及幼儿安全的各种污染源，远离城市交通主干道或高速公路等，符合国家现行有关卫生、防护标准的要求。

托育机构的举办者应当提供能满足使用功能要求、与举办项目和举办规模相适应的场地和建筑。

租用场地的，租赁期限自申请开办托育机构之日起不得少于 3 年。新建、改建、扩建托育

机构应符合国家和上海市有关抗震、消防等规定要求。利用房龄 20 年以上的既有建筑提供托育服务的,须通过房屋结构安全检测。托育机构建筑面积不应低于 360 m² (只招收本单位、本社区适龄幼儿且人数不超过 25 人的,建筑面积不低于 200 m²),且幼儿人均建筑面积不低于 8 m²;户外场地符合《托儿所、幼儿园建筑设计规范》的要求。

托育机构不得将幼儿生活用房设置在地下或半地下,建筑布局、结构、防火、各室及区域的设计、层高、走廊、楼地面、内外墙、门窗等均应当符合相关建筑设计规范,托育机构的消防设计、技防及物防建设应当符合国家和上海市等相关部门颁布的各项标准。

(四) 对托育机构的从业人员的要求

1. 人员基本条件方面

托育机构的从业人员应具有完全民事行为能力,品行良好,身心健康,热爱儿童,热爱保育工作。托育机构负责人应具有政治权利。

2. 人员配备标准方面

托育机构应当配备育婴员、保健员、保育员、营养员、财会人员、保安员等从业人员。收托幼儿数应与从业人员之间保持合理比例,每班应配育婴员和保育员,且育婴员不得少于 1 名,2—3 岁幼儿与保育人员的比例应不高于 7∶1,18—24 个月幼儿与保育人员的比例应不高于 5∶1,18 个月以下幼儿与保育人员(育婴员和保育员)比例不得高于 3∶1。

3. 人员资质要求方面

托育机构专职负责人应当具有大专及以上学历,同时具有教师资格证和育婴员四级及以上国家职业资格证书,有从事学前教育管理工作 6 年及以上的经历;育婴员应当具有大专及以上学历,并取得育婴员四级及以上国家职业资格证书;保健员应当具有中等卫生学校、幼师或高中以上文化程度,经过本市妇幼保健机构组织的卫生保健专业知识培训并考核合格;保育员应当取得保育员四级及以上国家职业资格证书;保健员、营养员等托育机构食品安全管理人员、关键环节操作人员应当取得食品安全知识培训考核合格证书;保安员应当由获得公安机关颁发的《保安服务许可证》的保安公司派驻,并应经公安机关培训取得《保安员证》。

4. 人员培训管理方面

要加强对托育服务从业人员职后教育培训,建立人员培训、职级评定等制度,并按规定组织和支持从业人员参加继续教育进修活动,不断提高托育服务队伍的素质;要加强托育服务从业人员管理,建立准入标准、评估监测和黑名单制度,加强事中事后监管。

(五) 托育机构的分类及相应申办流程

1. 托育机构的分类

托育机构分为营利性和非营利性两类。非营利性托育机构不以营利为目的,利用非国家财政性经费捐助申请设立,经业务主管单位同意后,在民政部门办理民办非企业单位法人登记;营利性托育机构利用非国家财政性经费和非捐助资产设立,在工商(市场监督管理)部门办理公司制法人登记。

2. 托育机构的申办

申请举办非营利性托育机构的,举办者需向所在区业务主管单位递交相关证明材料。经区业务主管单位审查同意后,举办者向区民政部门提交申请办理民办非企业单位法人登记,并按照实际条件和服务方式申请登记为全日制、半日制或计时制托育机构。民政部门完成法人登记后及时将信息推送区业务主管单位。非营利性托育机构完成法人登记后,应当及时办理《食品经营许可证》。对符合运营要求的,区托育服务管理机构将向举办者发放《依法开展托育服务告知书》。

申请举办营利性托育机构的,举办者应当向所在区工商(市场监督管理)部门办理公司制法人登记,经营范围内注明全日制、半日制、计时制托育服务,并提交《托育服务告知承诺书》。区工商(市场监督管理)部门完成公司制法人登记后,及时将相关信息推送教育行政部门。区托育服务管理机构获得信息后,会在20个工作日内组织协调相关职能部门开展并完成检查。对符合要求的,由区托育服务管理机构向举办者发放《依法开展托育服务告知书》。对不符合要求的,各相关职能部门会依法告知,要求举办者限期整改;整改不达标仍从事经营活动的,由相关职能部门依法查处。

举办免费福利性托育点的,举办者情况、卫生评价情况、消防安全情况、场所情况等信息需在所在地区托育服务管理机构备案,并在区相关职能部门指导下由区托育服务管理机构牵头组织相关职能部门进行核查,达到托育机构设置标准和托育机构管理暂行办法相关要求的,方可正式运营。

(六) 上海市托育机构的管理

1. 管理主体

上海市教育行政部门牵头管理本市托育服务工作,会同各相关职能部门对托育机构进行监督管理和业务指导。市、区托育服务管理机构负责指导和管理托育机构开展托育服务工作,组建专业巡查队伍,对托育机构的人员配备、设施设备条件、管理水平、服务质量等开展检查。

2. 管理内容

对托育机构的管理包括证件管理、保育管理、人员管理、安全管理、卫生保健管理、收费与财务管理等方面。

在证件管理方面,托育机构应当在公开场所的显著位置公示法人登记证明以及依法开展经营的相关文件。

在保育管理方面,托育机构应当贯彻以保育为主、教养融合的原则,把幼儿的安全、健康和照护工作放在首位,严禁虐待、歧视、体罚或变相体罚等损害幼儿身心健康的行为。

在人员管理方面,托育机构应当按照《上海市 3 岁以下幼儿托育机构设置标准(试行)》配齐配足有相应资质的育婴员、保健员、保育员、营养员、财会人员、保安员等从业人员;有刑事犯罪记录、有吸毒记录和精神病史、未取得健康证明以及其他不适宜从事托育服务的,不得在托育机构工作;从业人员患传染病期间须暂停在托育机构的工作。

在安全管理上,托育机构法定代表人和托育点举办者是安全工作的第一责任人,托育机构应实施安全封闭管理,落实人防、技防和物防等基本建设要求,实现监控全覆盖,报警系统确保 24 小时设防,并同区域报警中心联网。制定突发事件应对预案,加强日常安全管理,消除各类安全隐患。

在卫生保健管理方面,托育机构应严格执行国家有关食品药品安全的法律法规,保障饮食饮水卫生安全,切实做好日常健康检查、疾控预防等卫生保健工作。

在收费和财务管理上,托育机构(不含托育点)应当按月收取托育服务费,托育机构的收费项目、标准及退费办法等要接受所在地区市场监督管理部门和业务主管部门的监督检查;托育机构的资产使用和财务管理,应当接受财政、审计、行业主管部门以及社会各方面的监督检查。

（七）上海市托育机构的综合监管

上海市将对托育机构实施市、区、街镇三级联动的综合监管机制。一是日常检查机制。建立举办者自查、区托育服务管理机构网上巡查、区相关职能部门抽查和街镇牵头联合检查相结合的综合监管体系,开展托育服务市场违法违规行为的日常检查发现工作。二是归口受理和分派机制。建立由区托育服务管理机构牵头的归口受理机制,对巡查发现或投诉举报的线索进行初步核实,并分派到街镇或者相关职能部门。三是违法查处机制。托育机构涉及违反多个法律法规规定的,由各街镇牵头,整合区域内执法力量,会同区市场监督管理、公安、消防、卫生计生、教育、人力资源社会保障、民政等职能部门依据法定职责联合执法。涉嫌犯罪的,移交司法部门处理。

思考与练习

1. 托育机构保育的核心要义是什么?

2. 3 岁以下婴幼儿常见的伤害类型有哪些? 应如何预防?

3. 将正式印发的《设置标准》《管理规范》与之前的征求意见稿相对比,思考有何变化。

4. 综合本章中的政策文件,思考政府可以通过哪些手段来对婴幼儿照护服务机构进行规范与监管。

第五章　婴幼儿托育政策与法规的参与主体

学习目标

1. 了解行政部门的职责和管理。
2. 了解托育机构的法律地位、设立与运行。
3. 了解托育人员的权利与义务、社会关系、法律风险及其预防。
4. 了解托育机构负责人及其他工作人员在托育机构运行中承担的角色。
5. 理解托育机构中的婴幼儿在法律中的地位及与其相关的法律问题。

案例导入

2020年4月，杭州市卫健委组织开展了第一轮对托育服务机构的调研督导，对全市范围内327家婴幼儿托育服务机构进行了全面的摸底、调研、走访，重点对机构进行实地指导、政策宣传，并调研了全市托育机构的基本状况、存在问题以及发展规划，受到了到访机构的肯定和欢迎。

根据《国务院办公厅关于促进3岁以下婴幼儿照护服务发展的指导意见》的精神，0—3岁婴幼儿照护服务以家庭养育为主体，托育机构照护服务为补充。此次调研走访旨在做好杭州市0—3岁婴幼儿照护服务，推进今年民生实事项目早启动、早落实，促进托育机构规范管理工作。

以上案例表明，行政部门在托育机构运营中起着重要的管理督导作用，能够敦促托育机构参照政策法规开展工作、督促托育机构各类工作人员做好托育工作，从而进一步保障0—3岁婴幼儿的托育服务质量，服务更广泛的家庭群体。托育服务体系包括政府和社会提供的正式照料与家庭成员提供的非正式照料，涉及行政部门、托育机构、托育人员、托育机构负责人及其他工作人员、婴幼儿等多主体，这些参与主体在托育政策与法规中究竟扮演着怎样的角色？在本章，让我们逐一对这些主体进行详细解读。

本章导览

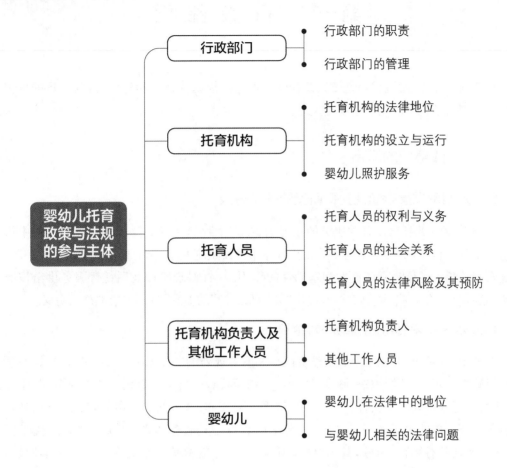

第一节　行政部门

行政部门作为公共机构,是婴幼儿托育政策与法规的执行者和建设者,其职责的承担和内部的管理对于托育政策的落实至关重要。

一、行政部门的职责

（一）明确发展婴幼儿托育职责的提出背景

0—3岁婴幼儿托育是公共服务的重要组成部分,政府在发展婴幼儿托育的过程中扮演着重要角色。目前,我国3岁前婴幼儿托育体系建设刚刚起步,作为顶层设计的重要一环,应明确政府的角色定位具有前置性和基础性的作用。[①] 针对现阶段我国托育服务供给情况及主要问题,2019年,《指导意见》首次提出"婴幼儿照护"的概念,具有重要的现实意义。

1. 发展0—3岁婴幼儿托育是政府的职责

在2010年发布的《国家中长期教育改革和发展规划纲要(2010—2020年)》中,针对学前教育财政投入不足、资源短缺、城乡发展不平衡等问题,提出了一系列相关的对策,其中提到了"重视0至3岁婴幼儿教育"。2018年11月7日发布的《中共中央国务院关于学前教育深化改革规范发展的若干意见》,提出"完善学前教育公共服务体系,切实办好新时代学前教育,更好实现幼有所育"目标,其中"幼有所育"的目标就覆盖了婴幼儿养育以及早期教育。可见,发展婴幼儿托育是政府义不容辞的责任。

《指导意见》提出通过"属地管理"和"分类指导",到2020年,初步建立婴幼儿照护服务的政策法规体系和标准规范体系,建成一批具有示范效应的婴幼儿照护服务机构;到2025年,基本健全婴幼儿照护服务的政策法规体系和标准规范体系,基本形成多元化、多样化、覆盖城乡的婴幼儿照护服务体系。《指导意见》还从家庭、社区和婴幼儿照护服务机构三大主体出发,给出了具体的指导建议;更从保障措施和组织实施两方面出发支持与确保0—3岁婴幼儿照护服务的发展。《指导意见》首次提供了国家级的指导发展意见,这也预示着我国的托育服务事业正在向好的方面发展。此外,根据《指导意见》的精神,又陆续出台了《设置标准》《管理规范》等,使托育服务更加有法可依。

2. 目前各级政府对婴幼儿托育的责任落实不到位

从全国总体情况来看,各级政府对婴幼儿托育的责任落实不到位突出表现为以下几个

---

① 杨菊华. 论政府在托育服务体系供给侧改革中的职能定位[J]. 国家行政学院学报,2018(03):89—96.

方面。

首先,政府参与举办的托育机构数量较少,不能满足我国现有的托育服务需求。举办一定数量的公办性质托育机构,能够在一定程度上引导托育市场的发展,这也是落实政府职责、保障婴幼儿托育质量的重要举措。然而,我国福利性社会托育服务体系的改变,致使目前由政府举办的托育机构以部分幼儿园附设托班为主,不能满足市场需求。

其次,社会监管体系不健全,导致托育行业行政监管缺乏。缺乏规范有效的行政监管体系是托育行业中存在已久的问题,托育行业长期在缺乏相关的设置标准、场地规范、人员配备规范,以及备案、收托、保育、健康、安全等相关管理规范的情况下发展,导致出现了不少市场乱象。近几年来,我国也在努力探索符合实际的托育服务体系的监管方法,出台了很多政策文件以保障每个孩子都能在安全、健康、促进其成长的状态下受到负责的照顾和教育。①

最后,政府财政投入不足,导致托育行业缺乏资金支持、运转困难。当前,我国托育行业缺乏政府的相关财政投入,但其在运营维护、软硬件配备上需要大量资金投入,成本相对高昂,由此导致的较高的托育费用增加了家庭的支出。因此,支持家庭早期托育的需求和托育机构的发展更加需要政府加强财政投入。

(二)行政部门发展婴幼儿托育的主要职责

《指导意见》指出政府在促进0—3岁婴幼儿照护服务发展中的主要职责包含:规划婴幼儿托育服务发展、制定政策措施、强化示范引领、强化监督管理和部门协同、加强用地保障和鼓励补贴等。因此,行政部门应该着力补强服务短板。首先,通过加强多方参与,以增加托育服务的资源供给;其次,通过各方合理分担,以搭建托育服务财力的保障机制;再次,通过拓宽培养渠道,以加快托育服务人才队伍的建设;最后,通过加强多元共治,以建立健全托育服务全过程的有效监管机制。② 具体来说,可以从以下方面促进托育行业发展。

1. 制定切实有效的政策保障措施

为促进婴幼儿健康成长、实现2025年的发展目标,各级政府必须建立完善和促进婴幼儿照护服务体系的政策法规体系。《指导意见》明确指出:各级政府要"将婴幼儿照护服务纳入经济社会发展规划和目标责任考核";同时鼓励地方各级政府探索试行与婴幼儿照护服务配套衔接的育儿假和产休假。通过政策制定和政策保障,逐步满足人民群众对婴幼儿照护服务的基本需求。

同时,《国务院办公厅关于促进养老托育服务健康发展的意见》从以下四个方面提出了具体举措,以健全老有所养、幼有所育的政策体系;扩大多方参与、多种方式的服务供给;打造创新融合、包容开放的发展环境;完善依法从严、便利高效的监管服务。

---

① 高薇,苗春凤. 新中国成立70年来托育服务的发展历程与思考[J].北京青年研究,2019,28(04):65—74.
② 张本波,魏义方. 人口政策与托育服务资源配置:进展、问题与建议[J].宏观经济管理,2019(04):36—41.

2. 强化示范托育机构的示范引领和带动辐射作用

在继续发挥市场在配置托育资源的决定性作用的同时,建设一批托育机构示范单位,充分发挥其引领辐射作用;梳理社会力量进入该市场的难点和堵点,采取多种方式鼓励和支持社会力量举办托育机构。

为落实《指导意见》的要求,经全国评比达标表彰工作协调小组同意,国家卫生健康委、国家发展改革委组织开展全国婴幼儿照护服务示范城市创建活动。该创建活动根据《关于开展全国婴幼儿照护服务示范城市创建活动的通知》和《关于做好第一批全国婴幼儿照护服务示范城市推荐申报工作的通知》,以设区的市(地、州、盟)、直辖市的区(县)为单位开展,每两年为一个周期。2022年以来,国家卫生健康委、国家发展改革委坚持公开公正、好中选优的原则,严格评审标准和程序,经城市主动申报、省级评审推荐、国家审核公示等程序,命名首批33个示范城市。这些城市对婴幼儿照护服务重视程度高,工作基础扎实,支持政策完善,普惠托育多元,创建成效明显,社会认可,群众满意。

接下来,国家卫生健康委、国家发展改革委将持续深化全国婴幼儿照护服务示范城市创建活动,认真总结经验做法,加强宣传推广,不断提高婴幼儿照护服务整体水平。

3. 建立健全各类婴幼儿照护服务机构监管体系

利用互联网等信息化手段落实各类机构主体责任,加强安全监管,督促责任落实,严防安全事故。一是制定准入制度,把好托育准入关。《指导意见》提出要依法逐步实行工作人员职业资格准入制度,对实施虐童等行为的个人和直接管理单位实行终身禁入。二是各部门必须明确自身职责,《指导意见》指出"婴幼儿照护服务发展工作由卫生健康部门牵头,发展改革、教育、公安、民政、财政、人力资源社会保障、自然资源、住房城乡建设、应急管理、税务、市场监管要按照各自职责,加强对婴幼儿照护服务的指导、监督和管理"。三是加强婴幼儿托育质量评估和监管体系的建设,保障和提高婴幼儿托育质量。2023年11月,国家卫生健康委发布推荐性卫生行业标准《托育机构质量评估标准》,自2024年4月1日起施行。

政策导引

学习《托育机构质量评估标准》。

4. 加大财政投入,加强用地保障和采取政府补贴

《指导意见》提出,可以通过政府补贴的形式,引导和动员社会力量参与托育建设;同时加强用地保障,农用地转用和新增用地适当向托育机构和设施建设倾斜。鼓励通过市场化方式,采取公办民营、民办公助等多种方式,建立和完善婴幼儿照护服务设施。其次,《国家

中长期教育改革和发展规划纲要(2010—2020 年)》明确提出:"非义务教育实行以政府投入为主、受教育者合理分担、其他多种渠道筹措经费的投入机制。"各地应当同时根据自身实际情况,努力建立起政府投入、多渠道筹措资金的婴幼儿照护服务投入及成本分担机制。最后,政府同时需要重点关注弱势婴幼儿群体,逐步设立弱势婴幼儿接受照护服务的专项经费。《指导意见》指出:"发展婴幼儿照护服务的重点是为家庭提供科学养育指导,并对确有照护困难的家庭或婴幼儿提供必要的服务。"发展普惠婴幼儿照护服务的政策法规体系和标准规范体系应该遵循"普惠发展,特惠先行"的原则,加大对农村和贫困地区婴幼儿照护服务的支持,推广婴幼儿早期发展项目。

5. 鼓励社会力量的介入,多方参与,增加托育服务资源有效供给

面对我国托育服务需求旺盛而托育服务供给严重不足的现状,应充分发挥社会组织参与托育服务的作用,增强社会工作机构的参与力度,突出社区、社会组织、社会工作三社联动的作用。形成"以政府为主导、市场为主体、社会为补充、家庭为基础、社区为依托"的多主体格局[1],促使婴幼儿托育服务体系向多元模式发展。

托育服务的供给模式主要分为三种,分别是权威—志愿混合型供给模式、商业—志愿混合型供给模式和权威—商业—志愿混合型供给模式。瑞典的托育服务即为权威—志愿混合型供给模式,主要是由政府、志愿组织和市场组织提供的。其中,政府承担完全责任,市场虽然参与服务供给,但其提供的服务属于政府购买对象,市场未完全在资源配置中发挥作用。美国的托育服务为商业—志愿混合型模式,政府政策定位于补缺,托育服务的供给主体主要是市场组织和志愿组织,其中发达的非政府组织(属于志愿组织的一种)是解决家庭问题的特别力量。日本的托育服务可归为权威—商业—志愿混合型模式,托育服务主要由政府、市场组织提供,覆盖率高且收费低。21 世纪初日本"保教一体化"改革后,私立幼稚园逐渐成为托育服务的供应主力,同时企业自办附属托儿所这种方式在政府的财政支持下迅速发展。

表 5-1 瑞典、美国和日本托育服务模式比较[2]

服务模式	社会服务主体	运作方式	服务目的	理论基础	政府主要责任
权威—志愿混合型	政府、志愿组织、市场组织,倚重政府	基本以权力方式运作,市场、慈善互助方式为辅	满足社会需要	社会民主主义福利理论	法律、财政、专业管理责任
商业—志愿混合型	市场组织、志愿组织	以市场方式为主,慈善互助方式为辅	营利,满足社会需要	自由主义福利理论	法律、专业管理责任
权威—商业—志愿混合型	政府、市场组织	权力方式与市场方式并重,慈善互助方式为辅	满足社会需要,营利	保守主义福利理论	法律、财政、专业管理责任

---

① 高薇,苗春凤. 新中国成立 70 年来托育服务的发展历程与思考[J].北京青年研究,2019,28(04):65—74.
② 赵建国,王瑞娟. 我国幼托服务供给模式选择及实现路径[J].社会保障研究,2018(03):84—91.

政府法律责任、监管责任和财政责任的缺失导致了托育服务供给不足,因此我国可以借鉴选择权威—商业—志愿混合型模式[①],既强调国家责任,同时也强调社会责任和家庭责任。其中,权威意味着现阶段我国权威机构的主导责任以及与其他主体协同的法定权力方式,其行为目标是提高托育服务的可及性,满足社会需要;商业资本被鼓励进入托育行业中,为家庭之外的社会化服务的主要提供者,其服务目的是营利。但过度市场化将冲击托育服务的公共效应,因此需要非政府组织、自办托育机构的企事业单位与家庭共同结成志愿组织以应对市场失灵,其中家庭为服务主力军,其余两者共同起到补充作用。

二、 行政部门的管理

婴幼儿托育行政管理主要包含两个方面的内容:一是婴幼儿托育的行政管理,二是婴幼儿托育机构的运行机制。

(一) 婴幼儿托育的行政管理

婴幼儿托育的行政管理是指各级政府部门在实施婴幼儿托育管理过程中如何分工配合的机制,包括基本原则、教育行政部门的主管权限和有关行政部门的权限等。婴幼儿托育的行政管理主要指国家及地方各级行政机构对婴幼儿托育事业的宏观管理,主要包括国家及地方行政部门通过制定规划、法规、政策等,对婴幼儿托育事业的发展进行组织、协调、引导、督导及评估,并协调有关部门的关系等,以保证婴幼儿托育事业的健康发展。

(二) 婴幼儿托育机构的运行机制

婴幼儿托育机构的运行机制是指依据国家法律法规和相关政策,由不同办托主体所构成的有机统一的婴幼儿托育机构组织体系,其中包含:可以举办婴幼儿托育机构的各个社会主体;由不同社会主体举办的托育机构所构成的整个托育体系。《中华人民共和国教育法》规定,国家制定教育发展规划,并举办学校及其他教育机构。国家鼓励企业事业组织、社会团体、其他社会组织及公民个人依法举办学校及其他教育机构。由此可见,国家应当在婴幼儿托育点的设立中发挥重要作用和占据主导地位,这主要体现在各级人民政府及其相关部门使用国家经费办学,其中包括教育行政部门以外的其他国家机关和一些国有企事业组织及社会团体,利用国有资产和财政性经费举办的托育点等。

托育服务是一种综合性服务,必须连接卫生、教育、福利等相关服务的资源,发展以社区为依托,公办和民办相结合、正规和非正规相结合的多种形式的儿童教育与照护服务机构。基于日益强烈的托育需求,政府应积极结合民间和社区资源,共同推动托育事业,提供多元化的托育服务,发展灵活多样的托育形式,努力形成一个综合性托育服务网络。但总体而言,托育服务的责任主体往往在国家、家庭和市场之间转变,经常会忽视相关社会组织的力量。应当从以下方面进一步改革我国婴幼儿托育服务的运行机制。

---

① 高薇,苗春凤. 新中国成立 70 年来托育服务的发展历程与思考[J]. 北京青年研究,2019,28(04):65—74.

1. 加快制定婴幼儿托育服务政策法规，完善婴幼儿托育政策法规体系

完善0—3岁婴幼儿托育服务体系是顺应人口政策变化、提高家庭发展能力、落实幼有所育的重要举措。当前，我国托育服务面临供给总量不足、结构失衡、监管缺位等难题，是社会民生领域的主要短板之一。系统谋划顶层设计、更新托育服务发展理念、明确相关部门职责、统筹托育服务行业发展、制定相关行业规范、编制托育服务发展规划、重新建构托育服务发展体系等措施，能够加强对托育服务体系的整体规划、财政投入和统筹管理。

2. 厘清相关部门在婴幼儿托育发展中的关系，保证托育服务质量

尤金·巴达赫在他的著作《跨部门合作——管理"巧匠"的理论与实践》中把跨部门合作界定为"两个或两个以上机构从事的任何共同活动，通过一起工作而非独立行事来增加公共价值"。其方式包括共同合作调配人力和财力资源，设计良好的组织运作系统并实施有效管理，在追求的主要目标和多种次级目标间的平衡上达成共识并保持共识，创造有效的合作文化或良好的人际关系准则，获取政治家的认可和支持等。他认为，跨部门合作事实上解决的是公共行政中组织分工未实现所期待的最优局面的问题，这是一种行为取向和过程取向，而非结构取向。[①]

在公共管理改革中比较受欢迎的跨部门合作的典型形式主要有协同政府（Joined-up Government）、整体政府（Whole of Government）、跨部门协作（Cross-agency Collaboration）等，其中协同政府对我国托育服务改革最具借鉴意义。协同政府作为一种跨部门合作形式，其核心目的是通过整合相互独立的各种组织以实现政府所追求的共同目标，其基本观点是：公共政策目标的实现既不能靠互相隔离的政府部门，也不能靠设立新的"超级部门"，而是围绕特定的政策目标，在不取消部门边界的前提下实行跨部门合作。这种合作是全面的，包括公私部门合作、政府与非政府合作、政府部门之间合作、中央和地方政府之间的合作等。而把具有不同性质、目标、管理模式和动力机制的组织整合起来的关键，既不是行政命令，也不是市场竞争，而是信任。[②] 这种观点明确了跨部门合作的前提、主体、形式及保障，也正是解决我国当前托育服务运行机制问题时应努力的方向。

首先，需要明晰各部门的职能范围和权限，建立跨部门合作的长效工作机制。例如，为进一步健全3岁以下婴幼儿照护服务齐抓共管机制，推进婴幼儿照护事业发展，淮北市决定建立淮北市3岁以下婴幼儿照护服务工作联席会议制度。该制度旨在于市政府领导下，统筹协调全市婴幼儿照护服务发展的各项工作，可供其他地区的跨部门托育合作提供参考。其次，建议成立0—3岁托育协会，搭建跨部门合作交流平台。仅仅明晰各部门职能范围和权限还远远不够，没有交流的分工容易造成诸多问题，因此需要类似"托育协会"的平台来加强各部门间的交流合作，增进相互了解和理解，促进各部门分工的有效性。最后，需要联合研发

① 陈曦. 跨部门合作机制对我国政府的启示[J]. 学术探索，2015(04)：23—28.

② 张荣昌. 追求合作治理：政府职能转变的逻辑规则——以宁波市为例[A]. 中国行政管理学会. "建设服务型政府的理论与实践"研讨会暨中国行政管理学会2008年年会论文集[C]. 中国行政管理学会：中国行政管理学会，2008：247—252.

0—3 岁婴幼儿托育行业相关标准,优化监管流程。在托育服务机构的规划、投入、管理、评价等方面逐步建立长效机制,推进托育公共服务的法律体系建设,使政府部门和社会组织在托育服务发展中有法可依。[①]

3. 提高托育服务人员的专业水平

《指导意见》提出,高等院校和职业院校(含技工院校)要根据需求开设婴幼儿照护的相关专业,合理确定招生规模、课程设置和教学内容,将安全照护等知识和能力纳入教学内容中,加快培养婴幼儿照护相关专业人才。将婴幼儿照护服务人员作为急需紧缺人员纳入培训规划中,切实加强婴幼儿照护服务相关法律法规培训,增强从业人员法治意识;大力开展职业道德和安全教育、职业技能培训,提高照护服务能力和水平。政府必须依法保障从业人员合法权益,建设一支品德高尚、富有爱心、敬业奉献、素质优良的婴幼儿照护服务队伍。

4. 加大财政投入力度,提高托育财政投入在财政投入中的比重

政府应明确婴幼儿与国家、家庭之间的关系,强调政府主导作用,在政策和财政方面给予托育服务更多的支持,加大公共财政对托育服务体系建设的投入,鼓励社会力量参与托育服务,强化社区托育服务功能,建立以社区为基础的工作运行机制,充分挖掘和利用社区资源,缩小城乡差距,加快托育服务城乡一体化发展。[②]

可以从以下两大方面来强化经费保障,加强经费投入力度。一方面,要加大财政性经费投入力度,建立托育服务经费保障机制。强化地方政府责任,各级财政部门要将托育服务工作管理所需的经费等纳入政府财政预算中,新增经费向托育服务倾斜,支持地方政府结合自身条件,制定托育服务机构税收优惠减免政策,出台经费支持和配套服务政策,从而减轻家庭育儿负担,促进托育服务健康发展。另一方面,要做好社会资金的投入引导,促进社会化托育服务的多元投入。在坚持普惠、大力支持发展公办托育机构的同时,鼓励和支持社会力量以多种形式举办民办托育机构。同时,采取政府购买服务、税收减免、以奖代补等多种方式,鼓励并引导民办托育机构提供普惠服务。

5. 关怀弱势婴幼儿及家庭群体,促进教育公平

在拓展普惠托育资源、发展多元托育服务的同时,还需要特别关怀弱势婴幼儿及贫困家庭群体。首先,可通过婴幼儿补偿保障机制确保弱势婴幼儿养育机会的平等。如通过制定一系列法律来保障弱势婴幼儿接受照护服务的机会,在立法保障的基础上通过婴幼儿补偿计划来保障弱势婴幼儿养育机会的公平性。其次,可通过婴幼儿养育补偿实现机制来保障弱势婴幼儿养育的过程公平。通过父母参与机制、养育服务内容设置与监管机制及人员培训机制来促进婴幼儿养育过程的公平性。最后,可通过婴幼儿补偿责任机制来保障弱势婴幼儿养育结果的公平。如必须落实各级政府的责任,同时对婴幼儿养育照护服务进行科学有效的评估。

① 申秋红. 托育服务相关政策:国际经验及其启示[N]. 中国人口报,2017 - 07 - 20(003).
② 高薇,苗春凤. 新中国成立 70 年来托育服务的发展历程与思考[J]. 北京青年研究,2019,28(04):65—74.

第二节　托　育　机　构

一般而言,托育机构是指为解决父母育儿难、孩子无人带的问题,为 0—3 岁婴幼儿提供全日制或者半日制等多样化托育服务的机构。《设置标准》中指出,托育机构是"经有关部门登记、卫生健康部门备案,为 3 岁以下婴幼儿提供全日托、半日托、计时托、临时托等托育服务的机构"。因此,本节内容将从托育机构的法律地位、托育机构的设立与运行及婴幼儿照护服务等方面来阐述托育机构这一参与主体。

一、托育机构的法律地位

（一）托育机构法律地位的内涵

法律地位是特定之人在法律上的地位,是法律人格的属性之一,这也决定了一个(法)人或者一类人在特定法律关系中的权利和义务。托育机构作为一类公共服务机构,其法律地位主要是指其作为实施养育和照护服务的法律主体在各种法律关系中所处的位置,主要体现为法律上的权利和义务。由此,婴幼儿托育机构法律地位的内在实质是其法律主体资格。根据我国现行各种法律的规定,托育机构属于机构和组织(法人),是法律上拟制的"人"。立法者通过法律规定的形式赋予符合一定标准的托育机构独立人格,以便其像自然人一样可以发挥决策和执行能力,更好地在法律保护范围内行使各种权利,并承担侵权所可能带来的法律风险和责任,最终实现特定社会功能,促进社会发展。

由于婴幼儿托育机构目前缺乏立法的相关规定,许多托育机构暂时并不具备法人资格,因此婴幼儿的权利无法得到很好的保障。为解决这一问题,《设置标准》对托育机构的设立作了规定,若是相关机构设立,应当具备独立法人资格;若是个人举办,则需要在具备中华人民共和国国籍的同时具有政治权利和完全民事行为能力。但由于法律规定的托育机构主体的法人地位其实并非实然状态,现实中不具备独立法人资格的托育机构仍普遍存在。

（二）托育机构与其他民事主体的法律关系和特征

人在社会生活中必然会结成各种各样的社会关系,这些社会关系受各种不同规范的约束。其中,由民事法律规范调整形成的社会关系就是民事法律关系。民事法律关系是由民事法律规范调整所形成的民事主体之间的、以民事权利和民事义务为核心内容的社会关系,是民事法律规范调整的平等主体之间的财产关系和人身关系在法律上的表现。民事法律关系是一种人与人之间的社会关系,而不是人和物的关系。民事法律规范所讲的"人",既包括了自然人,又包含了法人。

托育机构作为具有独立民事权利能力和民事行为能力的法人，常常积极地参与各种民事活动，如租赁另一方场地作为托育场地来进行保教活动，与另一方签订买卖合同来购买符合婴幼儿月龄特点的户外玩具、游戏设施和安全防护设备等。在上述所列举的民事法律活动中，托育机构就会与"另一方"发生如前所述的民事法律关系。民事法律关系的内容包含权利与义务，任何民事关系都是围绕权利与义务展开的。因此，托育机构在民事法律规范上享受与其他法人基本相同的权利并承担相对等的义务。

1. 主体的多样性与广泛性

主体的多样性是指自然人和法人能以自己的名义开展民事行为，与第三人发生法律关系。其中，参与民事法律关系的其中一方是固定的，即托育机构；而另一方则是没有预先设定而可以自由选择的，如托育机构与玩具工厂建立玩教具购买和定制的民事关系，与公司建立场地租赁的民事关系，或为抓住机遇扩大发展而与另一方或几方建立合作办园的民事关系等。

2. 关系地位的平等性

民事法律关系是民法调整平等主体之间的财产关系和人身关系的结果，是平等主体之间的财产关系和人身关系与民事法律形式相结合的产物，是本质上受到民事法律规范强制保护的民事关系。

一方面，民事法律规范规定民事主体地位平等。作为民事主体的自然人、法人和其他组织的合法的民事权益都平等地受到民事法律规范的保护，任何组织和个人都不得侵犯。在民事法律关系中，没有领导和被领导的关系，即使在行政上有隶属关系的上级组织与下级组织，如果双方都具有法人资格，在民事法律关系中，其法律地位也是平等的，民事主体的任何一方都没有凌驾于另一方之上的特权。也就是说，托育机构与另一方的法律地位是平等的，不存在相互隶属的关系，即不能利用一定的身份优势去命令和强制身份处于劣势的一方作出明显不等价的交易。

另一方面，在民事法律规范上，民事主体的民事权利能力平等，即民事主体资格平等。自然人自出生之日起就具有民事权利能力，法人自有效成立时起具有民事权利能力，享有民事主体资格，且具有民事主体的自然人、法人和其他组织的民事主体资格一律平等。民事法律规范规定民事权益平等地受法律保护。作为民事主体的自然人、法人和其他组织的合法的民事权益都平等地受到民事法律规范的保护，任何组织和个人都不得侵犯。

3. 权利与义务的对等性

民事权利与义务虽不是民事法律关系的全部，却是民事法律关系的核心。民事法律主体双方地位上的平等，具体表现为双方享有权利与履行义务的对等。民事权利是权利的一种形式，是民事法律规范赋予自然人或法人在具体的民事法律关系中实施一定行为或者要求其他方实施一定行为的权利。民事权利义务是指一方当事人按照法律的规定，必须实施一定行为或不实施一定行为，以满足民事权利主体实现其权利的要求。

权利与义务是不可分离的,没有无义务的纯粹权利。权利有多大,履行的义务就有多大。例如托育机构向某工厂订购了一套符合婴幼儿月龄特点的玩教具,那么托育机构就享有这套玩教具的所有权,该工厂就有按要求及时交付这套玩教具的义务;同时,该工厂有获得这套玩教具货款的权利,托育机构承担履行合同约定价格、按时交付货款的义务。若工厂在履行日期间无法供货,托育机构在同时履行的日期内有权不付款。只有在双方"一手交钱,一手交货"的同时,各方才会由于对方履行了合同义务而获得了与之相对应的权利。

4. 相对意定性

"意识自治原则"通常被认为是民事法律规范的一般原则,即民事主体自由地基于其意志去进行民事活动的基本准则。在民事法律规范体系中,合同是民事法律关系的核心部分,而双方的意志则是合同的核心,亦即在合同的范围内,一切债权债务关系只有依当事人的意志而成立时,才具有合理性。

由于民事法律关系的主体平等,也就决定了民事法律关系中的任何一方的意志自由,任何一方不得强迫另一方作出或者不作出意志表示。举个简单的例子,某托育机构租赁某公司的场地作为婴幼儿生活用房(用餐区、睡眠区、游戏区、盥洗区、储物区等),在双方所签订的租赁合同中,不管是租赁的价格还是租赁的期限,都是由托育机构和该公司按照双方的真实意愿而确定的,不得强迫任一方作出违背意愿的决定。

5. 责任独立性

责任独立性是要求民事主体具有责任能力,能够对自己的违法行为承担责任。托育机构在与另一方建立民事关系的过程中,一切债权债务关系只有依当事人的意志才成立,但其双方的意定性将受到法律的规定和公序良俗的制约,即托育机构和公司的租赁期限不得超过法律规定的最高期限,租赁的价格也不可漫天要价,一旦双方违反了善良风俗和社会公共利益,法律便会限制当事人的自由并由当事人承担相应的法律责任。

(三) 托育机构与卫生健康管理行政部门的法律关系特征

与其他年龄阶段不同,0—3岁婴幼儿发展的主管职能部门从教育行政部门调整为卫生健康管理行政部门。根据《指导意见》,按照属地管理和分工负责的原则,0—3岁婴幼儿托育机构受地方政府的监督,地方政府对婴幼儿照护服务的规范发展和安全监管要负主要责任。《指导意见》中附有17个部门和单位的分工,各个单位要按照各自的职责履行监管职责。

托育机构与地方政府及卫生健康管理行政部门的法律关系是行政管理关系,这是基于托育机构的公益属性所决定的。婴幼儿托育已被纳入政府重要规划并要建立托育公共服务体系。托育机构是为国家公共利益服务的,是国家和地方公共团体的事业,是国家行政的一部分。因此,地方政府及卫生健康管理行政部门与托育机构的法律关系实际上是一种管理与被管理、领导与被领导、规范与被规范的行政关系。

1. 双方法律地位的不平等性

在行政法律关系中,托育机构与地方政府及卫生健康管理行政部门的法律地位是不平等的。托育机构与地方政府及卫生健康管理行政部门之间存在着行政上的管辖关系,并且至少一方主体是地方政府及卫生健康管理行政部门或其授权单位。《托育机构登记和备案办法(试行)》明确规定举办事业单位性质的托育机构的,向县级以上机构编制部门申请审批和登记、向机构所在地的县级卫生健康部门备案。

2. 行政法律关系产生的特定性

行政法律关系必须是在地方政府及卫生健康管理行政部门使行政职权过程中才能发生的。如托育机构签订了人员培训合同,这不属于行政法律关系,而属于民事法律关系。如托育机构应当有自有场地或租赁期不少于 3 年的场地,必须合理配备保育人员,与婴幼儿的比例在乳儿班不得低于 1∶3,托小班不得低于 1∶5,托大班不得低于 1∶7;托育机构负责人应当具有大专以上学历,有从事儿童保育教育、卫生健康等相关管理工作 3 年以上的经历,且经托育机构负责人岗位培训合格等。此类则属于行政法律关系。

3. 双方权利与义务的法定性

行政法律关系中的托育机构与地方政府及卫生健康管理行政部门的权利义务都是由相关法律法规预先规定的,这体现了法定性,双方当事人没有自由选择的余地,体现了一定的权利与义务的不对等性。在这一对关系中,地方政府及卫生健康、编制、民政、市场监管等部门将托育服务有关政策规定、托育机构登记和备案要求、托育机构有关信息在官方网站公开,接受社会查询和监督是它们的主要职责;对于托育机构而言,其对地方政府及卫生健康管理行政部门的命令必须服从和遵守,并履行相应的义务。由此可见,在托育机构与地方政府及卫生健康管理行政部门的关系中,地方政府及卫生健康管理行政部门把握主动权,托育机构处于被动地位。

4. 纠纷解决机制的多元性

托育服务对象的特殊性以及婴幼儿伤害的不可逆性和难以赔偿性使托育纠纷的处理难度远高于一般民事纠纷、侵权纠纷。但由于缺乏托育纠纷协调机构建制和托育关系规范指导,使得托育关系权责不协调,地方政府及卫生健康管理行政部门仅能在托育机构或托育行为触发法律规则时启动介入程序和监管机制,而前瞻性地启动纠纷化解机制缺乏相关法律授权。

当托育机构对地方政府及卫生健康管理行政部门的某项规定、命令有异议,或与地方政府及卫生健康管理行政部门主体发生纠纷时,可以按照行政程序予以解决;当托育机构对行政裁决不服时,可以采取申诉、行政复议或诉讼。诚然,托育机构有权就对其不利的裁决向行政机关提起行政复议,乃至向法院提起行政诉讼,但其诉讼的对象还是地方政府及卫生健康管理行政部门。这也就是说,在行政法律关系中,主体固定的一方始终是国家行政机关或授权单位(地方政府及卫生健康管理行政部门),这是行政法律最本质的特征。

(四)托育机构的权利

托育机构的法律地位决定了托育机构所拥有的权利,法律所规定的权利是托育机构在维护自身合法权益时的依据和有力保障。托育机构的权利有广义和狭义之分。广义的托育机构权利指的是托育机构在多种法律关系中所实际存在的一切权利,既包含托育活动中的权利,又包括作为独立法人所具有的广泛的民事权利,是一般权利与特别权利的总括。狭义的托育机构权利指托育机构在托育活动中依法享有的权利,又被称为"办学自主权"或教育独立自主权。该项权利将不受国家其他权利的侵害和他人行权时可能的侵害。在研究范畴内所指的托育机构权利,多指狭义的权利。

1. 按照章程自我管理的权利

托育机构有权按照自己的章程确立机构宗旨、管理体制及各项重大原则,有权制定具体的管理规章和发展规划,自主地作出管理决策;有权与婴幼儿监护人签订托育服务协议,明确双方的责任、权利义务、服务项目、收费标准以及争议纠纷处理办法等内容,有权建立、完善自己的管理系统,组织实施管理活动,建立与家长联系的制度,定期召开家长会议,接待来访和咨询等,不必事无巨细地向主管部门或举办者请示。

2. 托育机构应当实施保育教育的权利

托育机构的服务对象为3周岁及以下婴幼儿,服务的内容主要以促进婴幼儿身心健康、智力发展为宗旨,开展形式多样、内容丰富、寓教于乐的保育和教育服务。托育机构可以依照国家行政主管部门颁布的各项规范指导托育机构工作的相关文件,科学合理地安排婴幼儿的生活,做好饮食、饮水、喂奶、如厕、盥洗、清洁、睡眠、穿脱衣服、游戏活动等服务,科学制定食谱,保证婴幼儿膳食平衡;选取多样的游戏活动,促进婴幼儿在身体发育、动作、语言、认知、情感与社会性等方面的全面发展。

托育机构享有这一权利并不意味着其可以不加限定、不被约束。《管理规范》规定:"托育机构应当按照有关托儿所卫生保健规定,完善相关制度,切实做好婴幼儿和工作人员的健康管理,做好室内外环境卫生。""落实安全管理主体责任,建立健全安全防护措施和检查制度,配备必要的安保人员和物防、技防设施。"

3. 招收新生的权利

招收新生的权利是托育机构的基本权利,也是托育机构办学自主权的重要标志。根据国家规定,托育机构可以根据自己的办学宗旨、培养目标、任务及办学条件和能力,依据国家相关招生政策、法规、规章和直接主管部门的具体管理规定,制定本机构的具体招生办法,决定招生具体数量,确定招生范围和来源,平时如有缺额,可随时补招。在托育机构招生的过程中,行政主管部门不得利用行政权力进行不必要的干涉。但在托育机构违反国家条例规定时,行政主管部门可依据相关的法律条文对该托育机构进行处罚。

4. 学籍管理的权利

学籍管理权是托育机构代表国家行使对受教育者教育活动的管理权利的重要组成部分,是普通公民和一般社会组织所不能行使的公共权力,是加强对受教育者的教育、管理职能,维护教学秩序,保证教育教学质量的需要。所谓"学籍管理",主要是指学校针对学生的不同层次、类别,制定有关入学与报名注册、成绩考核、纪律与考勤、留降级、转专业与转系、退学、休学与复学、转学的管理办法,并对其实施具体的管理活动。基于托育机构收托对象和工作的特殊性,它的这一权利具体指有权确定关于婴幼儿报名注册的管理办法,并建立收托婴幼儿信息管理制度,如婴幼儿花名册、照护服务日常记录等。

5. 聘任并管理教师和其他职工的权利

托育机构享有聘任并管理教师和其他职工的权利,这是托育机构作为法人被法律所确认的权利之一。如托育机构有权根据场地条件,合理确定收托婴幼儿的规模,并配置综合管理、保育照护、卫生保健、安全保卫等工作人员;有权制定托育机构内部的教师和其他职工的聘任办法,签订和解除劳动合同,可以从托育机构的办学条件、办学能力和实际编制情况出发,自主决定是否聘任、解聘有关教师和其他职工,并有权对教师和其他职工实施包括奖励、处分在内的具体管理活动。托育机构用好这项权利,有利于充分调动员工的积极性,提高保育、教育的质量和效益。

6. 管理和使用本机构设施与经费的权利

这一权利指托育机构对其占有的场地、教室、宿舍、教学仪器设备、办学经费以及其他有关财产,享有财产管理权和使用权,必要时可对其占有的财产进行处理。为了防止国有资产的严重流失,托育机构在行使此项权利时,首先要分清楚托育机构所拥有的财产中哪些部分属于国有资产。根据《中华人民共和国教育法》第三十二条规定:"学校及其他教育机构中的国有资产属于国家所有。"这表明,对于国家财政投入举办的公办托育机构的资产、国家与集体或个人联合举办的托育机构中国家投入的资产部分等,属于国家的国有资产,托育机构只享有占有、使用、收益的权利,而不能对其处置。

7. 拒绝任何组织和个人对保教活动的非法干涉的权利

所谓"非法干涉的权利",是指行政机关、企事业组织、宗教团体、其他社会组织、个人或国外势力等组织或个人,违背法律、法规和有关规定,作出的不利于托育机构保教活动的行为,如乱收费、乱罚款、乱摊派的行为,强行占用托育机构活动场地、随意妨碍托育机构正常的保教活动的行为。对于这些行为,托育机构都有权加以拒绝和抵制。

8. 法律法规规定的其他权利

作为一项"兜底性"条款,托育机构除了享有以上各项权利外,还享有现行法律法规以及将来出台的法律法规赋予的其他权利,包括在托育机构内部开展教学或学术交流的权利、接受捐助的权利、承办行政机关交办的其他活动的权利等,这将有利于进一步完善托育机构的办学自主权,但在这一过程中,托育机构不得损害婴幼儿、家长和其他受法律保护的主体的利益。

（五）托育机构的义务

法律主体的权利与义务是对等的,享受一定权利的同时应当承担相应的义务。托育机构的基本义务指托育机构在保教活动中必须履行的法定义务,包括民事法律关系中的义务和行政法律关系中的义务。

1. 遵守法律法规的义务

遵守法律法规是法律对一切社会组织的基本要求。托育机构不仅应履行一般意义上的对于社会组织的义务,还应履行相应法律法规中为托育机构确立的特定义务。托育机构作为一般社会组织应履行法律义务,如遵守《中华人民共和国宪法》等法律法规。托育机构作为特殊的教育组织应履行的法律义务,除遵守教育方面的法律法规,履行《中华人民共和国教育法》规定的法律义务外,托育机构自行制定的内部管理制度也必须符合现行法律法规的规定,不得与之相抵触,更不得超越本机构的职权或授权的范围。

2. 贯彻国家的教育方针,执行国家保教标准,保证保教质量的义务

各类婴幼儿照护服务机构必须符合国家和地方相关的标准与规范,并对婴幼儿的安全和健康负主体责任,可根据家庭的实际需求,提供全日托、半日托、计时托、临时托等多样化、多层次的婴幼儿照护服务,建立健全各类婴幼儿照护服务机构安全管理制度,配备相应的安全设施、器材及安保人员;加强婴幼儿照护服务机构的卫生保健工作;认真贯彻保育为主、保教结合的工作方针,为婴幼儿创造良好的生活环境,预防控制传染病,降低常见病的发病率,保障婴幼儿的身心健康。

3. 以适当的方式为婴幼儿监护人了解婴幼儿身心发展情况提供便利的义务

0—3岁婴幼儿的营养、保健和教育三方面同等重要。按照儿童优先的原则,最大限度地保护婴幼儿,确保婴幼儿的安全和健康。遵循婴幼儿的成长特点和规律,促进婴幼儿在身体发育、动作、语言、认知、情感与社会性等方面的全面发展。托育机构应当提供适宜刺激,丰富婴幼儿的直接经验,支持婴幼儿主动探索、操作体验、互动交流和表达表现,发挥婴幼儿的自主性,保护婴幼儿的好奇心。此外,托育机构还应当建立照护服务日常记录和反馈制度,定期与婴幼儿监护人沟通婴幼儿发展情况,并提供有针对性的家庭指导,为其监护人了解婴幼儿的身心发展情况提供便利。

4. 维护婴幼儿、员工的合法权益的义务

婴幼儿和托育人员是托育机构的两大主体,托育机构自身行为不得侵犯婴幼儿、教师及其他职工的合法权益。对于托育机构的受教育主体来说,托育机构教育的对象是无民事行

为能力的婴幼儿,根据我国法律规定,托育机构对婴幼儿要承担管理、保护的义务;对于托育机构的施教主体来说,托育机构不得侵犯教师及其他职工的合法权益,如拖欠、克扣工资,乱收费等。此外,当其他社会组织和个人侵犯了婴幼儿、教师及其他职工的合法权益时,托育机构应与负责的分管部门以合法方式形成合力,积极协助上级单位查处违法行为当事人,维护婴幼儿和教师及其他职工的合法权益。

5. 遵照国家有关规定收费并公开收费项目的义务

托育机构应当建立信息公示制度,定期公示收费项目和标准,以及保育照护、膳食营养、卫生保健、安全保卫等情况,并接受监督。托育机构应当与婴幼儿监护人签订托育服务协议,明确双方的责任、权利义务、服务项目、收费标准以及争议纠纷处理办法等内容。但目前,我国0—3岁婴幼儿托育服务机构收费标准无明确规定,各机构之间收费差异较大。如2019年1月的调查显示,上海市公办幼儿园的托班、福利性的托育点收费在每月1000元以内,市政府实事工程限价不超过每月3000元,而一些新获批的托育机构收费往往每月6000—7000元,甚至超过万元。因此,以托幼一体化为主要发展方向,大力发展公办民营的社区型托育机构对于发展托育服务的普惠性尤为重要。

6. 依法接受监督的义务

各类婴幼儿照护服务机构开展婴幼儿照护服务必须符合国家和地方的相关标准与规范,并对婴幼儿的安全和健康负主体责任。相关部门可运用互联网等信息化手段对婴幼儿照护服务机构的服务过程加强监管,让广大家长放心。建立健全婴幼儿照护服务机构备案登记制度、信息公示制度和质量评估制度,对婴幼儿照护服务机构实施动态管理。依法逐步实行工作人员职业资格准入制度,对虐童等行为零容忍,对相关个人和直接管理人员实行终身禁入。

托育机构对各级权力机关、行政机关,以及各级妇幼保健、疾病预防控制、卫生监督等机构依法进行的检查、监督,应当积极予以配合,不得拒绝,更不得妨碍检查、监督工作的正常进行。《管理规范》指出:托育机构应当加强党组织建设,积极支持工会、共青团、妇联等组织开展活动。托育机构应当建立工会组织或职工代表大会制度,依法加强民主管理和监督。托育机构应当制定年度工作计划,每年年底向卫生健康部门报告工作,必要时随时报告。建立托育机构信息公示制度和质量评估制度,实施动态管理,加强社会监督。

二、 托育机构的设立与运行

0—3岁婴幼儿照护服务是生命全周期服务管理的重要内容,事关婴幼儿的健康成长,事关千家万户。托育机构承担着为0—3岁婴幼儿提供全日托、半日托、计时托、临时托的收托和保育服务的重任。

(一) 托育机构的开办资质与程序

当前,我国托育机构的举办者或主管单位主要有以下几种:教育行政主管部门、非教育行政机关以外的其他政府机关、大中型国有企业、集体或民营企业、事业单位、军队、城市居委会或村委会、各类社会团体或民间团体、公民个人办园。以出资性质和所有制形式来划分,托育机构可分为公办和民办。

我国对学前教育机构的举办实行的是行政许可审批制度,只有当举办者提供符合条件的申请,并经过行政机关审批后才能获准办园和招生。如:依照《幼儿园管理条例》,国家实行幼儿园登记注册制度,未经登记注册,任何单位和个人不得举办幼儿园。

对民办学前教育机构而言,除了依据《幼儿园管理条例》进行注册登记外,还需按照《民办非企业单位登记管理暂行条例》的有关规定进行登记,违反规定未进行登记或提供虚假材料登记的,将被撤销登记,严重的可能被追究刑事责任。对于托育机构,根据《指导意见》的规定,举办非营利性婴幼儿照护服务机构的,在婴幼儿照护服务机构所在地的县级以上机构编制部门或民政部门注册登记;举办营利性婴幼儿照护服务机构的,在婴幼儿照护服务机构所在地的县级以上市场监管部门注册登记。婴幼儿照护服务机构经核准登记后,应当及时向当地卫生健康部门备案。登记机关应当及时将有关机构登记信息推送至卫生健康部门。

《指导意见》的附件中亦明确,民政部门负责非营利性婴幼儿照护服务机构法人的注册登记;市场监管部门负责营利性婴幼儿照护服务机构法人的注册登记,对各类婴幼儿照护服务机构的饮食用药安全进行监管;卫生健康部门是托育机构的业务监管部门,负责组织制定婴幼儿照护服务的政策规范,协调相关部门做好对婴幼儿照护服务机构的监督管理,负责婴幼儿照护卫生保健和婴幼儿早期发展的业务指导。

此外,根据《托育机构登记和备案办法(试行)》的规定,登记机关应当及时将托育机构登记信息通过共享、交换等方式推送至同级卫生健康部门。县级卫生健康部门负责辖区内已登记托育机构的备案。

托育机构应当及时向机构所在地的县级卫生健康部门备案,登录托育机构备案信息系统,在线填写托育机构备案书、备案承诺书,并提交以下材料扫描件:

(1)营业执照或其他法人登记证书;

(2)托育机构场地证明;

(3)托育机构工作人员专业资格证明及健康合格证明;

(4)评价为"合格"的《托幼机构卫生评价报告》;

(5)消防安全检查合格证明;

(6)法律法规规定的其他相关材料。

提供餐饮服务的托育机构,应当提交《食品经营许可证》。

卫生健康部门在收到托育机构备案材料后,应当在5个工作日内提供备案回执和托育机构基本条件告知书。卫生健康部门发现托育机构备案内容不符合设置标准和管理规范的,应当自接收备案材料之日起15个工作日内通知备案机构,说明理由并向社会公开。

托育机构变更登记、注销登记后,应当及时登录托育机构备案信息系统向卫生健康部门变更备案信息或报送注销信息。

（二）托育机构的运行机制

南京市属于我国制定托育服务行业规范较早的城市之一，于2014年就已印发《南京市0—3岁婴幼儿保育机构设置管理暂行办法》对托育行业进行规范和管理。该办法明确对0—3岁婴幼儿进行保育、看护的各类机构统称为"婴幼儿保育机构"，还明确婴幼儿保育机构分为育儿园、亲子园和看护点三种类型。

上海市于2018年印发《上海市3岁以下幼儿托育机构管理暂行办法》，明确面向0—3岁，尤其是2—3岁幼儿实施保育为主、教养融合的幼儿照护的全日制、半日制、计时制机构为"托育机构"。

四川省于2018年印发《关于加快推进3岁以下婴幼儿托育服务发展的意见》，明确托育机构的服务内容是根据家庭的实际需求和消费水平，为0—3岁婴幼儿提供日托、半日托、计时托、临时托等多样化、多层次的托育服务。

《指导意见》指出，国家支持和规范发展多种形式的"婴幼儿照护服务机构"。各类婴幼儿照护服务机构可根据家庭的实际需求，提供全日托、半日托、计时托、临时托等多样化的婴幼儿照护服务；随着经济社会发展和人民消费水平提升，提供多层次的婴幼儿照护服务。

1. 准入制度

《设置标准》指出：托育机构设置应当综合考虑城乡区域发展特点，根据经济社会发展水平、工作基础和群众需求，科学规划，合理布局。新建居住区应当规划建设与常住人口规模相适应的托育机构。老城区和已建成居住区应当采取多种方式完善托育机构，满足居民需求。城镇托育机构建设要充分考虑进城务工人员随迁婴幼儿的照护服务需求。在农村社区综合服务设施建设中，应当统筹考虑托育机构建设。支持用人单位以单独或联合其他单位共同举办的方式，在工作场所为职工提供福利性托育服务，有条件的可向附近居民开放。鼓励通过市场化方式，采取公办民营、民办公助等多种形式，在就业人群密集的产业聚集区域和用人单位建设完善托育机构。发挥城乡社区公共服务设施的婴幼儿照护服务功能，加强社区托育机构与社区服务中心（站）及社区卫生、文化、体育等设施的功能衔接。

在场地设施方面，《设置标准》指出：托育机构应当有自有场地或租赁期不少于3年的场地。托育机构的场地应当选择自然条件良好、交通便利、符合卫生和环保要求的建设用地，远离对婴幼儿成长有危害的建筑、设施及污染源，满足抗震、防火、疏散等要求。托育机构的建筑应当符合有关工程建设国家标准、行业标准，设置符合标准要求的生活用房，根据需要设置服务管理用房和供应用房。托育机构的房屋装修、设施设备、装饰材料等，应当符合国家相关安全质量标准和环保标准，并定期进行检查维护。托育机构应当配备符合婴幼儿月龄特点的家具、用具、玩具、图书和游戏材料等，并符合国家相关安全质量标准和环保标准。托育机构应当设有室外活动场地，配备适宜的游戏设施，且有相应的安全防护设施。托育机构应当设置符合标准要求的安全防护设施设备。

2. 收托管理制度

在收托管理方面，《管理规范》指出：托育机构应当与婴幼儿监护人签订托育服务协议，明确双方的责任、权利义务、服务项目、收费标准以及争议纠纷处理办法等内容。婴幼儿进入托育机构前,应当完成适龄的预防接种,经医疗卫生机构健康检查合格后方可入托。离开机构3个月以上的,返回时应当重新进行健康检查。托育机构应当建立收托婴幼儿信息管理制度,及时采集、更新,定期向备案部门报送。托育机构应当建立与家长联系的制度,定期召开家长会议,接待来访和咨询,帮助家长了解保育照护内容和方法。托育机构应当成立家长委员会,事关婴幼儿的重要事项,应当听取家长委员会的意见和建议。托育机构应当建立家长开放日制度。托育机构应当加强与社区的联系与合作,面向社区宣传科学育儿知识,开展多种形式的服务活动,促进婴幼儿早期发展。托育机构应当建立信息公示制度,定期公示收费项目和标准、保育照护、膳食营养、卫生保健、安全保卫等情况,接受监督。

3. 保育管理制度

在保育管理方面,《管理规范》指出:托育机构应当科学合理安排婴幼儿的生活,做好饮食、饮水、喂奶、如厕、盥洗、清洁、睡眠、穿脱衣服、游戏活动等服务。托育机构应当顺应喂养,科学制定食谱,保证婴幼儿膳食平衡。有特殊喂养需求的,婴幼儿监护人应当提供书面说明。托育机构应当保证婴幼儿每日户外活动不少于2小时,寒冷、炎热季节或特殊天气情况下可酌情调整。托育机构应当以游戏为主要活动形式,促进婴幼儿在身体发育、动作、语言、认知、情感与社会性等方面的全面发展。游戏活动应当重视婴幼儿的情感变化,注重与婴幼儿面对面、一对一的交流互动,动静交替,合理搭配多种游戏类型。托育机构应当提供适宜刺激,丰富婴幼儿的直接经验,支持婴幼儿主动探索、操作体验、互动交流和表达表现,发挥婴幼儿的自主性,保护婴幼儿的好奇心。托育机构应当建立照护服务日常记录和反馈制度,定期与婴幼儿监护人沟通婴幼儿发展情况。

在健康管理方面,《管理规范》指出:托育机构应当按照有关托儿所卫生保健规定,完善相关制度,切实做好婴幼儿和工作人员的健康管理,做好室内外环境卫生。托育机构应当坚持晨午检和全日健康观察,发现婴幼儿身体、精神、行为异常时,应当及时通知婴幼儿监护人。托育机构发现婴幼儿遭受或疑似遭受家庭暴力的,应当依法及时向公安机关报案。托育机构应当建立卫生消毒和病儿隔离制度、传染病预防和管理制度,做好疾病预防控制和婴幼儿健康管理工作。托育机构工作人员上岗前,应当经医疗卫生机构进行健康检查,合格后方可上岗。托育机构应当组织在岗工作人员每年进行1次健康检查。在岗工作人员患有传染性疾病的,应当立即离岗治疗。治愈后,须持病历和医疗卫生机构出具的健康合格证明,方可返岗工作。

在安全管理方面,《管理规范》指出:托育机构应当落实安全管理主体责任,建立健全安全防护措施和检查制度,配备必要的安保人员和物防、技防设施。托育机构应当建立完善的婴幼儿接送制度,婴幼儿应当由婴幼儿监护人或其委托的成年人接送。托育机构应当制定重大自然灾害、传染病、食物中毒、踩踏、火灾、暴力等突发事件的应急预案,定期对工作人员进行安全教育和突发事件应急处理能力培训。托育机构应当明确专兼职消防安全管理人员及管理职责,加强消防设施维护管理,确保用火用电用气安全;托育机构工作人员应当掌握急救的基本技能和防范、避险、逃生、自救的基本方法，在紧急情况下必须优先保障婴幼儿的安全。托育机构应当建立照护服务、安全保卫等监控体系。监控报警系统确保 24 小时设防，婴幼儿生活和活动区域应当全覆盖；监控录像资料保存期不少于 90 日。

4. 人事制度

在人员管理方面，《管理规范》指出：托育机构工作人员应当具有完全民事行为能力和良好的职业道德、热爱婴幼儿、身心健康、无虐待儿童记录、无犯罪记录，并符合国家和地方相关规定要求的资格条件。托育机构应当建立工作人员岗前培训和定期培训制度，通过集中培训、在线学习等方式，不断提高工作人员的专业能力、职业道德和心理健康水平。托育机构应当加强工作人员法治教育，增强法治意识。对虐童等行为实行零容忍，一经发现，严格按照有关法律法规和规定，追究有关负责人和责任人的责任。托育机构应当依法与工作人员签订劳动合同，保障工作人员的合法权益。

5. 监督管理制度

《管理规范》指出：各级妇幼保健、疾病预防控制、卫生监督等机构应当按照职责加强对托育机构卫生保健工作的业务指导、咨询服务和监督执法。《托育机构登记和备案办法（试行）》规定：卫生健康、编制、民政、市场监管等部门应当将托育服务有关政策规定、托育机构登记和备案要求、托育机构有关信息在官方网站公开，接受社会查询和监督。

《指导意见》规定，公安部门负责监督指导各类婴幼儿照护服务机构开展安全防范；应急管理部门负责依法开展各类婴幼儿照护服务场所的消防监督检查工作；市场监管部门负责营利性婴幼儿照护服务机构法人的注册登记，对各类婴幼儿照护服务机构的饮食用药安全进行监管；计划生育协会负责参与婴幼儿照护服务的宣传教育和社会监督。

托育机构还受到家长的监督，《管理规范》指出：托育机构应当建立收托婴幼儿信息管理制度，及时采集、更新、定期向备案部门报送。托育机构应当建立与家长联系的制度，定期召开家长会议，接待来访和咨询，帮助家长了解保育照护内容和方法。托育机构应当成立家长委员会，事关婴幼儿的重要事项，应当听取家长委员会的意见和建议。

托育机构的运行不仅仅要靠外部的管理和监督，自我管理和监督同样重要。在监督管理方面，《管理规范》指出：托育机构应当加强党组织建设，积极支持工会、共青团、妇联等组织开展活动。托育机构应当建立工会组织或职工代表大会制度，依法加强民主管理和监督。托育机构应当制定年度工作计划，每年年底向卫生健康部门报告工作，必要时随时报告。建立托育机构信息公示制度和质量评估制度，实施动态管理，加强社会监督。

三、 婴幼儿照护服务

托育机构作为 0—3 岁儿童早期养育的重要场所，其服务的质量与儿童健康成长密切相关。高质量的婴幼儿照护服务可以有效促进儿童全面发展，为人的终身发展奠定基础。2019 年，我国正式启动了婴幼儿照护服务体系的建设，全国范围内托育机构数量激增，但各类机构发展水平不一,托育事业发展尚处于起步阶段,应充分关注托育服务的质量。

（一）托育服务工作的意义

0—3 岁是人生的最初阶段,也是奠定人生发展的重要阶段。托育服务对儿童的发展具有十分重要作用。一个良好的托育机构,不但能够给 0—3 岁婴幼儿提供适合其年龄发展特点的活动,增加其接触家庭外的人与事的成长环境,并且能够与儿童家庭形成良好的互动,减轻家庭负担,提高家庭育儿质量,更能推动经济和社会的发展。

1. 托育服务对儿童发展的影响

首先,托育服务质量会直接对儿童身体健康产生影响,并与儿童的体重显著相关。婴幼儿时期是人类发展的最初阶段,是个体发展过程中生长发育最快的阶段。身体健康是婴幼儿成长发展的物质基础,也是他们心理发展的必要条件,为个体的终身发展奠定了基础。婴幼儿由于各种器官都很娇嫩、机体发育不完善、缺乏生活经验、自理能力较差,故十分需要安全、积极的教养环境。

其次,托育服务质量会影响儿童的认知和非认知能力的发展。大量研究证明,相比于得到低质量照护的儿童,得到高质量照护的儿童在语言和认知方面发展得更好,而由于成本控制导致的儿童保育质量下降,将影响儿童的情感和智力发展。研究同样显示,托育机构的环境质量和主管教师的职业生涯时间与被观察儿童的语言理解、概念理解等认知发展状况呈显著正相关。此外,有研究显示,成功的早期教育和照护可以帮助儿童发展非认知技能,如自信和好奇心,早期获得这些技能的儿童可以完成更高要求的学习任务。

最后,托育服务质量会影响儿童社会能力的发展。高质量的托育服务通常与儿童较少的行为问题和更好的社交能力有关。英国的研究报告指出儿童社会情绪发展与享受正规的托育服务相关,儿童接受托育机构(托儿所、游戏小组)提供的托育服务,与更多的亲社会行为、更少的情绪症状和同伴问题相关。挪威的纵向研究结果显示,儿童 3 岁时在托育机构的互动质量与亲社会行为、自我控制、自信、适应力和同理心之间存在紧密的关系。接受托育中心照护的儿童会掌握更多社交技能,如更乐于与同伴一起玩、谈论自己的情绪、拥有最喜欢的朋友,以及更多参与角色扮演。

2. 托育服务对家庭生活的重要性

由于我国 0—3 岁婴幼儿托育机构缺乏,许多双职工家庭只能将孩子交给家中老人或保姆照料。看护人的能力和素质的高低直接影响着婴幼儿保育的质量,若缺乏科学的家庭育儿理念和方法,可能会给儿童健全人格、健康体魄、良好道德品质及行为习惯等方面的培养带来不利影响。另外,隔代教养挤占了老人晚年的休闲时间与精力;月嫂、保姆雇佣费用的增高,使得许多工薪家庭难以承受。因此,随着我国新生育政策的实施,家长迫切希望可以发展公共托育服务。提供有质量的托育服务,一方面可以对家庭育儿过程中出现的问题给予指导;另一方面,也可缓解家庭支出严重不足的问题。

3. 托育服务对社会发展的重要性

婴幼儿的身体和心理能否得到健康的发展,不仅关系到婴幼儿自身的发展,还关系到社会的发展、人类的进步,以及民族、国家的兴旺。现代社会建设需要身心健康的公民去从事各项工作,重视婴幼儿的身心健康,不断提高婴幼儿的健康水平可提高新一代人的素质,使其更好地适应社会、服务社会、推进社会的发展与进步。此外,大部分女性长期以来承担着照顾儿童的主要责任,然而随着女性就业比例的大幅增加,女性(母亲)作为主要带养人的角色受到了挑战,有些家庭中的母亲为了让孩子获得更好的家庭教育,不得不放弃事业回归家庭。可负担的高质量公共托育服务有助于缓解家庭照料与女性就业间的矛盾冲突,平衡家庭与工作的关系,帮助女性产后再就业等,进而促进社会的稳定和经济的发展。

(二)托育服务工作的内容

托育的服务对象是0—3岁的婴幼儿及其家庭,服务形式是相对于家庭托育而言的社会托育服务,服务内容既包括儿童照料和看护服务,也包括认知能力提升等早期教育服务。《指导意见》主要聚焦托育的"教"和"保","教"的任务主要是指导婴幼儿发展生活技能和认知能力,而"保"在于保护和促进婴幼儿的身心健康发展。《上海市0—3岁婴幼儿教养方案》提出,婴幼儿的早期教养应遵循四个理念,即关爱儿童、满足需求;以养为主、教养结合;关注发育,顺应发展;因人而异、开启潜能。结合国家的要求,托育机构的工作必须抓好以下七个方面。

1. 建立合理的收托管理制度

托育机构应明确收托管理制度,包括婴幼儿入托资格制度、健康检查合格登记制度、婴幼儿接送制度、婴幼儿保健管理制度等,推进托育机构的科学化、合理化管理机制。

《管理规范》规定:婴幼儿父母或监护人应当主动向托育机构提出入托申请,并提交真实的婴幼儿及其监护人的身份证明材料。另外,托育机构应当与婴幼儿监护人签订托育服务协议,明确双方的责任、权利义务、服务项目、收费标准以及争议纠纷处理办法等内容。还要求,婴幼儿进入托育机构前,应当完成适龄的预防接种,经医疗卫生机构健康检查合格后方可入托;离开机构3个月以上的,返回时应当重新进行健康检查。

《儿童入托、入学预防接种证查验办法》明确规定:托育机构、幼儿园和学校在儿童入托、入学时,须查验预防接种证上入托、入学预防接种完成情况评估结果或接种单位提供的其他形式评估儿童预防接种完成情况的资料。

此外,托育机构还要做好建立档案记录,运用行为观察、记录等方法,获得婴幼儿个体身心发展历史的和现实的资料,把它们积累起来归档整理,做好婴幼儿生理和心理的记录与追踪工作。如《管理规范》指出:托育机构应当建立收托婴幼儿信息管理制度,及时采集、更新,定期向备案部门报送。《儿童入托、入学预防接种证查验办法》指出:预防接种证查验相关资料应当纳入学生健康档案和学校卫生资料管理。

2. 提供合理健康的饮食

托育机构是为 0—3 岁婴幼儿提供生活照护的服务机构,喂养是托育机构婴幼儿生活照护的核心,加上婴幼儿月龄小、食物敏感性高及消化弱等特殊性,托育机构中的食品安全与膳食管理尤为重要。

在食品操作区规范方面,《托儿所、托育机构建筑设计规范》规定:厨房应按工艺流程合理布局,并应符合国家现行有关卫生标准和现行行业标准《饮食建筑设计标准》的规定。厨房使用面积宜每人 $0.40\,\mathrm{m}^2$,且不应小于 $12\,\mathrm{m}^2$。厨房加工间室内净高不应低于 $3.00\,\mathrm{m}$。厨房室内墙面、隔断及各种工作台、水池等设施的表面应采用无毒、无污染、光滑和易清洁的材料;墙面阴角宜做弧形;地面应防滑,并应设排水设施。当托儿所、幼儿园建筑为二层及以上时,应设提升食梯。食梯呼叫按钮距地面高度应大于 $1.70\,\mathrm{m}$。

在婴幼儿食品安全管理方面,5 岁以下儿童很容易受到食源性疾病的感染,从食物中发现的危险性病原体感染的细菌包括:弯曲杆菌、肉毒杆菌、隐孢子虫、大肠杆菌、李斯特菌、沙门氏菌等。这些细菌会导致婴幼儿恶心、呕吐、胃疼痛和痉挛、发烧和发冷等。因此,托育机构食品安全应秉持以下三个原则。一是可控性原则。托育机构食品设施设备均在保育人员的科学可控范围之内,温度、存放时间、饮食内容都在食品安全可控范围之内,保证婴幼儿所有的入口食物安全营养。二是膳食均衡原则。《管理规范》指出:托育机构应当顺应喂养,科学制定食谱,保证婴幼儿膳食平衡。有特殊喂养需求的,婴幼儿监护人应当提供书面说明。三是合规操作原则。《托儿所幼儿园卫生保健管理办法》在膳食管理方面提出,食堂应当按照《中华人民共和国食品安全法》《中华人民共和国食品安全法实施条例》等有关法律法规和规章的要求,认真落实各项食品安全要求。因此,托育机构食品采购、洗消保洁、食品留样、信息公开、人员管理等各环节要求合规,每一环节要求形成独立食品安全管理体系,做到有痕迹与记录,保证可追寻、可监督。

政策导引

学习《托儿所幼儿园卫生保健管理办法》。

在托育人员操作规范方面,一方面,托育人员应认真观察婴幼儿的行为,了解婴幼儿的喂养情况、饮食行为、食物偏好以及通过膳食所摄入的能量和各种营养素的水平,确定喂养操作目标,全面、合理评价婴幼儿的营养状况和需要。另一方面,托育人员应该选择科学的婴儿喂养途径、形式和方法,善于根据保育目标和婴幼儿的需要,利用多种途径实施喂养影响,不同的婴幼儿应选择不同的喂养形式,形式不能过于单一。集体进食、单个喂养是托育机构常用的喂养方式。此外,托育人员要尊重婴幼儿的暗示性行为,不能强迫婴幼儿进食。

要特别提出的是,婴幼儿出生后的前两年是婴幼儿学习和接受健康食物的高度敏感时期,托育人员在这个阶段起着至关重要的照顾者角色。托育机构在为婴幼儿科学安排饮食的同时,要学习使用和选择正确的食物与喂养方式来促进婴幼儿健康饮食习惯的形成,比如定时定量,使机体有规律地进行消化活动;不挑食、不偏食、少吃零食,使身体得到应有的营养;要细嚼慢咽,以利消化吸收等。

3. 科学合理安排婴幼儿生活

0—3 岁是婴幼儿成长与发展的关键时期,因此托育机构的生活安排要符合婴幼儿的生理特点和心理特点。建立合理、科学的作息时间安排有助于帮助婴幼儿建立稳定的生活规则和秩序意识,也有利于帮助婴幼儿尽快摆脱自我中心,逐渐形成、发展社会性。

合理的生活作息制度和有序的生活节奏是保证婴幼儿身心健康发展的重要因素。《管理规范》指出:托育机构应当科学合理安排婴幼儿的生活,做好饮食、饮水、喂奶、如厕、盥洗、清洁、睡眠、穿脱衣服、游戏活动等服务。托育机构应当保证婴幼儿每日户外活动不少于 2 小时,寒冷、炎热季节或特殊天气情况下可酌情调整。托育机构应当以游戏为主要活动形式,促进婴幼儿在身体发育、动作、语言、认知、情感与社会性等方面的全面发展。托育机构应当提供适宜刺激,丰富婴幼儿的直接经验,支持婴幼儿主动探索、操作体验、互动交流和表达表现,发挥婴幼儿的自主性,保护婴幼儿的好奇心。

《托儿所幼儿园卫生保健管理办法》托育机构要制定与儿童生理特点相适应的体格锻炼计划,根据儿童年龄特点开展游戏及体育活动,并保证儿童户外活动时间,增进儿童身心健康。

托育机构在安排婴幼儿生活时应注意以下几点:

(1) 托育活动内容应符合 3 岁以下婴幼儿的身心特点和发展规律,有利于婴幼儿身心健康和谐发展,不得开展违背婴幼儿养育基本要求、有损其身心健康的活动。应加强生活护理,并帮助婴幼儿养成良好的生活习惯。

(2) 婴幼儿在机构内的生活时间分配要合理,各环节时间安排要相对固定,一项内容的活动时间不宜过长,内容与内容间要整合,同一内容可多次重复。

(3) 托育机构应当保证婴幼儿每日户外活动不少于 2 小时,寒冷、炎热季节或特殊天气情况下可酌情调整。

(4) 托育活动以游戏为主,支持婴幼儿通过操作、摆弄、探索、交往,获得丰富的直接经验。活动组织方式灵活多样,以个别、小组为主,集中统一活动时间不宜过长,便于托育人员多与幼儿进行面对面、一对一的个别交流,体现情感关怀。

4. 做好婴幼儿教养活动的各类计划与记录

《上海市 0—3 岁婴幼儿教养方案》指出:观察婴幼儿的活动过程,及时捕捉和记录其行为的瞬间,用个案记录和分析的方法,因人而异地为其发展制定个别化的教养方案及成长档案。

制定教养计划是实施、完成教养目标的重要环节和保证,计划的制定必须建立在托育教师对婴幼儿现状的分析以及对未来发展预测的基础上。而托育教师对婴幼儿活动进行观察记录是为了更好地理解儿童,更深刻地反思教养行为,更恰当地调整教养计划,从而更有效地开展教养工作。婴幼儿教养活动的各类计划与记录包括班级计划、周计划、日计划等以及日常观察记录、家园联系册等。

托育机构中婴幼儿教养活动的各类计划与记录主要围绕婴幼儿的情况展开,主要从两个方面展开:一是婴幼儿个体的发展状况,包括生理发育情况、个性特点和现有发展水平,它是托育人员开展教养工作的基础。二是家庭教养情况,包括家长的基本情况、教养方式等,它是婴幼儿发展的背景。相对于幼儿园孩子来说,托育人员对婴幼儿的情况分析应更周全、更细腻。

5. 建立严格的健康管理和疾病防治工作

托育机构是儿童接受启蒙和集体生活的重要公共场所。其聚集性、封闭性易导致手足口、腮腺炎、水痘、流感和麻疹等传染病的传播、爆发、流行。卫生管理工作的优劣直接影响着婴幼儿的身心健康和地区经济的发展及社会稳定。贯彻"预防为主"的方针,是托育机构保证身体健康、减少疾病发生的重要举措。

托育机构一方面要建立健康检查制度,了解婴幼儿的生长发育情况,完善健康检查及登记制度,及时防病治病,保障婴幼儿的身心发展。如《管理规范》规定:托育机构应当坚持晨午检和全日健康观察,发现婴幼儿身体、精神、行为异常时,应当及时通知婴幼儿监护人。《托儿所幼儿园卫生保健管理办法》指出托育机构应当"贯彻保教结合、预防为主的方针,认真做好卫生保健工作"。另外,应"建立健康检查制度,开展儿童定期健康检查工作,建立健康档案。坚持晨检及全日健康观察,做好常见病的预防,发现问题及时处理"。

另一方面,托育机构要积极配合有关单位,对照《托儿所幼儿园卫生保健管理办法》和《托儿所幼儿园卫生保健工作规范》,建立并严格执行有关的卫生保健制度,加强传染病防控工作等各项制度的落实,合理并规范隔离室、晨检接待室、消毒间设置,提高卫生功能间设置率和规范程度,切实发挥其疾病预防控制作用。

《管理规范》指出:托育机构应当按照有关托儿所卫生保健规定,完善相关制度,切实做好婴幼儿和工作人员的健康管理,做好室内外环境卫生。托育机构应当建立卫生消毒和病儿隔离制度、传染病预防和管理制度,做好疾病预防控制和婴幼儿健康管理工作。

政策导引

学习《托儿所幼儿园卫生保健工作规范》。

6. 建立安全防护和检查机制

由于婴幼儿年龄幼小,缺乏安全知识和自我防护能力,托育机构应重视婴幼儿安全,加强安全保护措施,制定安全保护和安全检查制度。这是托育机构保育工作的重要组成部分,也是国家对托育机构的基本要求。

《儿童权利公约》规定:缔约国应采取一些适当的立法、行政、社会和教育措施,保护儿童在受父母、法定监护人或其他任何负责照管儿童的人的照料时,不致受到任何形式的身心摧残、伤害或凌辱,忽视或照料不周,虐待或剥削,包括性侵犯。

《管理规范》规定:托育机构应当落实安全管理主体责任,建立健全安全防护措施和检查制度,配备必要的安保人员和物防、技防设施。托育机构应当制定重大自然灾害、传染病、食物中毒、踩踏、火灾、暴力等突发事件的应急预案,定期对工作人员进行安全教育和突发事件应急处理能力培训。托育机构应当明确专兼职消防安全管理人员及管理职责,加强消防设施维护管理,确保用火用电用气安全。托育机构工作人员应当掌握急救的基本技能和防范、避险、逃生、自救的基本方法,在紧急情况下必须优先保障婴幼儿的安全。托育机构应当建立照护服务、安全保卫等监控体系。监控报警系统确保24小时设防,婴幼儿生活和活动区域应当全覆盖。监控录像资料保存期不少于90日。

《托儿所幼儿园卫生保健工作规范》在安全制度方面,也提出了具体要求,如:各项活动应当以儿童安全为前提,建立定期全园(所)安全排查制度,落实预防儿童伤害的各项措施。房屋、场地、家具、玩教具、生活设施等应当符合国家相关安全标准和规定。应当建立重大自然灾害、食物中毒、踩踏、火灾、暴力等突发事件的应急预案,如果发生重大伤害时应当立即采取有效措施,并及时向上级有关部门报告。

《托儿所幼儿园卫生保健工作规范》指出托育机构应当加强对工作人员、儿童及监护人的安全教育和突发事件应急处理能力的培训,定期进行安全演练,普及安全知识,提高自我保护和自救的能力。保教人员应当定期接受预防儿童伤害相关知识和急救技能的培训,做好儿童安全工作,消除安全隐患,预防跌落、溺水、交通事故、烧(烫)伤、中毒、动物致伤等伤害的发生。

安全管理是托育工作的重中之重,托育机构所有建设工作都是建立在安全的基础上,离开了安全,一切工作都无从谈起。由于婴幼儿群体的特殊性,托育人员在上岗开展工作之前,应当经医疗卫生机构进行健康检查,经过专业的安全意识和管理能力培训才可上岗。此外,托育机构也应根据实际情况,制定各项科学合理的安全管理制度、各部门的安全工作细则,并敦促全体托育人员和家长严格执行各项安全防护制度。

7. 建立有效的家园、社区沟通机制

托育机构的托育服务工作与家庭间的长效参与和引导是一个有机的整体。在过程中,家长的共同参与、正确培养有着不可替代的积极作用。

一方面,托育机构与家庭建立有效的沟通机制有利于提高托育服务质量,为家长提供更有针对性的家庭指导,如《管理规范》要求托育机构建立与家长联系的制度,定期召开家长会议,接待来访和咨询,帮助家长了解保育照护内容和方法。托育机构应当成立家长委员会,事关婴幼儿的重要事项,应当听取家长委员会的意见和建议。托育机构应当建立家长开放日制度。

另一方面,从生理上看,婴幼儿的各种器官、各个系统还没有成熟和发育完整;从心理上看,婴幼儿年龄小、生活经验少,生活自理能力和自我控制能力都比较差,对成人的依赖性强,需要爱抚、保护和安全。因此,有效的交流沟通机制有利于及时发现婴幼儿生理和心理异常。《管理规范》要求托育机构建立照护服务日常记录和反馈制度,定期与婴幼儿监护人沟通婴幼儿发展情况。托育机构应当坚持晨午检和全日健康观察,发现婴幼儿身体、精神、行为异常时,应当及时通知婴幼儿监护人。

此外,家庭作为托育机构的重要合作伙伴,托育机构应本着尊重、平等、合作的原则,真诚地对待每一位家长,如实地开展个性化的育儿交流,满足他们的家庭教育需求,从而帮助他们提升家庭教育观念,为家长树立理解、信任、支持和主动参与托育服务的信念。用换位的思考方式,使家长对托育过程中可能会出现的繁琐要求,少一份抱怨、多一份宽容;少一些指责、多一些理解。托育机构应赢得家长的信任与尊重,实现共育的正确目标。

（三）托育服务工作的原则

1. 尊重婴幼儿发展权利的原则

首先,婴幼儿是社会的基本成员,对婴幼儿的教育必须遵循《中华人民共和国未成年人保护法》《中华人民共和国教育法》等法律法规,切实尊重婴幼儿作为一个社会成员所应当享有的尊严和合法权利。婴幼儿尽管弱小、幼稚,没有社会经验,但在人格上与成人却是平等的,不能随便摆布或强迫婴幼儿做他们不愿意的事情,更不能随便打骂或侮辱。

其次,要保证每一个婴幼儿接受教育的权利。教育不是面对少数天才儿童的"英才教育",而是面向每一个儿童,包括残障儿童的全民素质教育,应当把有机会接受高质量的早期教育看作是每一个婴幼儿应有的权利。

再次,婴幼儿的早期教育是以提高综合能力为重点的素质教育,是尊重婴幼儿的兴趣和自主选择的权利,为人的终身发展奠定良好基础的教育。没有对婴幼儿的尊重就谈不上真正的教育,婴幼儿教育应该是尊重婴幼儿权利的教育。

2. 促进婴幼儿全面和谐发展的原则

该原则强调关注发育、顺应发展、全面关心婴幼儿的成长过程。在教养实践中,要把握成熟阶段和发展过程,关注多元智能和发展差异,关注经验获得的机会和发展潜能。学会尊重婴幼儿身心发展规律,顺应儿童的天性,让他们能在丰富、适宜的环境中自然发展、和谐发展、充实发展。

科学的婴幼儿教育在本质上应当是为人的终身发展奠定良好基础的素质教育,是促进婴幼儿德、智、体、美、劳各方面得到健康和谐发展的教育。高质量的教育要适合婴幼儿的年龄特征和发展差异,是为婴幼儿的全面发展创造的一种合理的空间和环境。

3. 以情感体验为主体的原则

婴幼儿的情绪就是生理需要的"显示器"。要密切关注他们的情绪变化,使之处于最佳的生理状态。由于婴幼儿是通过成人的情感声调、姿态和表情辨别对与错的,成人需要通过自身的各种反应去引导婴幼儿的情绪行为,做到以情治情,如通过拥抱、微笑等动作减少婴幼儿的负面情绪,让婴幼儿在愉快的交往过程中体验教育的快乐,获得各种感情体验。这有利于增强婴幼儿适应环境变化的能力,培养其乐观、自信和坚强的性格。

4. 以养为主、教养结合的原则

婴幼儿教育离不开适宜的生理成熟度,保育和教育是两个不同的方面。"以养为主,教养结合"强调婴幼儿的身心健康是发展的基础,在开展保教工作时,应把儿童的健康、安全及养育工作放在首位。坚持保育与教育紧密结合的原则,保中有教,教中重保,自然渗透,教养合一。

婴儿从出生起就有种积极地、能动地从环境中学习各种事物的能力,因此婴幼儿的教育要蕴含于生活之中。托育人员在教养实践中要把握成熟阶段和发展过程,关注多元智能和发展差异。托育人员应学会尊重婴幼儿的身心发展规律,顺应儿童的天性,让他们能在丰富的、适宜的环境中自然发展,和谐发展,充实发展。

5. 关注个别差异,促进婴幼儿个体发展的原则

托育人员要重视婴幼儿在发育与健康、感知与运动、认知与语言、情感与社会性等方面的发展差异,提倡更多地实施个别化的教育,使保教工作以自然的差异为基础。切忌从预先设立的目标出发,进行"揠苗助长"式的教育,因为每个婴幼儿成熟的时间、顺序、气质等都有差异。教育的多样性就是根据婴幼儿的发展需要来确定教育目标,根据每个人的兴趣来确定活动的内容。让婴幼儿处于多种活动之中,通过与周围环境中的人和物的交互作用获得认知与发展,通过在各种活动中接触事物和现象来获得体验,来观察、发现和思考问题,逐步积累知识和社会经验。

同时,托育人员要充分认识到人生许多良好的品质和智慧的获得均在生命的早期,必须密切关注,把握机会;要为婴幼儿提供适宜刺激,诱发多种经验的学习,充分利用日常生活与游戏中的情景,开启潜能,推进发展。

第三节　托　育　人　员

婴幼儿托育服务是我国当前重要而迫切发展的民生工程。婴幼儿托育人员的发展,关系到"幼有所育"和"工作——家庭"平衡的实现。但目前,我国婴幼儿托育人员发展在政策法规、标准规范、服务供给上,仍无法满足社会托育需求,无法完全缓解家庭养育压力。因此,进一步明确托育人员的社会角色和法律地位、社会关系、道德规范、法律风险及其预防,对于规范我国托育人员队伍建设与提升托育服务质量有着重要的意义。

一、 托育人员的权利与义务

（一）作为公民的托育人员

公民的基本义务与基本权利共同反映并决定着公民在国家中的政治与法律地位,构成普通法律规定的公民权利义务的基础和原则。作为公民的托育人员,享有《中华人民共和国宪法》规定的基本权利,并且要履行规定的基本义务。

1. 公民的基本权利

《中华人民共和国宪法》规定,作为中国公民享有的基本权利有政治权利和自由、宗教信仰自由、人身与人格权、监督权、社会经济权利、社会文化权利等。在政治上享有政治权利和自由,如选举权和被选举权,言论、出版、集会、结社、游行、示威的自由。在人身自由方面,享有人身自由权、住宅不受侵犯权、人格尊严权、通信自由和通信秘密权等。在社会经济方面,享有财产权、劳动权、劳动者休息权、退休人员生活保障权、获得物质帮助权以及受教育权等。在社会生活方面,具有宗教信仰自由权利、教育科学文化权利和自由、妇女儿童权利等,还享有公民的平等权,即所有公民,在法律面前一律平等。另外在基本权利受侵犯时,有获得救济的权利,如申诉、控告,取得国家赔偿权等。

2. 公民的基本义务

公民的基本义务是指由《中华人民共和国宪法》规定的公民必须遵守和应尽的基本责任。公民的基本义务是公民对国家具有首要意义的义务,它构成普通法律规定的义务的基础。我国公民有维护国家统一和全国各民族团结的义务,此外,公民必须遵守《中华人民共和国宪法》和其他法律、保守国家秘密、爱护公共财产、遵守劳动纪律、遵守公共秩序、尊重社会公德。作为公民,还有依法服兵役的义务以及依法纳税的义务。

（二）作为保教人员的托育人员

《中华人民共和国教师法》（以下简称《教师法》）第一章第二条规定"本法适用于在各级各类学校和其他教育机构中专门从事教育教学工作的教师"。其中,也包括0—3岁托育机构的托育人员。

1. 托育人员的权利

（1）教育权。

《教师法》规定教师享有"指导学生的学习和发展,评定学生的品行和学业成绩"的权利。托育机构中的工作人员在实施教养活动时,应积极创设温馨舒适的婴幼儿教养环境,为婴幼儿提供生理与心理的安全感,合理安排婴幼儿的作息时间,科学地实施婴幼儿教养计划,遵循婴幼儿身心发展的规律,顺应婴幼儿的天性,把握婴幼儿各阶段和发展过程的特点,关注发展差异,使其获得多种早期经验,得到自然、和谐、充实的发展。

(2)科学研究权。

《教师法》规定教师享有以下权利:进行教育教学活动,开展教育教学改革和实验;从事科学研究、学术交流,参加专业的学术团体,在学术活动中充分发表意见。但需要注意的是,科学研究权是有前提的,即教师不能影响正常的托育教学活动,如托育人员不参加正常工作而仅参与研讨会议,学校有权对其进行相应的处理。此外,托育人员在进行科学研究时,还应注重伦理规范,不得侵害婴幼儿的生命健康权和有关教育权利,要注重保护婴幼儿的隐私和其他相关权利。

(3)管理婴幼儿权。

管理婴幼儿权指的是托育人员有权指导婴幼儿的学习与发展,评定婴幼儿的成长发展。从生命开始之初,婴幼儿就需要得到良好的养育照护,包括保护和促进健康、充足的营养、充满爱的互动和亲子关系、安全保障、早期学习的机会。由于婴幼儿年龄较小,独立生活能力和自我保护能力较差,这就要求托育人员在履行教育教学权利时,运用科学的育儿方法,充分体现对婴幼儿的保护和关爱,不得强迫婴幼儿,更不得出现虐待等侵犯婴幼儿生命健康权的现象。

(4)民主管理权。

《教师法》规定教师有以下权利:对学校教育教学、管理工作和教育行政部门的工作提出意见和建议,通过教职工代表大会或者其他形式,参与学校的民主管理;参加进修或者其他方式的培训。《管理规范》规定:托育机构应当建立工会组织或职工代表大会制度,依法加强民主管理和监督。托育人员主要是通过职工代表大会,对托育机构的工作提出自己的意见和建议,对托育机构的负责人实行监督。因此,托育人员应以主人翁的态度履行自己的权利,推进托育机构的民主建设,提高托育机构的管理效率和水平。

(5)获得报酬权。

《教师法》规定教师享有"按时获取工资报酬,享受国家规定的福利待遇以及寒暑假期的带薪休假"的权利。获得报酬权是指公民付出一定劳动后应该获得的物质补偿。劳动者与用人单位所协商的劳动报酬不能低于集体合同的标准,更不能低于国家的最低工资标准。托育人员有权依法获得的工资报酬包括基础工资、职务工资、课时报酬、奖金及教龄津贴、津贴以及包括其他各种津贴在内的工资性收入,如托育机构不发、减发工资,是对其获得报酬权的侵犯,托育人员可以依法维权。

(6)参与进修、培训的权利。

《教师法》规定教师享有"参加进修或者其他方式的培训"的权利。教师进修的目的有两个方面:一是提高学历层次,属于继续教育,是终身教育的一部分;二是岗位培训,以获取新的教育思想、教学理念,提升自己的保教质量。

目前,我国针对0—3岁婴幼儿托育人员的培训制度和体系尚未建立,婴幼儿的托育机构包括公办幼儿园的托班、托育机构和民办托育机构,各机构的师资水平、办学条件、课程质量差距较大,从整体上看,托育服务的质量有待提升。对此,各类托育机构更应加强托育人员的专业技能培训与监管力度,为托育人员拟定职业培训计划,提供丰富多样的培训机会,将婴幼儿托育服务人员作为急需紧缺人员纳入培训规划,共同促进托育人员队伍的长足稳定发展。

2. 托育人员的义务

托育人员享有一定权利的同时,也应承担相对应的责任和义务,结合《教师法》及其他法律法规的规定,托育人员应承担的义务如下。

(1)遵守《中华人民共和国宪法》、其他法律和职业道德,为人师表。

(2)贯彻国家的教育方针,遵守规章制度,执行托育机构的保教计划,履行聘约,完成保教工作任务,减少喂养、睡眠等养育照护问题的发生。

(3)坚持儿童优先的原则,尊重婴幼儿成长特点和规律,最大限度地保护婴幼儿,确保婴幼儿的安全和健康。

(4)根据不同月龄婴幼儿的生理、心理特点,对其生活起居,诸如睡眠、进食、活动、如厕、洗澡等给予合理安排,为婴幼儿提供积极的、支持性的、敏感了解婴幼儿需求并及时回应的良好养育照护,科学制定食谱,保证婴幼儿膳食平衡。

(5)关心爱护全体婴幼儿,尊重婴幼儿,在保证安全的前提下,给婴幼儿自主做事情的机会,重视婴幼儿的情感变化,给予适当的刺激,支持婴幼儿主动探索、操作体验、互动交流和表达表现,发挥婴幼儿的自主性,保护婴幼儿的好奇心,而不是试图改变他们的性情。

(6)积极建立与家长的联系,定期召开家长会议,接待来访和咨询,帮助家长了解保育照护的内容和方法。加强与社区的联系和合作,面向社区宣传科学育儿知识,开展多种形式的服务活动,促进婴幼儿的发展。

(6)制止对婴幼儿有害的行为或者其他侵犯婴幼儿合法权益的行为,批评和抵制对婴幼儿健康成长有害的现象,有效防范意外伤害,避免婴幼儿经受各种伤害,保障婴幼儿的心理安全等。

(7)不断提高思想政治觉悟和保教工作水平,掌握基本的卫生保健专业知识、心理健康知识、教养方法、急救原则和方法等。

二、 托育人员的社会关系

托育人员作为社会职业之一,与其工作的机构、工作的对象等之间存在各种社会关系。

(一)托育人员与托育机构

托育人员与托育机构的关系属于劳动关系,适用于《中华人民共和国劳动法》的有关规定。托育人员作为劳动者提供劳动,获得相应的报酬;托育机构接受托育人员的劳动,并为其支付报酬。托育人员的聘任始于托育机构面向社会公开招聘,托育机构对于托育人员方面是择优录用;聘任一般具有一定的期限,期限届满时,可以选择续聘或解聘;双方协商一致可以解除劳动合同关系;聘任制下的托育人员和托育机构均可以在一定条件下单方面解除劳动合同,但基于社会诚信、基于对教育事业的负责以及基于对劳动者权利的保障,托育人员不能随意离职,托育机构更不能无故辞退托育人员。

享有事业单位编制的托育人员,与托育机构是行政法律关系。一般认为,托育机构和托育人员的法律地位有一个共同点,即代表国家和社会的利益,带有公共性质。根据《教师法》的规定,教育行政部门等应对教师工作加以指导、服务和监督。在其出现了违纪或是违反职业道德的行为时,教育行政部门可以对其进行行政处分。情节严重构成犯罪的,由司法机关依法追究刑事责任。

(二)托育人员与婴幼儿

在服务对象上,婴幼儿托育人员是专门服务于0—3岁婴幼儿的群体。婴幼儿是受教育者,托育人员是施教者。托育人员和婴幼儿之间,既是师生关系,也含有"亲子关系"的内容;既有伙伴关系的内容,也有照料者与被照料者、指导者与被指导者、保护者与被保护者的关系。

托育人员是婴幼儿生活的照料者和生活习惯的培养者。由于生理和心理发育的限制,0—3岁婴幼儿暂时无法实现自我照料。但婴幼儿时期是情感、动作、语言等发展的关键期,托育人员开展"入托适应性教育""动作发展教育""早期阅读活动"等教养活动,对婴幼儿的情感、健康、认知和语言的发展起着积极的推动作用。

托育人员是婴幼儿心灵成长的支持者。一个健康的婴幼儿,不仅要有强健的体魄,而且还要有健康的心理状态与稳定的情绪。从婴幼儿心理发展的特点来看,无论是认知过程的发展,还是意志、个性的发展,婴幼儿均由一个无意识、无目的的状态渐渐向有意识、有目的的状态发展,这就要求托育人员不仅需要注意婴幼儿的身体健康的保育,而且要注意他们心理健康的保育,使婴幼儿感受到被人关心与爱护的温暖和愉快,感到安全,促进婴幼儿心理的良好发展。

(三)托育人员与婴幼儿家长

托育机构提供的托育服务的对象除了婴幼儿之外,还有家长。托育人员向家长传授家庭教育理念、有针对性地指导其教养方法。在托育服务的过程中,托育人员和家长是合作关系。托育机构提供的公益性、普惠性的托育服务能够满足家庭高质量、低收费的托育诉求。

托育人员与婴幼儿家长是指导与被指导的关系。《指导意见》指出:加强对家庭的婴幼儿早期发展指导,通过入户指导、亲子活动、家长课堂等方式,利用互联网等信息化手段,为家长及婴幼儿照护者提供婴幼儿早期发展指导服务,增强家庭的科学育儿能力。托育人员基于自己的专业水平,可以对婴幼儿家长传递科学教养理念,以个别指导和集体指导相结合的方式,为家长提供入托准备、膳食营养、生长发育、计划免疫、安全防护、疾病防控、儿童心理行为发育评估等方面的指导,帮助家长解决育儿困惑,缓解家长的育儿焦虑。

婴幼儿家长是托育活动的参与者和组织者。一方面,婴幼儿家长在托育人员的指导下进行各项保育和教育活动。另一方面,家长也积极参与由托育人员组织的各项活动,如按照家园共育活动的计划,实施对婴幼儿的各项体能、智能、情感、艺术等熏陶的活动;参与家长会、家长讲座、家长学校、家长园地、亲子活动园地等。在这个过程中,婴幼儿家长的意见不是仅仅起到"被参考"的作用,而是作为参与者和组织者,具有参与管理决策的意义。

托育人员与婴幼儿家长是合作的关系。托育机构与家庭共育旨在为婴幼儿的发展创设最佳环境。从抽象的环境概念上来讲,托育机构与家庭形成合力,可以为婴幼儿提供对其身心发展有利的物质环境、精神环境。从具体的环境概念上来讲,托育人员与婴幼儿家长可就婴幼儿的作息与营养、习惯培养、动作发展、语言发展、智力发展、美感发展、情感与个性发展等许多方面,在家庭、托育机构和社区之间构建起一个互相交流、多方渗透、互动影响的早期教养平台。

值得强调的是,托育人员与婴幼儿家长互动时需遵循保教一体性、模仿性与重复性、个别差异性和家园平等性的原则,这就要求托育人员应重视并尊重婴幼儿家长,根据婴幼儿及其家长的个体差异提供保育与教育方面的指导,在指导过程中需要有耐心,在重复指导过程中不断提高家长的科学育儿能力。

(四)托育人员与教育行政部门

国务院教育行政部门主管全国的教师工作,地方教育行政部门是托育人员的主管机关。教育行政部门对托育人员有监督和管理之责,对其考核工作进行指导和监督。对于违法违规的托育人员,有权予以处分。

同时,教育行政部门也负责保障托育人员行使权利。托育人员可以对教育行政部门的工作提出意见和建议;对托育机构侵犯其合法权益的,或者对托育机构作出的处理不服的,可以向教育行政部门提出申诉,教育行政部门应当在接到申诉的三十日内,作出处理;托育人员认为教育行政部门侵犯其根据法律规定享有的权利的,可以向同级人民政府或者上一级人民政府有关部门提出申诉,同级人民政府或者上一级人民政府有关部门应当作出处理。

此外,托育人员与托育机构的行政管理人员之间也存在社会关系,当出现第三方侵权时,托育人员也可以参与有关的争议解决活动,甚至是诉讼活动。

三、托育人员的法律风险及其预防

在托育事业的发展中,托育人员一直扮演着十分重要的角色,因此其合法权益一定要得到保护,才能够保证托育体系向着逐渐完善的方向进行。其权利保障和义务约束主要依靠《教师法》《中华人民共和国教育法》《中华人民共和国民办教育促进法》等。

一般认为,法律风险是民事主体行为与现行法律规范规定或双方的约定有违,非但不能实现其行为预期目的,反而可能因该行为受到法律制裁,[1]这种潜在的可能性即为法律风险。随着托育机构改革的深入推进,托育机构与托育人员的纠纷数量不断增长,纠纷内容和类型日益复杂化与多样化。

---

[1] 吴江水.完美的防范—法律风险管理中的识别、评估、与解决方案[M].北京:北京大学出版社,2010:5.

（一）托育人员的劳动、人事关系纠纷

托育机构与托育人员之间可能产生纠纷的事由比较广泛，贯穿劳动（聘用）合同的订立、履行、变更、解除等各个环节，具体事由包括但不限于职称评聘、业绩考核、工资发放、福利待遇、缴纳社保、辞职辞退等。根据我国目前的司法实践，法院受理的学校或托育机构与托育人员之间的法律纠纷主要是学校或托育机构与托育人员之间因辞职、辞退及履行聘用合同所发生的争议。[①] 而对于因职称评聘、业绩考核等事项发生的争议目前被认定为学校或机构内部管理行为，不属于法院的受案范围。

托育机构与托育人员产生法律纠纷的事由既有解除劳动关系、确认劳动关系、未签订劳动合同等非财产性事由，也有工资发放数额异议、未缴纳社会保险等财产性事由。由于解除人事（劳动）关系涉及与托育人员用人关系的终止，关系到托育人员劳动者身份的变化，直接影响托育人员享有的权利和履行的义务，所以，此类纠纷是托育人员最为关注的，也是最希望通过诉讼途径加以解决的，典型情形包括辞退、解聘（解雇）、按自动离职处理、不续聘、辞职等。

根据《中华人民共和国劳动合同法》的规定，托育机构作为用人单位与作为劳动者的托育人员建立劳动关系的订立顺行、变更解除或者终止劳动合同，依照《中华人民共和国劳动合同法》执行。托育人员与托育机构的关于订立、履行、变更、解除或者终止劳动合同的纠纷本应为劳动纠纷，但是根据《劳动人事争议仲裁办案规则》以及各地方具体规定，托育人员与普惠性公办托育机构之间的纠纷，不适用劳动仲裁程序解决，而视为人事纠纷，按照人事仲裁程序解决。至于非公立托育机构，因不是事业单位，此时托育人员与这些单位的争议属于劳动争议，适用劳动仲裁程序解决。

劳动纠纷的解决方式包括托育人员与用人单位的协商、劳动监察部门组织下的调解、劳动仲裁以及诉讼；《中华人民共和国教育法》还赋予托育人员向教育行政部门申诉的权利。人事纠纷的解决程序与此大致相当，托育人员可以与托育机构协商，可以请求主管部门进行调解，也可以申请人事仲裁，对人事仲裁结果不服的，可以起诉解决；同样，托育人员也可以向教育行政部门申诉。

托育机构与托育人员人事关系解除的直接表现是托育机构与托育人员聘用合同的解除，其直接的法律后果是双方权利义务关系的终止。现行法律规定的托育机构与托育人员解除劳动合同的类型主要包括两类：一类是双方协商后合意解除，另一类是托育人员或托育机构单方解除。结合司法实践和保护劳动者权益的视角，托育机构解聘托育人员时除了要符合法律法规的明确规定外，还应当履行严格法律法规要求的解聘程序。例如，托育机构应正式以书面形式通知并送达托育人员；给托育人员充分的时间来答辩；给托育人员提供证人和证据的机会；托育机构在作出有损托育人员利益的决定前最好举行听证会；托育人员有权聘请律师或法律顾问代理参加答辩和听证；保留听证会的记录和副本；托育人员有权对不利于自己的决定提起诉讼等。托育机构单方面解除劳动合同的，应当承担相应的赔偿或补偿

---

① 方芳，汪莉．从教师人事纠纷反观学校人事制度变革及应对——基于35例教师人事纠纷案例的实证研究［C］//天津市社会科学界联合会．天津市社会科学界第十五届学术年会优秀论文集：壮丽七十年辉煌新天津（下）．天津市社会科学界联合会：天津市社会科学界联合会，2019：9．

责任。另外,托育人员单方面解除劳动合同的,要提前通知托育机构;试用期间,托育人员和托育机构可以随时解除劳动合同。

托育人员在托育机构中,也可能面临获得报酬权受到侵害。一些托育机构可能拖欠托育人员工资,迫使其以各种形式捐赠和筹集资金;在职称评估、资格认可和技术培训方面,也存在政策透明度低的情况。托育人员学习进修权遭到漠视的现象也频频发生,由于承担行政职务或承担较重的保教工作压力,缺乏充沛的精力和时间投入科研课题的研究,托育人员依法享有的学习权利在实际情况下往往被剥夺或扭曲,难以得到有效保证。

此外,对于一些人事纠纷,如托育人员的工作时间、休息休假、社会保险等合法权益发生争议时,托育人员可以申诉。

（二）托育人员在保教过程中的法律风险

托育人员在保教工作中面临的法律风险是指托育机构在举办和正常教学过程中,由于托育机构的举办者、管理者、托育人员不懂法律、疏于法律审查或者无视法律,没有依法履行义务或依法行使权利,导致因违反法律或规章制度而承担法律责任的风险,承担不利后果的可能性。[①]

托育机构保教的对象具有特殊性。在我国,进入托育机构的儿童的年龄一般在3周岁以下,其认知能力和行为控制能力尚不成熟,相比于其他阶段来说,更容易受到各种伤害,一旦在托育机构保教期间受到人身伤害,托育机构和托育人员可能面临民事、行政甚至刑事责任。据统计,婴幼儿在托育机构中因伤害引发纠纷,在各类型教育机构中比例最高,托育人员也承担了比其他阶段教师更大的责任。

在易发生的法律风险中,除了举办阶段外,更多的法律风险集中在饮食、饮水、喂奶、如厕、盥洗、清洁、睡眠、穿脱衣服、游戏活动等日常保教活动阶段,尤其以保教喂养、健康监测、婴幼儿游戏和户外活动中的安全风险事件的发生概率较高,对此,托育机构和托育人员应当予以足够的重视。托育服务针对0—3岁婴幼儿这一特殊群体,不仅要求从业人员具备一定的专业工作能力,更需具备良好的道德品质,对婴幼儿保持耐心和爱心。

托育机构应建立婴幼儿健康检查制度和婴幼儿健康档案,一方面对可能出现的流行疾病提早采取预防措施;另一方面,制定应对突发情况的预案,以应对突发情况。此外,托育人员要根据婴幼儿身体状况随时调整保教活动,将危险情况降至最低。

孩子的安全健康是父母最为关心的,因此要建立与家长联系的制度,定期召开家长会议,接待来访和咨询,帮助家长了解保育照护内容和方法。托育机构应当成立家长委员会,事关婴幼儿的重要事项,应当听取家长委员会的意见和建议。但对于家长对托育人员的侵权行为,托育人员也应当及时维护自身的权益。

此外,在保教过程中严禁体罚和变相体罚婴幼儿。《中华人民共和国未成年人保护法》明确规定:应当尊重未成年人人格尊严,不得对未成年人实施体罚、变相体罚或其他侮辱人格尊严的行为。《管理规范》同样明确规定,有虐待儿童记录的个人禁止从事托育机构工作。

---

① 杨善铭.试谈中小学教师执业法律风险的防范[J].教育与教学研究,2014,28(07):17—20.

第四节 托育机构负责人及其他工作人员

一、托育机构负责人

（一）托育机构负责人的任职条件

关于托育机构负责人的任职条件，近年来国家和地方纷纷出台了相应政策和规范：

《设置标准》指出：托育机构负责人负责全面工作，应当具备大专以上学历，有从事儿童保育教育、卫生健康等相关管理工作3年以上的经历，且经托育机构负责人岗位培训合格。

《上海市3岁以下幼儿托育机构设置标准（试行）》指出：申请举办托育机构的社会组织、企业、事业单位，应当具有独立法人资格；申请举办托育机构的个人应当具有中华人民共和国国籍并具有政治权利和完全民事行为能力。

《广西托育机构设置与管理实施办法（试行）》要求：托育机构负责人应当具备大专以上学历，具有从事儿童保育教育或卫生健康等相关管理工作3年以上的经历，且经托育机构负责人岗位培训合格。

《四川省托育机构设置标准细则（试行）》指出：托育机构负责人负责全面工作，应当具有大专以上学历，有从事儿童卫生健康、保育教育等相关管理工作3年以上的经历，且经具有培训资质的相关培训单位、机构培训合格后方可上岗。

综上，托育机构负责人首先应当具有完全民事行为能力和良好的职业道德，热爱婴幼儿，身心健康，无虐待儿童记录，无犯罪记录，并符合国家和地方相关规定要求的资格条件；其次，托育机构负责人需要具备相关的学历背景、专业背景、资格认证，还要有一定的实践经验和管理能力。

（二）托育机构负责人的主要职责

《托育机构保育指导大纲（试行）》指出：托育机构负责人负责保育的组织与管理，指导、检查和评估保育人员的工作。

《负责人大纲》提出托育机构负责人应接受不少于60学时的理论与实践培训，目的在于：端正办托思想，正确理解贯彻党和国家的托育服务方针政策；规范办托行为，具备履行岗位职责必备的基本知识与能力；增强管理能力，能够科学组织与管理托育机构。培训的具体内容包括：法律法规和政策文件、职业道德、专业理念、规范发展、卫生保健知识、安全防护、保育管理、人员队伍管理、外部关系等理论内容；机构规范设置、日常管理制度、保育活动组织、应急管理训练等实践内容。

《浙江省托育机构3岁以下婴幼儿照护指南（试行）》指出：托育机构的工作人员应明确工

作职责,各司其职、认真履职、相互配合,有效地开展养育照护工作。托育机构负责人负责全面工作。建立并组织执行本机构的各项规章制度;负责指导,检查和评估保育人员、保健人员以及其他工作人员的工作。

《天津市促进3岁以下婴幼儿照护服务发展实施细则》指出:托育机构法定代表人或者负责人是托育机构安全和卫生保健工作的第一责任人。

从以上政策文件中可以看出,托育机构负责人的主要职责包括:

(1)负责托育机构的全面管理,主持托育机构工作,对托育机构的安全工作负总责。

(2)认真学习党的教育方针和国家的有关法律、法规、政策,全面贯彻《指导意见》《设置标准》《管理规范》等。

(3)自觉接受工会、共青团、妇联、计划生育协会等群团组织的社会监督。

(4)主持制定托育机构的工作计划和各项规章制度,确立分级管理目标,建立结构合理、协调灵活、反馈及时的科学管理机制;定期召开会议,深入第一线检查各项工作实施情况。

(5)负责托育机构工作人员的聘任、调整工作人员结构,定期对保教工作人员进行考核并作出正确评估,并组织育婴师、保育师、保健员、营养员等需持证上岗的从业人员的法治教育、职业道德教育、心理健康教育等职后培训和政治、业务上的学习。

(6)全面了解保育、教研、卫生保健及膳食管理情况,并根据实际情况及时调整,尽量减少工作中的失误。

(7)全面掌握教职员工的思想动态,充分发挥教职工的作用,发扬民主,尊重人格,加强"爱心、和谐、团结、向上"的托育人员队伍建设。

(8)重视和加强家庭科学育儿指导,对家庭育儿给予专业支持,在全社会形成重视家庭科学育儿的氛围和环境。

(9)及时了解国内外托育动态,研究托育新成果,关注婴幼儿早期发展的新动向。

我国托育机构负责人制度其实在一定程度上属于"园长负责制",主要包含了以下两方面的含义:第一,托育机构负责人对外作为托育机构的法人代表,代表托育机构整体做好与上级行政管理机构(包括上级领导)和社会(如所在社区、街道、居民)之间的沟通和交流工作,为顺利开展内部管理奠定基础;代表托育机构参与有关的民事或行政诉讼。第二,托育机构负责人对内作为托育机构的最高行政管理者,既统筹机构内各项工作有条不紊地开展,协调处理托育人员间的工作关系,还全面承担托育机构在民主管理前提下由于决策而产生的风险与责任。托育机构负责人对内的最高行政管理权是托育机构负责制的核心,具体包括了决策指挥权、人事管理权和财政管理权。与此同时,对托育负责人权力的控制和监督也尤为重要,因此托育机构应当建立工会组织或职工代表大会制度,依法加强民主管理和监督。

二、 其他工作人员

(一)其他工作人员的任职条件

《设置标准》提出托育机构应根据场地条件,配置综合管理、保育照护、卫生保健、安全保卫和后勤保障等工作人员。

1. 卫生保健人员

托育机构均须配备托育机构的医师、护士、保健员等卫生保健人员,根据《托儿所幼儿园卫生保健管理办法》规定,托育机构卫生保健人员的任职条件如下:

(1) 在卫生室工作的医师应按国家有关规定和程序取得卫生行政部门颁发的《医师执业证书》。

(2) 在卫生室工作的护士应当取得卫生行政部门颁发的《护士执业证书》。

(3) 在保健室工作的保健员应当具有高中以上学历,并经过卫生保健专业知识培训,具有托育机构卫生保健基础知识,掌握卫生消毒、传染病管理和营养膳食管理等技能。

《设置标准》规定:保健人员应当经过妇幼保健机构组织的卫生保健专业知识培训合格。

《浙江省托育机构 3 岁以下婴幼儿照护指南(试行)》指出:保健人员负责婴幼儿的卫生保健工作。制定婴幼儿一日生活安排和体格锻炼计划,进行巡视、观察和监督;负责制定各月龄段婴幼儿的食谱,指导调配婴幼儿膳食,检查食品和饮水卫生;指导婴幼儿的喂养;负责晨检、午检和全日健康观察;定期组织婴幼儿健康检查,做好婴幼儿健康档案管理;做好婴幼儿营养、生长发育的监测和评价;负责卫生与消毒的检查和指导,婴幼儿传染病、常见病的预防与控制;负责与当地卫生保健机构建立联系,协助做好疾病防控和预防接种等工作。

2. 事务人员

托育机构的事务人员包括了托育机构的后勤人员、保安人员、财会人员和托育机构负责人以外的管理人员等。

《设置标准》规定:保安人员应当取得公安机关颁发的《保安员证》,并由获得公安机关《保安服务许可证》的保安公司派驻。《上海市 3 岁以下幼儿托育机构设置标准(试行)》指出:托育机构应至少有 1 名保安员在岗,保安员应由获得公安机关颁发的《保安服务许可证》的保安公司派驻。

(二) 其他工作人员的主要职责

1. 保健人员

《托儿所幼儿园卫生保健管理办法》具体地规定了卫生保健工作的内容。

(1) 根据儿童不同年龄特点,建立科学、合理的一日生活制度,培养儿童良好的卫生习惯。

(2) 为儿童提供合理的营养膳食,科学制定食谱,保证膳食平衡。

(3) 制定与儿童生理特点相适应的体格锻炼计划,根据儿童年龄特点开展游戏及体育活动,并保证儿童户外活动时间,增进儿童身心健康。

(4) 建立健康检查制度,开展儿童定期健康检查工作,建立健康档案。坚持晨检及全日健康观察,做好常见病的预防,发现问题及时处理。

（5）严格执行卫生消毒制度，做好室内外环境及个人卫生。加强饮食卫生管理，保证食品安全。

（6）协助落实国家免疫规划，在儿童入托时应当查验其预防接种证，未按规定接种的儿童要告知其监护人，督促监护人带儿童到当地规定的接种单位补种。

（7）加强日常保育护理工作，对体弱儿进行专案管理。配合妇幼保健机构定期开展儿童眼、耳、口腔保健，开展儿童心理卫生保健。

（8）建立卫生安全管理制度，落实各项卫生安全防护工作，预防伤害事故的发生。

（9）制定健康教育计划，对儿童及其家长开展多种形式的健康教育活动。

（10）做好各项卫生保健工作信息的收集、汇总和报告工作。

（11）按时参加妇幼保健机构召开的工作例会，并接受相关业务培训与指导；定期对托育机构内工作人员进行卫生保健知识的培训；积极开展传染病、常见病防治的健康教育，负责消毒隔离工作的检查指导，做好疾病的预防与管理。

2. 事务人员

与其任职条件一样，参照国家和地方的有关规定执行。

第五节 婴 幼 儿

一、 婴幼儿在法律中的地位

作为社会成员的一部分，个体婴幼儿与成人之间不断地建构社会关系，通过个体或群体的方式发生互动、产生影响。婴幼儿的法律地位是婴幼儿获得权利、行使权利的基础，是婴幼儿在法律上所享有的权利能力和行为能力，并以此在具体的法律关系中所取得的主体资格。权利能力是享受法律权利并承担法律义务的资格，行为能力是指行为人具有行使权利和履行义务的能力。一般而言，婴幼儿具有以下三种不同的法律地位，并由此产生不同的权利能力和行为能力。

（一） 作为公民的婴幼儿

根据《中华人民共和国宪法》的规定，我国公民享有的基本权利大致可以分为以下几类：(1)公民的平等权；(2)公民的政治权利和自由；(3)公民的宗教信仰自由；(4)公民的人身自由；(5)公民的批评、建议、申诉、控告权等；(6)公民的社会经济权利；(7)公民的教育、科学、文化权利和自由；(8)其他方面的权利。婴幼儿同样享受这些权利。

（二） 作为未成年人的婴幼儿

《中华人民共和国未成年人保护法》规定：国家保障未成年人的生存权、发展权、受保护权、参与权等权利。未成年人依法平等地享有各项权利,不因本人及其父母或者其他监护人的民族、种族、性别、户籍、职业、宗教信仰、教育程度、家庭状况、身心健康状况等受到歧视。同时,保护未成年人,应当坚持最有利于未成年人的原则。处理涉及未成年人事项,应当符合下列要求:(1)给予未成年人特殊、优先保护;(2)尊重未成年人人格尊严;(3)保护未成年人隐私权和个人信息;(4)适应未成年人身心健康发展的规律和特点;(5)听取未成年人的意见;(6)保护与教育相结合。

《托育机构婴幼儿伤害预防指南(试行)》指出:托育机构应当最大限度地保护婴幼儿的安全健康,切实做好伤害防控工作,建立伤害防控监控制度,制定伤害防控应急预案,重点开展五方面工作:第一,根据现有法律和相关规定要求,落实安全管理的主体责任,健全细化安全防护制度,认真执行各项安全措施。第二,排查并去除托育机构内环境安全隐患,提升环境安全水平。第三,规范和加强对婴幼儿的照护。第四,开展针对工作人员、家长以及幼儿的伤害预防教育和技能培训。第五,加强对工作人员的急救技能培训,配备基本的急救物资。

(三) 作为受教育者的婴幼儿

受教育权是儿童所享有的并由国家保障实现的接受教育的权利,是《中华人民共和国宪法》规定的一项基本权利,也是儿童享受其他文化教育的前提和基础。《中华人民共和国宪法》规定:中华人民共和国公民有受教育的权利和义务。《儿童权利公约》规定:缔约国确认儿童有受教育的权利。

学前儿童受教育权的主体范围是出生后到正式进入小学前的儿童。《中华人民共和国民法典》规定:不满八周岁的未成年人是无民事行为能力人,由其法定代理人代理实施民事法律行为。据此,0—3岁婴幼儿只持有受教育权利能力,而不具有受教育权行为能力。因此,学前儿童要实际享有受教育权,只能由其监护人帮助完成。

托育服务实行保育优先,教育为辅的原则。作为0—3岁婴幼儿受教育权的基础部分,从健康权的角度,0—3岁婴幼儿受教育权主要包括自然分娩权、食物权、空间权和运动权四个子权利,这四个子权利基本可基本概括学前儿童保育的重要方面。

从学习权的角度看待0—3岁婴幼儿受教育权的内容,主要包括在家教育权、接受社会教育权和接受托育机构教育权。在家教育和社会教育由于教育内容纷繁复杂、时间随意多变,其权利的行使主要遵从自生自发的秩序,而托育机构教育由于教育内容相对稳定,时间固定,其权利的行使主要遵从计划的秩序,包括婴幼儿的学习机会权、获得公平评价权、游戏权等。

二、 与婴幼儿相关的法律问题

婴幼儿作为自然人,依法取得享有民事权利、承担民事义务的资格。但由于0—3岁婴幼儿年龄尚小,不具备完全行为能力和责任能力,其生存权、受教育权、自由权、平等权和隐私权等权利更容易受到侵害,故我国建立了有关儿童保护方面的法律法规,以法律的形式赋予儿童各项基本权利,用强制性的法律条款,保护儿童的权利不受侵犯。

(一) 婴幼儿的生存权问题

生存的权利是人首要的权利,也是儿童所享有的一项最基本的权利。生命首先是一种存在,生命本身内在地蕴含着持续存在的特性,因此生存权最基本的表现是一种对生命持续的保障,强调婴幼儿的生命不能肆意剥夺。

1. 婴幼儿生存权的特殊性

婴幼儿生存权的实现与成人生存权的实现有一定的差异性。婴幼儿与成人一样,最基本的需要是获得生活的基本保障;但是与成人不同的是,婴幼儿不具备自食其力的能力,他们的生存依赖成人,因而,婴幼儿的生存权保障面临着更大的挑战。

相对而言,在权利的位阶上,生存权属于婴幼儿最基础和最首要的权利,居于婴幼儿福利的核心地位,是其他权利的基础。只有这种权利得到充分的保障之后才有可能发展其他层面的权利,若是此项权利无法获得,其他权利便无从谈起。

2. 婴幼儿生存权的内涵与要素

首先,婴幼儿生存权强调保障婴幼儿个体生命的存在,各个国家也通过相应的法律来确认和保护,并将之作为儿童的一项最基本的权利,即国家有责任采取积极措施来保证社会中的弱者能够生存下去。

其次,婴幼儿生存权强调婴幼儿的尊严。虽然大多数婴幼儿能够得到家庭和国家的照料而得以保全和延续生命,但是在一些情况下,婴幼儿的生命是在屈辱、压迫、毫无自由的状态中得以延续和保全的,例如一些观念认为既然父母供给婴幼儿吃穿住行,那么父母就有权利将婴幼儿视为自己的附属物或者所有物,婴幼儿就有义务顺从父母,并且在成年之后依然完全保持顺从。这种观念将婴幼儿本应享有的权利视为父母的一种恩赐甚至是投资,忽视了婴幼儿自身的尊严和价值,并没有把婴幼儿与成人视为平等的个体去尊重。因此,成人在供给、保障婴幼儿的生存权的同时,非常重要的一点是不应该把自己的行为视作施舍和拯救。

最后,婴幼儿生存权蕴含着个体发展。生命不仅是一种存在,更意味着一定的质量。对于婴幼儿而言,除了满足最基本的生存需要之外,同样也包括社会交往和爱的需要、自我实现的需要等。

(二) 婴幼儿的受教育权问题

1. 婴幼儿受教育权的内容

(1) 受教育平等权。

首先,婴幼儿应当具有平等的入托机会。托育机构不分性别、籍贯、民族、宗教信仰等,一视同仁,给予婴幼儿平等的入托机会。其次,婴幼儿在托育机构待遇平等。托育机构不因婴幼儿的性别、民族、个性差异或者身体残疾等对其进行差别对待。对于不同民族的婴幼儿,应当尊重他们的习俗;对于身体残疾的婴幼儿,应当给予更多的关怀。最后,托育机构不得为婴幼儿入托设置门槛,即婴幼儿适龄并具备身份证明材料、健康检查证明等入托材料即可进入托育机构。受教育权的平等并非是说每一个婴幼儿所接受的托育服务是相同标准和质量的,也不是每一个婴幼儿都能拥有相同的托育条件。由于一个地区的托育质量和条件会受到当地经济发展等因素的影响,因此这里的婴幼儿受教育平等权主要是指法律意义上的平等。①

（2）受教育自由权。

由于婴幼儿不具备完全的行为能力和责任能力,他们的教育权利主体主要通过其监护人实现。一方面,婴幼儿的家长应当自由选择托育机构,不受国家、社会团体或组织以及个人的干预。另一方面,托育人员应该尊重婴幼儿的选择,因材施教,营造自由轻松的环境供婴幼儿探索,使得婴幼儿能够拥有广阔开放的空间,充分发挥想象力,自由发展和学习。

（3）受教育条件获得权。

按照我国法律的规定,受教育条件获得权包括:受教育条件建设请求权、受教育条件利用权、获得国家资助权。具体而言,为使婴幼儿能够在良好的学习环境中得到发展,作为婴幼儿受教育权法律主体的监护人,可以对托育机构的设施设备或者教学环境的不完善之处提出意见,此时托育机构应当听取并进行改进;受教育条件利用权是指在参与托育机构保教活动的过程中,婴幼儿具备无偿使用托育机构的设施设备和活动材料的权利;获得国家资助权是指国家应对家境贫穷的婴幼儿提供经济救助,保障其受教育权的实现。

（4）获得救济权。

获得救济权是受教育权中不可或缺的一项内容,也是一项法定权利。婴幼儿受教育权被托育人员、托育机构或者教育行政部门侵害时,有权按照法律法规,进行申诉或者提起诉讼,对受教育权进行救济,以维护婴幼儿的合法权益。

此外,婴幼儿受教育权还包括适当教育权,即在托育机构或者家庭中,应当按照符合婴幼儿身心发展规律的方式进行保育、教育,同时还需要关注婴幼儿的身心健康,而不是对婴幼儿进行超前教育,剥夺其游戏权利,限制其户外活动,遏制其自然天性。

2. 婴幼儿受教育权的法律主体

受教育权主体不仅包括接受教育的权利主体,还应当包括创造教育条件、保障受教育权的义务主体。由于婴幼儿处于一个特殊的年龄时期,他们对世界的认识处于最初的形成阶段,不具备完全的行为能力和责任能力,如果没有监护人的监护,他们的受教育权是不可能实现的。0—3岁婴幼儿的法定代理人由其监护人担任,所以婴幼儿受教育权的权利主体是学前儿童,但需要其监护人代为行使。

（三）婴幼儿的自由权问题

自由是现代社会的主要思想,并逐渐成为人类生存的基本要素。对婴幼儿而言,婴幼儿

---

① 司徒乐乐. 我国学前儿童受教育权的法律保障研究[D]. 广州:广州大学,2019:9.

的自由是婴幼儿权利的主要内容。对婴幼儿的表达、思想、意识等基本自由的肯定,以及对他们隐私的尊重和认可,是婴幼儿作为人的基本自由的体现。

婴幼儿的自由权首先是一种不受任意干涉和强制的自由状态,成人应该为婴幼儿提供一个基本的、能够自由成长的空间,避免在对婴幼儿的教育、支持等方面出现任何的强制,或者以"教育"为名出现对婴幼儿的压制或者强迫。当这种干预或者压迫被成人压缩到某一个最小的限度以内,婴幼儿便成了被成人任意控制和处置的物品,也便失去了婴幼儿自身的人格和尊严。

婴幼儿具有积极意义上的自由权,虽然其正在长成,知识、经验、理性与成人有一定的差距,但是不能否认的一个事实是,婴幼儿也在经历他们自己的世界、体验他们自己的生活,他们有自己的思想、经验和智慧,仅仅拥有免于去做的消极自由和权利是远远不够的,婴幼儿还应该拥有一种积极的自由和权利去构建自己的婴幼儿生活和世界。因此,成人应该为婴幼儿的参与创造机会,在适当的情况下为婴幼儿赋权,为婴幼儿的自我发展和自我创造打开更多的大门,而不是越俎代庖、亲力亲为。这种看似保护婴幼儿、为婴幼儿利益着想的做法,反而在本质上阻碍了婴幼儿自由的发展。婴幼儿的自由如若受到限制,便无法培养起独立思考和应对生活的能力。

但婴幼儿的自由权也是存在限制性的。首先,婴幼儿的自由受到社会生活条件的制约,即生产方式、地理环境等限制。除此之外,自由还要受社会经济生活条件、道德意识、风俗习惯的限制。其次,婴幼儿的自由受到其自身发展阶段的制约。参照布朗芬布伦纳的生态系统发展模型,婴幼儿在年幼时,主要的生活环境局限在家庭内部,而其自身的生理、心理发展状态并不适合其对家庭外部的政治与社会事务作出选择,在这种情况下,婴幼儿的自由不可避免地受到限制。一方面,在家庭内部,父母及其他监护人应顺应婴幼儿成长的自然规律和婴幼儿的天性,为婴幼儿提供一个自由的发展空间和自我成长的机会,使婴幼儿不断发展自主能力和扩展自由空间;另一方面,父母作为婴幼儿最主要的监护人,替代婴幼儿作出有关政治与社会事务方面的选择。随着婴幼儿不断迈向新的生态系统,婴幼儿逐渐扩展其在新的生态系统内部的行为能力和选择,直至获得完全的自主权利。

(四)婴幼儿的平等权问题

婴幼儿平等权是一种基于实质平等、程序平等的价值和道德内涵,是法律保障的一项婴幼儿基本权利,强调在婴幼儿实现平等价值的过程中为其提供平等的机会,而非强调最终发展结果的平等。婴幼儿平等权在婴幼儿权利理论和政策实践中被表述为"无歧视"原则,即婴幼儿不能因为其天然的条件,如自身生物发展不成熟、父母所处阶层等各种社会因素而受到任何形式的歧视。

婴幼儿平等权要求所有婴幼儿具有平等的地位。婴幼儿平等权确立的基础是婴幼儿作为人的资格,因而,婴幼儿与成人一样,作为主体所享有的平等性是不证自明的。这就要求每一个主权国家对于所有人(不仅包括成人,而且包括婴幼儿)、所有的婴幼儿,不分种族、性别、语言、宗教、政治或其他身份等,都予以平等的保护。这种平等的保护所保障的不仅是个体的生存权,也包括集体的生存权。

婴幼儿平等权要求对婴幼儿实行特殊保护和差别平等。与成人相比,婴幼儿由于自身的脆弱性和依赖性,往往更容易受到伤害。尤其是对于一些处于社会排斥地位的婴幼儿,其身份又为其增加了多重的劣势。因此,只强调平等和不歧视地对待婴幼儿,并且把对婴幼儿生存权的保护局限于对成人与婴幼儿以及不同婴幼儿群体的平等保护,远远不足以为婴幼儿提供充分的保护。为了矫正社会中已经存在的不公、歧视以及各种排斥,不仅要将婴幼儿与成人置于平等的法律地位,更要采取一些特殊的保护措施,向婴幼儿提供特别的保护和帮助。

(五) 婴幼儿隐私权问题

《儿童权利公约》规定:婴幼儿的隐私、家庭、住宅或通信不受任意或非法干涉。《中华人民共和国未成年人保护法》针对未成年人隐私权也作了明确规定:保护未成年人隐私权和个人信息。

婴幼儿的隐私权一方面强调婴幼儿有权利与成人一样,在私人领域不受他人或政府的干预,对与自己私人生活相关的事项有一个相对私人化的空间;另一方面强调婴幼儿利益最大化,要求在关涉婴幼儿的司法审判或者社会事件中,实施与成人不同的隐私保护原则,对婴幼儿的基本信息予以保密。

对婴幼儿是否应享有隐私权的问题,有两种不同的观点。一种观点认为,既然隐私权是一种人格权,那么作为自然人的儿童就应当享有隐私权。另一种观点则主张,儿童的年龄小、心智尚未成熟,对自己所作出的行为尚不能充分认识其性质和后果,相应地缺乏保护自己隐私的意识和能力,这使得儿童应在家中需要监护人进行监管照顾,在学校需要教师进行管理教育。在此情况下,如果儿童享有隐私权的话,则会与监护人的监管权和学校的知情权冲突,这也使得一些父母将婴幼儿权利视为对父母权威和父母权利的挑战。因此,婴幼儿不应当也不能享有隐私权。[①]

事实上,隐私权与监护权并非从根本上存在冲突,它们在教育意义上都是重要的,并且是不可缺少的。监督使得成人能够实现对婴幼儿的教育和引导,能够为婴幼儿的发展提供支持并指明方向。但是秘密和隐私,从教育意义上来说,也很重要。因为它们为婴幼儿内在能力与个性的形成提供了条件。

(六) 婴幼儿免受虐待权问题

依据虐待的行为,婴幼儿虐待可以分为身体虐待、精神虐待、性虐待与疏忽四种类型。依据虐待发生的场域之不同,婴幼儿虐待可以分为家庭内虐待、机构内虐待和社会式虐待三种类型。其中,机构内虐待主要发生在幼儿园、托儿所、儿童福利院等。施虐者主要包括机构工作人员、主要照顾者、其他受安置者或其亲友等。虐待的具体行为表现为不当管教、体

---

① 闻琪. 儿童隐私权研究[D]. 哈尔滨:黑龙江大学,2012.

罚、单独禁闭、嘲弄、减损儿童人格的谩骂、不当使用药物、未提供足够食物或衣物、性侵害或性剥削等。

关于婴幼儿免受虐待权,国际和国内有许多的实体法规范。《儿童权利公约》首次确认儿童享有免受虐待的权利,要求:缔约国采取一切适当的立法、行政、社会和教育措施,保护儿童在受父母、法定监护人或其他任何负责照管儿童的人照料时,不受到任何形式的身心摧残、伤害或凌辱,忽视或照料不周、虐待或剥削,包括性侵犯。缔约国采取的保护性措施应酌情包括采取有效程序以建立社会方案,向儿童和负责照管儿童的人提供必要的支助,采取其他预防形式,查明、报告、查询、调查、处理和追究前述的虐待儿童事件,以及在适当时进行司法干预。我国的《中华人民未成年人保护法》等,也作出了相关规定。

因此,虐待婴幼儿的机构或人员要承担相应的法律责任,虐待儿童的行为被举报之后,受理机构也会对该举报内容进行调查、核实,并对受虐儿童作出临时安置。

💡 思考与练习

1. 什么是法律地位?
2. 简述托育机构法律地位的内在实质与外在形式。
3. 简述托育机构享有的权利和应尽的义务。
4. 举办托育机构的托育负责人的任职条件有哪些?
5. 简述政府及有关部门对托育机构管理与监督的范围和方式。
6. 托育人员有哪些权利和义务?
7. 怎样处理托育人员和托育机构的劳动纠纷与人事纠纷?
8. 简述托育负责人的主要职责。
9. 简述托育机构其他工作人员的任职条件与主要职责。
10. 作为托育机构的负责人,当出现了婴幼儿意外伤害事故时,应如何处理?
11. 简述作为未成年人的婴幼儿在法律中的地位。

第六章 婴幼儿托育人员的职业伦理

学习目标

1. 了解我国婴幼儿托育人员职业伦理的具体内涵与价值。
2. 了解我国婴幼儿托育人员在日常工作中应落实践行的职业伦理规范。
3. 了解我国婴幼儿托育人员提升职业伦理修养的目标、内容与具体途径。

案例导入

何女士将2岁半的儿子小童送往某托育机构上早托班。可是一段时间后，小童经常晚上从睡梦中哭醒。感到疑惑的何女士在查看该托育机构的监控录像后，发现孩子在午休时多次遭到托育人员的推搡、掐拧、拖拽或被推入消防通道。孩子受到惊吓，所以经常在半夜哭醒。

上述事件虽为个例，但是仍然反映出当下部分托育人员存在职业伦理认知不清的问题。托育服务的对象特点决定了托育服务的质量关乎千家万户的幸福和未来。而托育服务质量的高低，关键在于托育人员队伍素质能力的高低，其中职业伦理尤为重要。如果托育人员在日常工作中忽视职业伦理，行为举止不符合职业伦理的要求，这不仅不利于婴幼儿的成长发展，更会对托育人员的自我发展和社会良好道德风尚的建设产生消极影响。

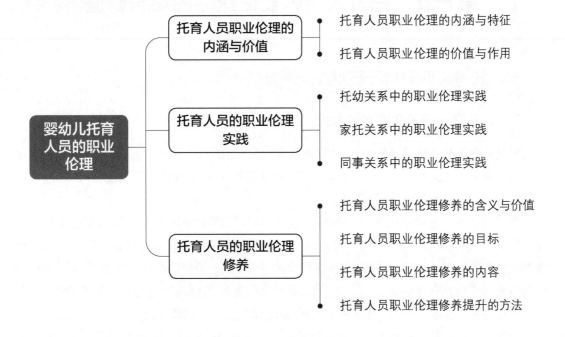

第一节　托育人员职业伦理的内涵与价值

一、托育人员职业伦理的内涵与特征

（一）托育人员职业伦理的内涵

职业伦理是社会伦理道德的重要组成部分，是一定的社会伦理道德原则和规范在职业行为与职业关系中的特殊表现，是从业人员在职业过程中应该遵循的伦理规范，以及应当具备的伦理观念、道德情操和道德品质。

托育人员职业伦理是职业伦理的特殊表现形式，具体是指托育人员在从事托育服务过程中形成的，用以调节从业人员自身与他人、社会或集体等相互关系时所必须遵守的基本伦理规范和行为准则，以及在此基础上所表现出的伦理观念、情操和品质。托育人员职业伦理以具体适用于托育行业职业实践的形式体现出全社会对托育人员行为的基本伦理要求，具体体现在托育人员职业理想、职业责任、职业态度、职业纪律、职业技能、职业良心等方面。

为规范托育人员职业伦理，进一步增强托育从业人员的责任感、使命感和荣誉感，提升托育人员队伍从业素质，促进3岁以下婴幼儿照护服务发展，国家卫生健康委办公厅研究制定了《托育从业人员职业行为准则（试行）》（以下简称《准则》）。《准则》从托育人员与社会、婴幼儿、家庭、同事等多方主体间的关系入手，从十个方面规范托育人员在职业实践中的伦理认知与行为表现，为托育人员规范自身职业伦理、提升托育服务质量提供了参照依据。

第一，坚定政治方向。坚持以习近平新时代中国特色社会主义思想为指导，贯彻落实党中央关于托育工作的决策部署。不得有损害党中央权威和违背党的路线方针政策的言行。

第二，自觉爱国守法。忠于祖国，忠于人民，恪守宪法原则，遵守法律法规，依法依规开展托育服务。不得损害国家利益、社会公共利益、违背社会公序良俗。

第三，传播优秀文化。传承中华传统美德和优秀文化，践行社会主义核心价值观，培养婴幼儿良好品行和习惯。不得传播有损婴幼儿健康成长的不良文化。

第四，注重情感呵护。敏感观察，积极回应，尊重个体差异，关心爱护每一位婴幼儿，形成温暖稳定的关系。不得忽视、歧视、侮辱、虐待婴幼儿。

第五，提供科学照护。遵循婴幼儿成长规律，合理安排每日生活和游戏活动，支持婴幼儿主动探索、操作体验、互动交流和表达表现。不得开展超出婴幼儿接受能力的活动。

第六，保障安全健康。创设安全健康的环境，熟练掌握安全防范、膳食营养、疾病防控和应急处置等方面的知识和技能。不得在紧急情况下置婴幼儿安危于不顾，自行逃离。

第七，践行家托共育。注重与婴幼儿家庭密切合作，保持经常性良好沟通，传播科学育儿理念，提供家庭照护指导服务。不得滥用生长发育测评等造成家长焦虑。

第八，提升专业素养。热爱托育工作，增强职业荣誉感，加强业务学习，做好情绪管理，提高适应新时代托育服务发展要求的专业能力。不得有损害职业形象的行为。

第九，加强团队协作。尊重同事，以诚相待，相互支持，充分沟通婴幼儿信息，协同开展照护活动，不断改进和提升服务质量。不得敷衍塞责、相互推诿、破坏团结。

第十，坚守诚信自律。诚实守信，严于律己，尊重婴幼儿及其家庭的合法权益，自觉遵守托育服务标准和规范。不得收受婴幼儿家长礼品或利用家长资源谋取私利。

《准则》的出台，明确、完善了托育人员须遵守内化的职业伦理规范，使托育人员有"理"可依、有"理"可守、有"理"可行，为托育人员提升职业技能水准、提升职业幸福感提供重要条件，为未来我国 3 岁以下婴幼儿照护服务的发展奠定了良好基础。

（二）托育人员职业伦理的特征

1. 托育人员职业伦理要求具有全面性和严格性

托育人员的劳动对象以 0—3 岁婴幼儿为主。0—3 岁的婴幼儿正处于人生发展的关键期，同时又由于年龄特征所带来的脆弱性，亟需成人的细致照护、支持与引导。托育人员与婴幼儿接触时间较长，对婴幼儿各方面成长发育产生的影响较大。为保障婴幼儿能够得到安全、充分且科学的照护，托育人员必须具有与其他行业相比更加全面、严格的职业伦理，并将其付诸职业实践。

婴幼儿阶段是人生的初始阶段，孕育着家庭的希望和国家的未来。"少年兴则国兴，少年强则国强"，少年时期的充分发展由婴幼儿期的良好发展奠基。而在托育行业蓬勃发展的今天，托育人员无疑承担着照护、促进婴幼儿发展的重要职责。因此，托育人员肩负着照护千千万万家庭以及国家未来的责任。这就要求托育人员具有高标准的职业伦理，使其在托育职业实践中能够合理、科学地照护婴幼儿，为婴幼儿提供良好的成长发展氛围。

2. 托育人员职业伦理贯彻具有较强的自觉性

一切的伦理道德实践均强调主体的自觉，托育人员职业伦理也不例外。托育人员职业伦理的自觉性，主要是由托育人员的工作实践特点所决定的。

一方面，托育人员的工作部分处于自觉自律的情况下，如对婴幼儿的身心评估与记录、设计静态活动、提前营造婴幼儿自由探索的环境、婴幼儿生活物品的准备与更换等。这些行为很难完全实施监督和考核，因此其完成质量的高低主要依赖托育人员的高度自律。

另一方面，托育人员的工作实践具有多样化、琐碎，偶尔伴有突发状况的特点。如果托育人员缺乏自觉遵守职业伦理的意识，将可能产生职业懈怠的情绪，无法及时满足婴幼儿的身心需要，对婴幼儿生长产生不利影响。因此，结合托育工作的性质特点和婴幼儿健康成长的目的需要，托育人员需要在遵守职业伦理方面具有更强的自觉性。

3. 托育人员职业伦理行为具有独特的示范性

托育人员职业伦理行为对婴幼儿具有独特且强烈的示范性。从托育人员的角度而言，托育人员与婴幼儿相处的时间较长，对婴幼儿施加影响的程度相对较高，是婴幼儿成长过程中的"重要他人"。从婴幼儿的角度而言，依据班杜拉的社会学习理论，婴幼儿具有模仿学习的倾向。托育人员作为与婴幼儿相处、互动时间较长、频率较高的对象，极易成为婴幼儿模仿学习的目标。托育人员的日常照护行为，甚至一举一动都有可能给婴幼儿留下潜移默化的影响，最终使婴幼儿去学习、同化托育人员的行为。基于此，托育人员须努力建立起更高的道德形象，规范自身行为，成为婴幼儿良好的模仿对象乃至全社会的道德典范。

4. 托育人员职业伦理影响具有潜在的深广性

托育人员职业伦理对婴幼儿及其背后的家庭、社会都具有深刻、广泛的影响。托育人员在照护婴幼儿的过程中，其一举一动不仅满足了婴幼儿的生理需要，更是对婴幼儿的情绪、性格发展产生了影响。托育人员对婴幼儿温暖的笑容、轻声的哼歌、亲昵的交流，都会对婴幼儿的社会性情绪发展产生有利影响。虽然这种影响在当下可能难以分辨，但随着婴幼儿年龄的增长，这种影响便会慢慢显露出来，表现为乐观向上的生活态度、与人为善的人际交往等优秀品质。

除了对婴幼儿发展的深远影响，托育人员良好的职业伦理也会对家庭乃至社会产生广泛的正面影响。托育人员在与家长沟通的过程中，其耐心、认真尽责的职业伦理可能会使家长更深刻地感受到自身教育对婴幼儿发展的重要性。随着托育服务的发展推广以及托育人员社会地位的提高，托育人员与社会的联系愈加广泛，其思想境界、行为举止也将越来越多地影响社会的各个阶层和行业，进而影响整个社会的伦理道德风尚。

5. 托育人员职业伦理内容具有与时俱进的时代性

时代发展推动着托育行业的兴起、发展与调整。相应地，托育人员的职业伦理也在变化与调节中趋于合理完善。从盲目追求超前教育到遵循婴幼儿成长规律，从单纯满足婴幼儿生理需要到兼顾情感科学照护，从托育机构单向发力到注重家托共育，托育人员职业伦理随着行业发展和研究深入而不断完善。它不断反映着时代的要求，体现出鲜明的时代性。

二、 托育人员职业伦理的价值与作用

（一）托育人员职业伦理的价值

1. 托育人员职业伦理是履行托育工作基本职责的根本依据

托育人员职业伦理为托育行业划定了底线，同时指出了托育人员提升发展的目标方向。在知识与技能之外，职业伦理主要从态度、价值观方面规范了托育人员对该职业的认知与表现。拥有深厚知识基础和熟稔技能的托育人员，并不一定能够将其转化为工作实践。知识结构和能力素养在社会责任、关爱幼儿情感的催化下，才能够发挥更大的作用。托育人员只

有正确认识并践行职业伦理,才能够自觉将所学所知投入对婴幼儿的爱护、对职业的坚守中,充分履行托育工作的基本职责。

2. 托育人员职业伦理是推动 3 岁以下婴幼儿照护服务发展的主要条件

一个行业的起步兴盛需要资金、场地等外在物质的保障,但是行业的健康长久发展却离不开法律、人才等的支撑。托育行业的发展也是如此。与教育劳动过程类似,在托育服务中,托育人员既是劳动的执行者,又是对婴幼儿施加影响的劳动工具,即托育服务中的劳动工具和劳动者是融为一体的。托育人员不仅是托育服务过程的设计者、控制者,还需要参与到托育服务过程当中,成为托育活动的"催化剂"。这一特点决定了托育人员职业素质中的非智力因素,如伦理品质、态度、价值观等在托育活动中占有重要位置。托育行业的长足发展,离不开高质量的托育人员队伍,因此学习掌握正确职业伦理的托育人员队伍则是高质量发展的基础。托育人员职业伦理能够通过提升从业人员队伍素质,以点带面地促进 3 岁以下婴幼儿照护服务行业的发展。

3. 托育人员职业伦理是促进从业人员道德品质完善的必要之义

道德品质是指体现一定社会或阶级的道德原则和规范,并具有稳定性和一贯倾向性的个人道德意识与道德行为总体的根本属性。首先,道德品质是道德行为的基础,离开了道德行为就无从评判道德品质。但是,仅仅一两次的道德行为无助于形成某种品质。道德品质是个体道德行为的稳定特征,是个体长期道德行为的积累。其次,道德品质是道德行为的内在依据。任何一个道德行为,都是道德主体在一定道德意识支配下自觉选择的结果,这种选择反映了道德主体的人生观和道德观。因此,我们总是可以从道德主体的道德行为中去概括其道德品质。失去一定品质的指导,主体的道德行为就是盲目的,甚至其道德行为并不一定能证明主体的品质特征。只有在长期的、不断的、一系列的道德行为中所表现出来的特征,才具有品质的意义。

托育人员职业伦理能够促进托育人员做出符合职业伦理道德要求的行为,且这种行为是具有稳定性的。当托育人员能够长期践行职业伦理,如爱国守法、关爱呵护婴幼儿、诚实守信等,其便形成了长期稳定的道德行为。同时,托育人员对于职业伦理的学习认同,将有助于托育人员道德品质的内化提升。因此,无论在行为还是认知上,托育人员职业伦理都是促进从业人员道德完善的必要之义。

4. 托育人员职业伦理是推动建设社会主义和谐社会的重要内容

社会主义和谐社会的建设,需要每个公民个体的努力,也需要各行各业的参与。从个体的角度而言,加强托育人员职业伦理建设有助于托育人员个体乃至队伍抵制不良诱惑,提升伦理道德修养。同时,其较为严格、全面的伦理修养将对社会其他个体产生示范作用,促进他人的学习模仿,弘扬良好的社会风尚。从行业而言,加强托育人员职业伦理建设可以在一定程度上减少伦理失范、诚信缺失的现象,促进社会主义和谐社会建设。

（二）托育人员职业伦理的作用

1. 学习和践行托育人员职业伦理对婴幼儿的作用

（1）促进婴幼儿身心协调充分发展。

学习践行托育人员职业伦理可以提升托育人员的职业责任感，使其能够自觉践行职业伦理要求，包括对婴幼儿进行情感呵护、提供科学照护、保障安全健康等，从多方面满足婴幼儿的生存与发展需求，促进婴幼儿的健康成长。

（2）促进婴幼儿社会性情绪发展。

作为婴幼儿日常照料的主要人员，托育人员对婴幼儿发育的影响是多方面的，包括情感、社会性等方面的影响。婴幼儿年龄较小，伦理道德观念尚在发展中，拥有良好职业伦理的托育人员对婴幼儿的非认知因素发展具有有利影响，且这种影响是长远的。如托育人员良好的情绪管理和较强的职业荣誉感将在托育人员与婴幼儿的互动当中，对婴幼儿产生潜移默化的影响。婴幼儿在良好的伦理道德氛围中成长，将有助于其未来社会性及情绪的良好发展。

2. 学习和践行托育人员职业伦理对托育人员的作用

（1）坚定职业伦理信念，提升伦理道德自觉性。

托育人员职业伦理系统科学地回答了托育人员必须具备什么样的伦理品质以及需要具备这些伦理品质的原因。系统地学习职业伦理，能够使托育人员从理论层面认识到学习、践行职业伦理的重要性，增强其选择合理照护行为的信心和自觉性。当托育人员自身的照护行为符合职业伦理的要求时，就能够获得情感上的满足，进而坚定自己的职业理想和职业信念。反之，则会产生羞愧和内疚感，进而形成纠正自己行为方向的理论自觉。通过理性思考和反复实践，托育人员职业伦理会将外在的伦理要求转化为托育人员内心的"道德律"，从而自觉地促进个人伦理道德品质的修养和完善。

（2）提升职业素质和婴幼儿照护水平。

托育人员职业伦理具有与时俱进的时代性，即职业伦理将随着时代的发展而不断丰富与完善。托育人员学习践行与时代要求相符的职业伦理，将促进自身的托育照护行为不断科学化，提升职业素养。托育人员全面合理的职业伦理要求，也能够为贯彻职业伦理要求的托育人员提供行为上的正确引导，使其成长为一名优秀的托育人员，最终提升婴幼儿照护水平。

（3）提升职业幸福感，实现人生价值。

职业价值不只是该职业对于他人、社会带来的益处，还包含其对于从业者本身产生的积极情感。从业者如果能够感受到行业为自己带来的幸福感，就更有可能坚守此项职业，在随后的职业成就中实现自我价值。学习践行托育人员职业伦理，有助于培养托育人员对于工作的热爱，做出正确合理的照护行为，从而获得成就感。婴幼儿的纯真笑脸和随着时间的苗壮成长,将促进托育人员成就感的不断积累,使托育人员感受到职业带来的幸福感,体会到职业和自身价值。

3. 学习和践行托育人员职业伦理对托育行业发展的作用

学习和践行托育人员职业伦理将促进托育行业规范化、高质量发展。托育人员职业伦理为该行业所有从业人员提供了系统的发展方向,可帮助托育人员抵制社会不良影响,追求自我进步,从而推动整个行业队伍质量提升。行业队伍以及整体托育实践质量的提升,将综合性地促进托育行业的高质量发展。

4. 学习和践行托育人员职业伦理对社会进步的作用

学习和践行托育人员职业伦理能够促进社会主义精神文明建设。托育人员经由职业、生活等方面,与社会形成了较为广泛且紧密的联系。其职业伦理也通过各种途径直接或间接地影响社会风气,成为促进社会主义精神文明建设的催化剂。托育人员通过工作中与婴幼儿、家长、同事等的直接联系,通过亲自参加社会生活和社会活动,通过影响自己的家庭、亲友,能够将自身优秀的伦理道德潜移默化地传递给对方,从而对社会精神文明建设产生愈加广泛而深刻的有利影响。

第二节 托育人员的职业伦理实践

一、托幼关系中的职业伦理实践

(一)托幼关系概述

婴幼儿进入托育机构后,托育人员将成为婴幼儿主要的交往对象之一。在交往过程中,托育人员与婴幼儿便形成了托幼关系。托幼关系具体是指托育人员与婴幼儿之间通过相互作用而产生的行为和心理方面的影响关系。只有建立起托幼关系,家托关系、托育机构中的同事关系才具有存在的基础。因此,在托育机构产生的众多关系中,托幼关系是最根本、最核心的一种关系。

托幼关系是一种多性质、多层次的关系。从关系内容上来看,托幼关系包括托育人员为婴幼儿身心发展服务的关系;从关系层次上来看,托幼关系首先是浅表性的行为关系,即照护与被照护的关系,其次还涉及更进一步的情感交流关系以及更深层次的法律关系等;从关系主体上来看,托幼关系既是托育人员与婴幼儿之间的关系,也是社会人与社会人的关系,两者之间的关系从本质上来讲是社会人际关系,即人与人的关系。

良好的托幼关系,将会对婴幼儿当下和未来的成长产生积极影响。首先,良好的托幼关系有利于婴幼儿的健康发育与成长。婴幼儿缺乏独立生活的能力,托育人员通过细心照料婴幼儿，能够满足婴幼儿最基础的生理需要。根据马斯洛的需求层次理论，婴幼儿只有满足了维持生命安全这一较低层次的需要，才能够与周围的环境、事物接触和互动，进行探索和尝试。而这种与环境的互动和试误，正是婴幼儿最重要的学习方式。因此，良好的托幼关系为婴幼儿提供了有利于其学习和发展的氛围，支持、鼓励并激发了婴幼儿学习与发展的主动性和积极性。其次，良好的托幼关系可以促进婴幼儿良好个性心理品质的形成和发展。这是因为良好的托幼关系为婴幼儿营造了一种安全、温暖、关爱、接纳的心理氛围，而这种心理氛围不仅满足了婴幼儿的心理需求，也是其心理发展所必需的，有利于婴幼儿获得安全感，从而在此基础上形成良好个性。反之，若托幼之间长期缺乏亲密的情感联系和心理依恋，婴幼儿就容易始终处于焦虑不安的状态中，心理需求无法得到满足，很难得到必要的安全感，未来也就很难形成良好的个性心理品质，容易产生情绪障碍或问题行为。

（二）托幼关系的伦理调适

1. 树立正确的儿童观，全心爱护婴幼儿

"孩子需要爱，特别是当孩子不值得爱的时候。"赫尔巴特这句名言反映出给予孩子关爱的重要性。特别地，对于承担了一定教育职能的托育人员而言，爱孩子更是通过教育手段对婴幼儿施加积极影响的前提。苏霍姆林斯基曾言："热爱孩子是教师生活中最主要的东西。"可以说，爱护婴幼儿是托育人员从业时不可或缺的伦理要求，是托幼建立起良好互动关系的重中之重。

在托育工作实践中，托育人员应当始终秉持对于婴幼儿纯粹、不竭的爱，将对婴幼儿的关爱充分展现在托育的各个环节中。如婴幼儿入托时的热烈欢迎与拥抱，区域自由活动时的耐心观察与陪伴，集体活动中的面带笑容的鼓励与支持……托育人员对婴幼儿的爱，既要细腻、包容、无微不至、发自肺腑，又要以理性的方式和客观的态度去看待所有的婴幼儿和婴幼儿的一切。这种爱的情感不是泛泛而谈、凭空而来的，它需要托育人员自觉意识到婴幼儿的心理需求，需要托育人员了解、珍视婴幼儿和0—3岁年龄段所特有的价值，需要托育人员充分理解托育的意义。

2. 恪守工作职责和社会责任，科学照护婴幼儿

0—3岁婴幼儿是社会上"最柔软的群体"。托育服务不仅关系着婴幼儿的健康成长，也关系着千家万户的福祉与国家民族的未来。因此，托育人员需要时刻铭记所做的工作对个体、家庭乃至社会的重要意义，竭尽所能地做好托育服务工作。同时，托育人员需要不断学习，与时俱进，掌握并实践科学照护婴幼儿的方法。现实中部分托育机构出现"超前教育"的现象，这违反了婴幼儿的生长发育规律，最终只能得到揠苗助长的负面结果。这种现象的产生，一方面是托育机构和托育人员受到错误认知的诱惑，为获得利润而不惜违背婴幼儿的发展规律，另一方面则是托育机构和托育人员缺乏科学照护婴幼儿的意识。为形成、保持良好的托幼关系，托育人员务必坚定职业操守和责任，通过不断学习与实践为婴幼儿提供科学合

理的照护。

3. 保持耐心与好奇,倾听尊重婴幼儿

婴幼儿是权利的主体之一。他们与成人彼此平等,具有相同的价值,法律赋予其基本的人权。1989 年 11 月 20 日第 14 届联合国大会通过了《儿童权利宣言》,肯定儿童和成人一样,应当得到人的尊重,享有生存、生活和学习的权利。成人和社会应当保障儿童的这些权利。作为成人的托育人员和婴幼儿之间的关系,从本质上而言,是平等的人与人之间的关系,而不是控制与主宰的关系。这一事实决定了托育人员必须尊重婴幼儿本身及其权利和人格。现实中,一些托育人员没有耐心去倾听、理解婴幼儿的语言和动作表现,没有耐心等待婴幼儿的操作,甚至出现吼叫、身体控制等不当行为,这会对婴幼儿的发展学习产生极其恶劣的影响。因此,托育人员要尊重而不是鄙视婴幼儿的想法和行为方式,同时,理解、重视而不是讽刺、忽视婴幼儿的情感。

二、 家托关系中的职业伦理实践

(一)家托关系概述

托育人员和家长作为两种不同的社会角色,两者之间并不存在必然的联系。婴幼儿进入托育机构后,家长、家庭和托育机构才以婴幼儿为纽带,被联系了起来,这也就构成了家托关系。所以家托关系指的就是以家长为主体的家庭与以托育人员为代表的托育机构之间的相互作用关系。

家庭对婴幼儿的成长起到了至关重要的作用。如果没有家长的密切配合、团结协作,托育就难以顺利进行、达到理想的效果。因此,托育人员应在尊重、理解的基础上,积极与婴幼儿家长沟通交流,与其相互配合,共同促进婴幼儿的发育成长。

家托关系的质量与婴幼儿生长发育之间联系紧密。布朗芬布伦纳的生态系统发展理论指出,发展的个体处于相互影响的一系列环境系统中,系统与个体的相互作用,影响着个体的发展。这一系列的环境系统包括微观系统、中间系统、外层系统和宏观系统四个层次。对于入托的婴幼儿而言,微观系统包括家庭、托育机构、邻里等。布朗芬布伦纳认为,如果微观系统之间有较强的积极联系,个体的发展就可能实现最优化。相反,微观系统间的非积极联系,则会产生消极的后果。即家长、家庭与托育机构之间的联系越紧密,关系越积极,越有利于婴幼儿的生长发育;相反,则会对婴幼儿产生消极影响。良好的家托关系对婴幼儿的成长与发展具有重要价值和意义,也正由于此,托育人员在面对家长和处理与家长的关系时,应严格践行职业伦理规范。

(二)家托关系的伦理调适

1. 尊重每一位家长

在与人交往时应当尊重对方,这是对一般社会成员普遍的要求,也是衡量一个人社会化

程度的标志之一。婴幼儿家长是托育人员在照护婴幼儿的过程中不可缺少的合作者,托育人员必须给予其尊重。

尊重家长首先意味着托育人员要尊重家长的不同照护或教育需求。每个家庭都有自己独一无二的家庭文化和育儿文化,再加之婴幼儿的气质等先天差异,这使得家长对于自己子女、对托育机构照护服务的期望不尽相同。作为托育人员,不能因为家长的特殊需要或过多的要求而对家长产生不满或厌烦的情绪,也不能因为家长缺少相关育儿知识而对其鄙视、忽视,而是应该认真热情地听取每一位家长的看法和意见,尊重每一位家长的不同需求,从每个家庭的差异性特点出发,因家庭而异地开展日常工作。

其次,尊重家长意味着托育人员应当尊重家长在家托关系中所享有的正当话语权。家长有权利对家托关系、家托互动等提出自己的意见和建议。托育人员要避免出现"一边倒""一言堂"的现象,否则会使家长丧失参与婴幼儿托育照护的积极性,也错失凝聚家托合力的良机。

最后,尊重家长意味着托育人员要尊重家长对托育机构日常工作的知情权。托育人员应采用各种方式,向家长告知婴幼儿在机构中的一日生活、活动情况等。

2. 与家长平等合作

人与人之间在人格上都是平等的,家托之间也不例外。家托之间必须建立起平等、和谐的合作关系、伙伴关系,协调一致地为婴幼儿生长发育服务。如果双方配合不当,非但不能增添力量,反而会使双方的力量相互抵消。托育人员应该对家托合作有足够的认识,注意在和家长的交往中建立起一种平等合作的职业伦理关系。

家托之间平等合作的关系,具体表现为双方社会地位的平等性、双方联系交往的互相尊重和双方在教育过程中的配合性。正确家长观的核心,就是双方关系的平等性。在专业知识修养方面,托育人员有时确实比家长更胜一筹,但也不是绝对的。同时,托育人员和婴幼儿家长都是社会的职业劳动者,都具有一定的社会地位,在人格上是平等的,不存在领导与被领导、支配与被支配的关系。因此在家托的联系和交往中,托育人员和家长应当互相尊重,在对婴幼儿的照料教育中互相配合、共同协商。

在平等的基础上,托育人员应该积极寻求与家长之间的合作。但这种合作不是一种应付,或一种"门面工程",而是从简单的、单向的"合作"走向一种双向的、沟通的、互补的、多层次的、全方位的、有深度的合作。托育人员应当在日常工作中积极拓展创新家园合作的方式和渠道,如家访、家长开放日、亲子活动等。支持家长深度参与托育环境创设、资源提供等工作。或是举办工作坊、访谈等形式,为家长交流育儿心得提供平台。这样有利于在托育人员和家长之间搭建起深度合作的桥梁,调动家长的主动性和积极性,形成家托合力,共同促进婴幼儿成长发育。

3. 树立服务意识,为家长提供参考

《准则》中明确要求托育人员应当注重与婴幼儿家庭密切合作,保持经常性的良好沟通,

传播科学育儿理念,提供家庭照护指导服务。因此,托育人员应当牢固树立为家长服务的理念,竭尽所能地为婴幼儿和家长提供主动、细致、周到的服务。例如,主动联系家长,有事主动告知家长,遇事主动提醒家长,热情对待家长的询问并详细解答;事事多从家长的角度想一想,换位思考;把事情做细、做深入、做扎实、做到家长心坎里,为家长排忧解难,解除后顾之忧。在这个过程中,托育人员不能以"行家"自居,而是应该给予家长伙伴式、朋友式的帮助和指导。

托育人员为家长、家庭提供细致周到的服务,是职责所在和分内之事,绝不是其接受家长馈赠或宴请的理由和向家长索要财物报酬、请家长"办事"的筹码。家托合作、家托共育为婴幼儿健康发展所必需,是托育人员秉承良心、爱心、责任心对婴幼儿的自觉付出,绝不应该成为一种"交易"、一种商品交换的过程。如果托育人员做出了违背职业伦理的行为,那么其在家长心目中的形象遭到削弱,会对托育人员未来工作的开展产生诸多的负面影响。在日常工作中,托育人员应当自觉抵制社会中的不良风气,对所有婴幼儿、家长一视同仁,力所能及地提供周到、细心的托育服务。

三、 同事关系中的职业伦理实践

（一）同事关系概述

同事关系是指托育机构中的托育人员之间、托育人员与领导或其他职工交往合作的关系。托育服务是一项群体协调性很强的系统职业劳动,托育人员的劳动既是个体劳动,也是集体劳动。托育人员不仅是以个体的身份与婴幼儿互动,常常也是以团队、集体的形式与婴幼儿接触。因此,协调好托育人员同事间的关系,建立起一支志同道合、充满活力的托育服务团队,是顺利推进托育工作实践的基础。

在托育机构中,与托育人员交往最多的,除了婴幼儿和家长之外,就是机构里的同事了。在实际工作中,托育人员长期处在一个同事交往的情境中,参与到小到一个班组,大到一个部门、一个托育机构集体当中。而这些大大小小的集体,构成了托育人员工作和生活环境的一部分。环境对于身处其中的个体的影响是巨大的,托育人员也是如此。相处融洽、氛围和谐的同事关系有助于托育人员的身心愉悦,进而有助于托育人员全身心地投入到自己的日常工作中去。这不仅有利于托育人员的心理健康,还能够保障其托育工作的质量。合理竞争、积极向上的同事关系,能够激发托育人员终身学习的动力和无限的发展潜能。这不仅有利于专业发展,还有利于其工作质量的不断提高。相反,尔虞我诈、钩心斗角的同事关系,则很难使托育人员在职业实践中感受到快乐,获得更大的提升。

（二）同事关系的伦理调适

1. 尊重同事

尊重同事是调节托育机构集体中人际关系的重要伦理规范。在处理托育人员集体人际关系的过程中,能否做到尊重同事,对于形成团结和谐的托育服务群体至关重要。尊重他人意味着尊重他人所拥有的权利和所具备的人格。在日常工作中,托育人员首先要特别注意尊重同事的隐私权等权利,不随意剽窃同事的活动案例等;不随意传播可能破坏同事原有生活秩序和家庭安宁的隐私;更不能随意造谣、恶意中伤他人。其次,托育人员还应该接纳同事间的差异。对不同的交往方式、行为方式、工作方式、兴趣爱好、追求等,甚至是对不同的保教理念、方式等,哪怕不认可、不赞同,但只要对婴幼儿的健康成长无害,对教育质量的保障无害,对托育机构的长远发展无害,都应该秉持一种开放、接纳的态度。避免用个人的喜恶、自己的经验作为唯一的标准去评价别人、要求别人,避免将自己的想法强加于他人身上。

2. 团结协作

对婴幼儿进行保教是一项宏大的系统性工程,不是某一位托育人员凭一己之力就能够办到的,需要同事之间的相互配合和协作。具体而言,托育人员在日常工作中应该以一种包容、合作的心态去面对工作:看到同事遇到困难或处事不周到时,多承担多付出,不斤斤计较、满腹牢骚;遇到保教理念冲突时,多与同事商量讨论,通过沟通和对话达成共识,避免误解;面临托育机构安排时,尽职尽责地完成集体交给的任务,并力所能及地为其他同事排忧解难。这样一来,不仅有利于同事之间获得心理上的支持、知识上的共享和能力上的互补,形成团队合力促进婴幼儿的健康成长,还有利于在家长面前树立起良好的口碑。相应地,托育人员应避免将个人利益凌驾于集体利益之上,搞个人主义和小团体主义。如果托育机构中的每一份子都能够心往一处想、劲往一处使,那么整个机构就会形成一股朝着共同方向前进的向心力、凝聚力,将所有的人拧成一股绳,而这股团队合力则会给机构带来可持续性的发展。

3. 有益竞争

托育人员一方面应关心集体、尊重同事,另一方面也要认识到相互之间竞争的意义和必要性,并以合乎伦理要求的手段积极参与竞争。

第一,合理的竞争是我国经济社会发展的内在需要。我国现行的分配制度是以按劳分配为主体、多种分配方式并存的制度。在托育机构中,托育人员的聘用、晋升是以贡献大小为依据的。这种客观的利益关系反映到人们的意识中,就是以拼搏进取、贡献为荣,以甘居落后、无能为耻,这样势必在托育人员之间形成人人争先进、个个比贡献的有益竞争。第二,合理的竞争是托育行业发展的内在需要。竞争的加剧使得行业对托育人员的素质要求提高,这从客观上要求托育人员敢于进取、在日常工作中争取优秀,从而带动整个行业的迭代进步。第三,合理的竞争是托育人员个体奋发向上的内在动力。人往往是有惰性的,特别是当人长期生活工作在一个缺乏竞争机制的群体中时,人的进取心、竞争意识会受到可怕的销蚀。社会要进步,托育行业要发展,就必须要有行之有效的竞争机制激励托育人员奋发向上。

托育人员在开展有益竞争的过程中,需要注意以下三点:第一,竞争的手段必须符合伦理道德,避免出现作弊、恶意诋毁同事等恶性竞争事件。第二,竞争应在良好的协作氛围中进行。没有良好的协作氛围,托育人员间的竞争就可能背离社会基本的伦理价值体系,最终的结果无论是对托育人员自身还是对集体都是极为不利的。第三,托育人员应具有开拓进取、敢于创新的精神。开拓进取、敢于创新是处于社会转型时期的职业劳动者的应有素质。对于处在新兴行业中的托育人员而言,其更应敢于创新,敢于走前人没有走过的路。

第三节　托育人员的职业伦理修养

一、托育人员职业伦理修养的含义与价值

(一)托育人员职业伦理修养的含义

伦理修养指人们依据一定社会或阶级的伦理要求,对自身伦理意识和行为所进行的自我审度、自我教育、自我改造、自我完善的活动。对个人而言,加强伦理修养是把一定的社会伦理准则转化为个体伦理认知的重要手段和途径。对社会而言,伦理修养是一定伦理体系人格化和社会伦理得到改观的重要标准。加强个体的伦理修养,有助于提高群体的伦理素质。同时,社会整体伦理素质高,就可以带动和促进个体伦理修养水平的提高,从而形成良性循环,促进社会各方面的建设,促进人与人、人与社会、人与自然的和谐高质量发展。

明确托育人员职业伦理修养的含义与价值,是提高托育人员伦理道德觉悟水平,培养托育人员伦理品质的基本前提。托育人员职业伦理修养指的是托育人员在工作实践中,根据我国社会主义伦理道德原则和托育行业职业道德规范,通过自我锻炼、自我改造、自我陶冶、自我教育,不断达到新的道德境界的实践活动和过程,以及所达到的水平和精神境界。托育人员职业伦理修养分为两个部分,一部分是托育人员依照职业伦理规范和原则所进行的学习、体验、对照、检查、反思等心理活动与客观的实践活动;另一部分是指经过长期努力之后托育人员形成的道德品质、情操和职业境界。托育人员职业伦理能否真正为其所掌握,主要在于它最终是否能够转化为托育人员自觉的职业伦理修养。

托育人员伦理修养与托育人员伦理教育不同。托育人员伦理教育体现了社会对托育人员的要求,是相关部门、机构有组织、有计划地对托育人员进行伦理教育的活动。而托育人员伦理修养无论是从外在意义上,还是从内在意义上,都是指托育人员的自我修养,是托育人员自觉地对自己进行审度、教育、锻炼、改造和完善的过程。托育人员伦理修养体现了托育人员对自身的要求,高度的自觉性是其最主要的特点。托育人员职业伦理修养和托育人员职业伦理教育既相互区别,又密切联系,二者相辅相成共同促进托育人员职业伦理水平的提升。

(二)托育人员职业伦理修养的意义

第一,加强托育人员职业伦理修养是托育人员自身职业伦理品质形成和发展的要求。

托育人员职业伦理品质有多种方式和途径可以进行培养与教育,但是无论何种形式,更具有决定意义的还是托育人员个人的伦理修养。道德教育作为有目的、有计划的影响,是培养托育人员职业伦理品质不可缺少的条件。但是事物发展的根本原因,不在事物的外部,而在事物的内部,在于事物内在的矛盾性。托育人员职业伦理的培养不可能只靠外部的约束、教育和影响,还需要通过内部的因素起作用。外部的影响和教育只有通过托育人员个人的自我修养才能达到效果。托育人员在加强职业伦理修养的过程中,必须努力提升个体的职业伦理品质,并根据社会要求结合自己的实际情况,自觉地进行自我教育、自我锻炼和自我提高。

第二,加强托育人员职业伦理修养是婴幼儿健康成长发育的重要条件。托育人员的职业伦理修养对其照护婴幼儿的工作实践具有直接影响。如果一个托育人员具有优良的职业伦理水平,其就会更加倾向于用科学的保教观念关爱、照护婴幼儿,用科学的发展规律创造性地开展托育活动;如果一个托育人员具有较高的职业伦理意识,其就会懂得利用各种材料和环境激发婴幼儿的探索,让婴幼儿在试误、与物体的同化、顺应过程中增进对于世界的了解;如果一个托育人员具有较高的职业伦理境界,其就可以用真诚的爱心去平等关爱每一个婴幼儿。托育人员加强职业伦理修养,具有良好的职业伦理,才能提升托育活动质量,帮助婴幼儿健康充分发展和成长。

第三,加强托育人员职业伦理修养是社会发展的需要。托育人员的职业伦理道德可以通过婴幼儿、家长影响整个社会。托育人员作为社会成员之一,理应承担起构建和谐人际关系、和谐育人环境的责任。加强托育人员职业伦理修养,有助于托育人员正确认识和处理自己与同事、婴幼儿、托育机构、家长和社会的利益关系;有助于托育人员根据自己掌握的伦理道德原则、规范,自觉调节观念和行为,为处理托育活动中各种关系矛盾提供正确导向。

二、 托育人员职业伦理修养的目标

托育人员职业伦理修养的目标是对托育人员伦理修养预期结果的一种价值限定,反映了托育人员自我锻炼、自我教育、自我陶冶的要求和所要达到的精神境界,规定了托育人员应该具备的伦理标准,影响着托育人员伦理修养内容的确定以及途径和方法的选择。在整个职业伦理修养的过程中,目标起着主导性作用。加强托育人员职业伦理修养,首先要明确托育人员伦理修养的目标。

与中小学教师类似,托育人员职业伦理修养具有一定的目标体系。由于托育人员伦理修养过程是其伦理认知、伦理情感、伦理信念、伦理行为习惯诸要素相互作用的过程,个体原有的伦理道德水平和社会伦理要求之间发展的不均衡,使得托育人员伦理修养的目标体系呈现出明显的层次性特点。

(一) 公民伦理道德目标

托育人员伦理修养的基础目标是公民伦理道德目标。托育人员首先是公民,应当通过自觉的伦理修养成为一名合格的公民,具有公民的健全人格和基本素质,这体现了托育人员伦理目标设计的广泛性原则。

公民伦理道德目标的规范在《新时代公民道德建设实施纲要》中明确提及，内容包括"爱国奉献、明礼遵规、勤劳善良、宽厚正直、自律自强"的个人品德，适用于不同的社会群体，具有广泛的社会基础。在我国公民中，托育人员作为培育祖国未来的重要群体，更应该模范遵守公民基本道德规范。"爱国奉献"规范了公民与国家之间的关系，强调公民要培养高尚的爱国主义精神，树爱国心、立报国志、做爱国者。"明礼遵规"规范了人们在公共生活中的伦理道德行为，强调公民应文明礼貌、诚实守信、诚恳待人，是人与人之间相互尊重、友好合作关系的充分体现。"勤劳善良"规范了公民的处世原则，强调公民之间应和睦友好、互相帮助、与人为善，同时要勤劳勇敢。"宽厚正直"强调公民要为人宽容、大度，又公正、不偏袒。"自律自强"强调公民应主动要求自我、积极进取。

公民伦理道德目标也是所有托育人员伦理修养的最低目标，公民基本道德规范应该成为每个托育人员内心深处必须知晓、信奉并能践行的伦理道德要求。

（二）托育人员伦理道德目标

托育人员的身份不只是一位公民，作为托育行业的一份子，托育人员不仅要了解 3 岁以下婴幼儿的发展特点和规律，而且要能创设适宜的环境，开展科学规范的生活照料、安全看护、营养喂养，提供早期学习机会，促进婴幼儿在托育机构中身心全面健康成长。承担如此重要的职责，托育人员职业伦理修养的目标要有更高的追求。托育人员伦理道德目标是指托育人员在加强职业伦理修养的过程中必须与托育职业特点相适应，要反映托育人员劳动的特殊性。一般而言，托育人员通过自我修养所要努力实现的伦理道德目标就是优良的托育人员伦理道德品质。

托育人员应该具备的职业伦理道德品质内容十分丰富，主要有以下几个方面：第一，诚实守信，在与家长、同事的沟通中真实诚恳；第二，自尊自强，自觉遵守托育人员伦理规范，严格要求自己；第三，尊重爱护婴幼儿，在无差别关爱婴幼儿的同时考虑到婴幼儿的个体差异性；第四，敬业奉献，对托育工作认真负责、一丝不苟，对教研精益求精，不断反思进步。

（三）人的全面发展目标

人的全面发展目标是指托育人员通过自我审度、自我教育、自我锻炼、自我改造和自我完善的活动，在促进托育人员自我全面发展的基础上，最终实现婴幼儿的全面发展目标。托育人员伦理修养要以推进人的全面发展为最终目标和根本归宿，这体现了托育人员伦理道德目标设计的先进性原则。马克思指出，我们每个人的自由发展是其他一切人自由发展的条件。因此，在托育领域中所强调的人的全面发展，既包括托育人员自身的全面发展，也包括婴幼儿的全面充分成长。

人的全面发展是一个长期而复杂的历史进程，托育人员职业伦理修养的过程也是一个漫长的过程。促进人的全面发展虽然艰辛而复杂，但是由于婴幼儿未来对国家与社会发展的至关重要性，出于对生命的尊重和对婴幼儿质朴的爱意，促进婴幼儿的全面发展应该成为所有托育人员职业伦理修养的最高目标和永恒追求。

总之，托育人员职业伦理修养的目标之间是层层递进的关系，每个托育人员应当根据自身的实际情况，建立切实可行的修养目标，努力实现自身职业伦理的完善提升。

三、托育人员职业伦理修养的内容

（一）提高托育人员对职业伦理的认识

对托育人员职业伦理价值的认识，是提高托育人员职业伦理认识的前提。托育人员只有深刻意识到自己所从事的托育事业的重要性和特殊性，认识到提高职业伦理修养对今后开展托育各项工作的意义和价值，才会将产生在外部的托育人员职业伦理要求转化为自身需要的意向，从而落实到职业伦理修养的行动上。

对托育人员职业伦理规范的认识，是托育人员职业伦理认识的基础。托育人员的职业伦理和道德规范比其他行业有更严格的要求。托育人员在与婴幼儿相处时，应做到热爱婴幼儿、尊重婴幼儿，对待所有婴幼儿一视同仁；在与婴幼儿家长相处时，要和家长保持及时有效的沟通，尊重理解家长；在与同事相处时，应做到平等交往，热爱托育事业并积极投身其中。

托育人员的职业伦理认识还包括对婴幼儿成长、教育规律的认识。托育人员只有掌握科学照护婴幼儿的知识技能，并在实践中正确运用与反思，才有可能完成提升自身职业伦理修养的目标。这就要求托育人员必须不断丰富自己的专业理论储备，精通相关的专业知识，在此基础上通过实践不断掌握托育工作的内在规律。

（二）陶冶托育人员对职业伦理的情感

托育人员具备了一定的职业伦理认知，并不意味着具有了相应的职业伦理品质，因为这还涉及托育人员个人意愿的问题。所以托育人员的职业伦理情感也是不容忽视的因素之一。托育人员职业伦理情感是托育人员根据一定的职业伦理观念，在处理相互关系、评价某种行为时所产生的内心体验，它在职业伦理品质的培养中起着重要的催化和调节作用。托育人员职业伦理情感既是把职业伦理意识转变成职业伦理意志和行为的持续动力，同时也具有评价行为和调节行为的作用。在职业伦理实践中，托育人员总要对自己或他人的职业伦理行为进行评价。这种评价既包括认识上的判断，也包括情感上的好恶。托育人员需要通过来自社会或自己的不同情感态度来及时反省自己的言行，调节自己的职业伦理认识以及行为。

在发展职业伦理修养的过程中，托育人员要努力培育的情感主要有对托育事业的追求、对婴幼儿的关爱、对同事的尊重和友谊、自尊感、责任感。对托育事业的追求是一种高尚的职业伦理情感，照护、教育婴幼儿是一项崇高而利在千秋的事业，它关系到未来人才的培养和整个国民素质的提高，关系到国家富强和民族复兴。托育人员只有培养这种伦理情感，才能把自己的命运和发展与国家发展战略紧密联系在一起，为祖国发展作出贡献。对婴幼儿的热爱是托育人员职业伦理情感中最重要的内容。托育人员对婴幼儿的爱是全面的,带有强烈的社会责任感和使命感。这种爱博大无私、细致入微,是科学教养婴幼儿的重要基础。因此陶冶职业伦理情感,关键是唤起托育人员对婴幼儿的热爱之情。对同事的尊重和友谊,是正确处理托育人员及群体之间关系的需要。托育工作繁杂细致,单个托育人员难以独立完成工作任务。这就需要加强同事间的团结协作,形成合力。托育人员的自尊感指由一种自我评价所引起的情绪体验,主要表现为自重、自爱、自立、自信等方面。加强托育人员的职业伦理修养要激发托育人员的自尊感,托育人员要看重自己所从事的职业,并努力使自己的劳动得到社会的承认和尊重。托育人员的责任感是托育人员对社会、他人(如婴幼儿、家长)应承担的义务和应履行的职责的认识。责任感能使托育人员达到慎独的境界,也就是在无任何外在压力、无人监督、无人知晓的情况下,托育人员凭自己的责任心,自觉履行特定职责。

(三)磨炼托育人员的职业伦理意志

锻炼坚强的职业伦理意志,是托育人员职业伦理修养的必然环节。托育人员职业伦理意志是指托育人员在实践职业伦理要求的过程中战胜困难和克服障碍的毅力。它是在形成一定的职业伦理意识和职业伦理情感的基础上,调节托育人员的伦理道德行为的重要精神力量。托育服务是一项关乎婴幼儿健康成长、千家万户幸福的事业。在这个过程中,托育人员不仅需要付出辛勤的劳动,甚至有时还不得不作出某些牺牲,而且会遇到来自外界的误解和阻力,如现实条件的制约、错误舆论的非难、亲朋好友的埋怨等。为了克服困难,排除障碍,托育人员还需要有顽强的毅力和坚持不懈的精神,不断锻炼坚守职业伦理的顽强意志。只有经过长期的努力,职业伦理修养才会达到矢志不渝、持之以恒的境界。

托育人员的职业伦理意志表现为其在伦理实践中克服困难的勇气。一方面,托育人员在处理同事之间的竞争以及来自社会舆论的压力时,必须具备顽强的毅力和坚定的信念,否则很可能在竞争中迷失自我。另一方面,托育人员在解决主观方面的问题时,比如身体状况欠佳、保教能力有待提升、心理素质较差等,同样需要有坚忍不拔的意志,帮助其在克服困难的道路上前行,促进其专业的良好发展。

托育人员的职业伦理意志表现为其在伦理实践中战胜诱惑的能力。托育人员需要凭借自己的意志,抵制外界不良诱惑,坚守自身的伦理道德底线。

托育人员的职业伦理意志表现为其在伦理道德生活中的自制力。坚定的自制力就是托育人员对自己的职业伦理需要、动机、情感、行动的控制和调节能力。在现实生活中,托育人员需要控制和调节自身品质中自私、懒惰的成分,时刻在婴幼儿面前保持正面形象。部分托育人员面对挫折萎靡不振,如果他们能够增强自制力,就会减少因外界情况而带来的过激情绪,理智地控制自己的情绪,把握言行。

(四)坚定托育人员的职业伦理信念

树立坚定的托育人员职业伦理信念,是职业伦理修养的核心问题。托育人员职业伦理信念是托育人员对职业理想、职业规范等坚定不移的信仰,是深刻的职业伦理认识、炽热的职业伦理情感和顽强的职业伦理意志的统一。它还是托育人员按照职业伦理道德的内容要求，忠诚履行自己的伦理道德义务，即职业伦理能够坚持下去的最深层次的根据和重要保障。

要培育和涵养托育人员的职业伦理信念，必须深刻了解托育人员的职业伦理知识，对托育职业伦理观念、规范和理想的正当性与合理性产生坚定不移的认识，并由此形成强烈的伦理责任感。托育人员一旦形成了职业伦理信念，就会坚持按照自己的信念来选择行为、开展保教活动。因此，加强托育人员职业伦理修养，必须坚定其职业伦理信念。托育人员职业伦理信念决定着托育人员职业行为的方向性、目的性，也影响着职业伦理道德水平及其内化程度。

（五）培养托育人员的职业伦理行为和习惯

在明确的职业伦理意识指导下，依靠职业伦理信念，自觉地选择职业伦理行为，养成职业伦理习惯是托育人员职业伦理修养的最终目的和归宿。托育人员职业伦理修养如果仅仅停留在发展托育人员职业伦理意识的修养上，不用实际行动去履行伦理义务，这种职业伦理修养就不是知行合一的职业道德修养。托育人员在接受职业伦理教育、进行职业生活实践的过程中形成一定的伦理认知，并不意味着伦理修养的完成，而是还需要将伦理认识再回到职业伦理生活实践中去，将它变成履行职业伦理义务的实际行为。唯有如此，托育人员形成的伦理意识，才能得到巩固和发展，才能在职业伦理行为的整体中表现出一种稳定的特征和一贯的倾向，才能养成良好的行为习惯，形成优良的托育职业伦理习惯。

总之，托育人员职业伦理修养的过程就是从职业伦理认识到养成优良的职业伦理行为习惯的五个环节的有机统一体。在这一过程中，提高职业伦理认识是进行托育人员职业伦理修养的前提和基础；陶冶职业伦理情感和锻炼职业伦理意志是把职业伦理认识转化为行为习惯的中介；确立职业伦理信念是职业伦理修养的关键；养成优良的职业伦理行为习惯是职业伦理修养的结果。

四、托育人员职业伦理修养提升的方法

（一）理论与实践相统一

托育人员职业伦理修养的提升，既需要加强伦理学、专业知识理论和文化科学理论的学习，也需要通过托育实践将职业伦理理论知识成功转化为自觉行动。

托育人员要提高职业伦理修养，必须加强理论学习。首先，托育人员应加强对马克思主义伦理学的学习。马克思主义伦理学是研究伦理道德的起源及其发展规律的科学，学习它可以帮助托育人员加深对职业伦理意义的认识，掌握职业伦理修养的规律，认识到托育人员职业伦理要求的必然性和合理性，从而提高职业伦理修养的自觉性。在学习马克思主义伦理学的过程中，既要掌握、探索职业伦理修养的原则、要求和有效途径，又要注意其针对性、时代性和时效性，运用其中的观念和方法来指导自己的职业伦理修养实践。其次，托育人员

应扎实掌握与托育有关的专业知识理论。学习理解专业知识理论,有利于托育人员进一步了解托育工作的价值和目的,树立正确的保教观念,掌握科学的保教方法,为婴幼儿提供良好的发展支持。同时,学习专业知识理论也有助于托育人员自觉遵守职业伦理规范,积极履行自身义务,把职业修养落实到具体的托育工作实践中去。最后,由于自然科学文化知识对伦理道德养成的积极作用,托育人员还应当学习丰富的自然科学文化知识。科技发展为托育人员学习各类通识文化知识提供了便捷的途径,托育人员应充分利用各类资源,广泛汲取丰富的知识养分,使其成为改造主观世界和客观世界的有力武器,实现职业伦理的不断升华。

托育人员要提高职业伦理修养,必须要将理论知识运用到社会实践当中,这是托育人员提升自身职业伦理修养的根本途径。为此,托育人员要积极投身托育工作实践中。只有通过托育工作实践,托育人员才能将所学的理论知识应用于自己的实践,也只有在自己的工作实践中,才能发现自身职业伦理习惯上的某些不足,并努力在实践中克服纠正,使伦理习惯臻于完善。托育人员只有在自己的托育实践活动中,才能更好地把理论认识转化为内心深处的真实情感,并形成具有稳定倾向的行为习惯。

(二) 在不断反思中进步

一方面,托育人员要做到自觉自省,即自觉进行内心的省察、反思。违背伦理的不良诱惑和新旧伦理道德观的斗争,都需要托育人员通过自我解剖、自我批评去消除消极影响,修养伦理道德。只有这样,托育人员才能做到"防微杜渐",将自己任何不符合职业伦理要求的言行消灭在萌芽状态之中。另一方面,托育人员要经常反思,持之以恒,坚持不懈。只有坚持量的积累,托育人员才能在反思、改进中不断提升职业伦理修养,逐步具备高尚的托育人员职业伦理品质。

(三) 向榜样模范学习

托育人员通过学习同行业榜样模范的先进事迹来提升自身的职业伦理品质,是一种实际、生动、形象的职业伦理修养方法。英国作家罗·阿谢姆曾说,"一个榜样胜过书上二十条教诲。"通过与榜样对照、向榜样学习,托育人员能够发现自己的优点和不足,并继续发扬优势、改正职业实践中的不当之处,向榜样看齐。在确定学习榜样的类型时,托育人员除了可以向典范人物学习,更可以向附近、身边的榜样同事学习。这是因为身边周围的、真实的榜样会提升学习者的信任度,托育人员可以对榜样进行编码,减少了信息的损耗程度和失真状况。在确定学习榜样的性质时,托育人员应注意合理选择正面典型和反面典型。这是因为反面典型反映的是落后的、错误的职业伦理思想和行为,在托育人员队伍中会产生消极影响。当托育工作实践中出现反面典型的人或事时,如果放任其自由地在托育队伍中流传,则会对托育人员的职业伦理道德建设起到破坏作用。如果不加以制止,其消极影响不仅会逐步扩大,甚至会抵消伦理道德建设的积极成果。因此,托育人员通过反面典型警示自我的同时,必须警惕其错误的伦理思想自发蔓延。在确定学习榜样的难度时,托育人员最好选择难度适中的对象进行学习。美国心理学家阿特金森指出,对所有人而言,动机强度在挑战处于中等水平的时候达到最大值。在学习难度适中的情况下,托育人员才有足够强烈的动机去提升职业伦理修养。

托育人员的职业伦理修养是一个理论与实践相结合、内外力共同协作、不断积累进步的过程。托育人员需要长期努力,将对职业伦理的理论认知转化为实际行动,将他律逐步转化为慎独自律,在点滴小事中反思积累,防微杜渐,不断提升职业伦理修养,为婴幼儿良好保教氛围的创设提供精神和伦理支持。

 **思考与练习**

　1.《托育从业人员职业行为准则(试行)》分别从哪几个方面对托育人员在职业实践中的伦理认知与行为表现进行了规范?

　2. 托育人员职业伦理影响的深广性具体表现在哪些维度?

　3. 学习和践行托育人员职业伦理对托育人员本身具有怎样的作用和价值?

　4. 良好的托幼关系会对婴幼儿产生何种积极影响?

　5. 托育人员在日常职业实践中,会经常面对哪三种重要关系?

　6. 在与家长进行沟通时,托育人员应当遵循哪些正确的原则和方法?

　7. 托育人员在开展有益竞争的过程中,需要注意哪些要点?

　8. 托育人员职业伦理的修养目标包含哪三个维度?具体内容是什么?

　9. 托育人员如何在工作实践中提升自我的职业伦理修养?

附录

附录一 《国务院办公厅关于促进3岁以下婴幼儿照护服务发展的指导意见》

一、总体要求

（一）**指导思想**。以习近平新时代中国特色社会主义思想为指导，全面贯彻党的十九大和十九届二中、三中全会精神，按照统筹推进"五位一体"总体布局和协调推进"四个全面"战略布局要求，坚持以人民为中心的发展思想，以需求和问题为导向，推进供给侧结构性改革，建立完善促进婴幼儿照护服务发展的政策法规体系、标准规范体系和服务供给体系，充分调动社会力量的积极性，多种形式开展婴幼儿照护服务，逐步满足人民群众对婴幼儿照护服务的需求，促进婴幼儿健康成长、广大家庭和谐幸福、经济社会持续发展。

（二）**基本原则**。

家庭为主，托育补充。人的社会化进程始于家庭，儿童监护抚养是父母的法定责任和义务，家庭对婴幼儿照护负主体责任。发展婴幼儿照护服务的重点是为家庭提供科学养育指导，并对确有照护困难的家庭或婴幼儿提供必要的服务。

政策引导，普惠优先。将婴幼儿照护服务纳入经济社会发展规划，加快完善相关政策，强化政策引导和统筹引领，充分调动社会力量积极性，大力推动婴幼儿照护服务发展，优先支持普惠性婴幼儿照护服务机构。

安全健康，科学规范。按照儿童优先的原则，最大限度地保护婴幼儿，确保婴幼儿的安全和健康。遵循婴幼儿成长特点和规律，促进婴幼儿在身体发育、动作、语言、认知、情感与社会性等方面的全面发展。

属地管理，分类指导。在地方政府领导下，从实际出发，综合考虑城乡、区域发展特点，根据经济社会发展水平、工作基础和群众需求，有针对性地开展婴幼儿照护服务。

（三）**发展目标**。到2020年，婴幼儿照护服务的政策法规体系和标准规范体系初步建立，建成一批具有示范效应的婴幼儿照护服务机构，婴幼儿照护服务水平有所提升，人民群众的婴幼儿照护服务需求得到初步满足。

到2025年，婴幼儿照护服务的政策法规体系和标准规范体系基本健全，多元化、多样化、覆盖城乡的婴幼儿照护服务体系基本形成，婴幼儿照护服务水平明显提升，人民群众的婴幼儿照护服务需求得到进一步满足。

二、 主要任务

（一）加强对家庭婴幼儿照护的支持和指导。

全面落实产假政策，鼓励用人单位采取灵活安排工作时间等积极措施，为婴幼儿照护创造便利条件。

支持脱产照护婴幼儿的父母重返工作岗位，并为其提供信息服务、就业指导和职业技能培训。

加强对家庭的婴幼儿早期发展指导，通过入户指导、亲子活动、家长课堂等方式，利用互联网等信息化手段，为家长及婴幼儿照护者提供婴幼儿早期发展指导服务，增强家庭的科学育儿能力。

切实做好基本公共卫生服务、妇幼保健服务工作，为婴幼儿家庭开展新生儿访视、膳食营养、生长发育、预防接种、安全防护、疾病防控等服务。

（二）加大对社区婴幼儿照护服务的支持力度。

地方各级政府要按照标准和规范在新建居住区规划、建设与常住人口规模相适应的婴幼儿照护服务设施及配套安全设施，并与住宅同步验收、同步交付使用；老城区和已建成居住区无婴幼儿照护服务设施的，要限期通过购置、置换、租赁等方式建设。有关标准和规范由住房城乡建设部于 2019 年 8 月底前制定。鼓励通过市场化方式，采取公办民营、民办公助等多种方式，在就业人群密集的产业聚集区域和用人单位完善婴幼儿照护服务设施。

鼓励地方各级政府采取政府补贴、行业引导和动员社会力量参与等方式，在加快推进老旧居住小区设施改造过程中，通过做好公共活动区域的设施和部位改造，为婴幼儿照护创造安全、适宜的环境和条件。

各地要根据实际，在农村社区综合服务设施建设中，统筹考虑婴幼儿照护服务设施建设。

发挥城乡社区公共服务设施的婴幼儿照护服务功能，加强社区婴幼儿照护服务设施与社区服务中心（站）及社区卫生、文化、体育等设施的功能衔接，发挥综合效益。支持和引导社会力量依托社区提供婴幼儿照护服务。发挥网格化服务管理作用，大力推动资源、服务、管理下沉到社区，使基层各类机构、组织在服务保障婴幼儿照护等群众需求上有更大作为。

加大对农村和贫困地区婴幼儿照护服务的支持，推广婴幼儿早期发展项目。

（三）规范发展多种形式的婴幼儿照护服务机构。

举办非营利性婴幼儿照护服务机构的，在婴幼儿照护服务机构所在地的县级以上机构编制部门或民政部门注册登记；举办营利性婴幼儿照护服务机构的，在婴幼儿照护服务机构所在地的县级以上市场监管部门注册登记。婴幼儿照护服务机构经核准登记后，应当及时向当地卫生健康部门备案。登记机关应当及时将有关机构登记信息推送至卫生健康部门。

地方各级政府要将需要独立占地的婴幼儿照护服务设施和场地建设布局纳入相关规划，新建、扩建、改建一批婴幼儿照护服务机构和设施。城镇婴幼儿照护服务机构建设要充分考虑进城务工人员随迁婴幼儿的照护服务需求。

支持用人单位以单独或联合相关单位共同举办的方式，在工作场所为职工提供福利性婴幼儿照护服务,有条件的可向附近居民开放。鼓励支持有条件的幼儿园开设托班,招收 2 至 3 岁的幼儿。

各类婴幼儿照护服务机构可根据家庭的实际需求,提供全日托、半日托、计时托、临时托等多样化的婴幼儿照护服务;随着经济社会发展和人民消费水平提升,提供多层次的婴幼儿照护服务。

落实各类婴幼儿照护服务机构的安全管理主体责任,建立健全各类婴幼儿照护服务机构安全管理制度,配备相应的安全设施、器材及安保人员。依法加强安全监管,督促各类婴幼儿照护服务机构落实安全责任,严防安全事故发生。

加强婴幼儿照护服务机构的卫生保健工作。认真贯彻保育为主、保教结合的工作方针,为婴幼儿创造良好的生活环境,预防控制传染病,降低常见病的发病率,保障婴幼儿的身心健康。各级妇幼保健机构、疾病预防控制机构、卫生监督机构要按照职责加强对婴幼儿照护服务机构卫生保健工作的业务指导、咨询服务和监督检查。

加强婴幼儿照护服务专业化、规范化建设,遵循婴幼儿发展规律,建立健全婴幼儿照护服务的标准规范体系。各类婴幼儿照护服务机构开展婴幼儿照护服务必须符合国家和地方相关标准和规范,并对婴幼儿的安全和健康负主体责任。运用互联网等信息化手段对婴幼儿照护服务机构的服务过程加强监管,让广大家长放心。建立健全婴幼儿照护服务机构备案登记制度、信息公示制度和质量评估制度,对婴幼儿照护服务机构实施动态管理。依法逐步实行工作人员职业资格准入制度,对虐童等行为零容忍,对相关个人和直接管理人员实行终身禁入。婴幼儿照护服务机构设置标准和管理规范由国家卫生健康委制定,各地据此做好婴幼儿照护服务机构核准登记工作。

三、 保障措施

（一）加强政策支持。充分发挥市场在资源配置中的决定性作用,梳理社会力量进入的堵点和难点,采取多种方式鼓励和支持社会力量举办婴幼儿照护服务机构。鼓励地方政府通过采取提供场地、减免租金等政策措施,加大对社会力量开展婴幼儿照护服务、用人单位内设婴幼儿照护服务机构的支持力度。鼓励地方政府探索试行与婴幼儿照护服务配套衔接的育儿假、产休假。创新服务管理方式,提升服务效能水平,为开展婴幼儿照护服务创造有利条件、提供便捷服务。

（二）加强用地保障。将婴幼儿照护服务机构和设施建设用地纳入土地利用总体规划、城乡规划和年度用地计划并优先予以保障,农用地转用指标、新增用地指标分配要适当向婴幼儿照护服务机构和设施建设用地倾斜。鼓励利用低效土地或闲置土地建设婴幼儿照护服务机构和设施。对婴幼儿照护服务设施和非营利性婴幼儿照护服务机构建设用地,符合《划拨用地目录》的,可采取划拨方式予以保障。

（三）加强队伍建设。高等院校和职业院校(含技工院校)要根据需求开设婴幼儿照护相关专业,合理确定招生规模、课程设置和教学内容,将安全照护等知识和能力纳入教学内容,加快培养婴幼儿照护相关专业人才。将婴幼儿照护服务人员作为急需紧缺人员纳入培训规划,切实加强婴幼儿照护服务相关法律法规培训,增强从业人员法治意识;大力开展职业道德和安全教育、职业技能培训,提高婴幼儿照护服务能力和水平。依法保障从业人员合法权益,建设一支品德高尚、富有爱心、敬业奉献、素质优良的婴幼儿照护服务队伍。

(四)加强信息支撑。 充分利用互联网、大数据、物联网、人工智能等技术,结合婴幼儿照护服务实际,研发应用婴幼儿照护服务信息管理系统,实现线上线下结合,在优化服务、加强管理、统计监测等方面发挥积极作用。

(五)加强社会支持。 加快推进公共场所无障碍设施和母婴设施的建设和改造,开辟服务绿色通道,为婴幼儿出行、哺乳等提供便利条件,营造婴幼儿照护友好的社会环境。企业利用新技术、新工艺、新材料和新装备开发与婴幼儿照护相关的产品必须经过严格的安全评估和风险监测,切实保障安全性。

四、组织实施

(一)强化组织领导。 各级政府要提高对发展婴幼儿照护服务的认识,将婴幼儿照护服务纳入经济社会发展相关规划和目标责任考核,发挥引导作用,制定切实管用的政策措施,促进婴幼儿照护服务规范发展。

(二)强化部门协同。 婴幼儿照护服务发展工作由卫生健康部门牵头,发展改革、教育、公安、民政、财政、人力资源社会保障、自然资源、住房城乡建设、应急管理、税务、市场监管等部门要按照各自职责,加强对婴幼儿照护服务的指导、监督和管理。积极发挥工会、共青团、妇联、计划生育协会、宋庆龄基金会等群团组织和行业组织的作用,加强社会监督,强化行业自律,大力推动婴幼儿照护服务的健康发展。

(三)强化监督管理。 加强对婴幼儿照护服务的监督管理,建立健全业务指导、督促检查、考核奖惩、安全保障和责任追究制度,确保各项政策措施、规章制度落实到位。按照属地管理和分工负责的原则,地方政府对婴幼儿照护服务的规范发展和安全监管负主要责任,制定婴幼儿照护服务的规范细则,各相关部门按照各自职责负监管责任。对履行职责不到位、发生安全事故的,要严格按照有关法律法规追究相关人员的责任。

(四)强化示范引领。 在全国开展婴幼儿照护服务示范活动,建设一批示范单位,充分发挥示范引领、带动辐射作用,不断提高婴幼儿照护服务整体水平。

国务院办公厅

2019 年 4 月 17 日

附件　促进 3 岁以下婴幼儿照护服务发展工作部门职责分工

发展改革部门负责将婴幼儿照护服务纳入经济社会发展相关规划。

教育部门负责各类婴幼儿照护服务人才培养。

公安部门负责监督指导各类婴幼儿照护服务机构开展安全防范。

　　民政部门负责非营利性婴幼儿照护服务机构法人的注册登记,推动有条件的地方将婴幼儿照护服务纳入城乡社区服务范围。

　　财政部门负责利用现有资金和政策渠道,对婴幼儿照护服务行业发展予以支持。

　　人力资源社会保障部门负责对婴幼儿照护服务从业人员开展职业技能培训,按规定予以职业资格认定,依法保障从业人员各项劳动保障权益。

　　自然资源部门负责优先保障婴幼儿照护服务机构和设施建设的土地供应,完善相关规划规范和标准。

　　住房城乡建设部门负责规划建设婴幼儿照护服务机构和设施,完善相关工程建设规范和标准。

　　卫生健康部门负责组织制定婴幼儿照护服务的政策规范,协调相关部门做好对婴幼儿照护服务机构的监督管理,负责婴幼儿照护卫生保健和婴幼儿早期发展的业务指导。

　　应急管理部门负责依法开展各类婴幼儿照护服务场所的消防监督检查工作。

　　税务部门负责贯彻落实有关支持婴幼儿照护服务发展的税收优惠政策。

　　市场监管部门负责营利性婴幼儿照护服务机构法人的注册登记,对各类婴幼儿照护服务机构的饮食用药安全进行监管。

　　工会组织负责推动用人单位为职工提供福利性婴幼儿照护服务。

　　共青团组织负责针对青年开展婴幼儿照护相关的宣传教育。

　　妇联组织负责参与为家庭提供科学育儿指导服务。

　　计划生育协会负责参与婴幼儿照护服务的宣传教育和社会监督。

　　宋庆龄基金会负责利用公益机构优势,多渠道、多形式参与婴幼儿照护服务。

附录二 《国务院办公厅关于促进养老托育服务健康发展的意见》

一、健全老有所养、幼有所育的政策体系

（一）**分层次加强科学规划布局。**根据"一老一小"人口分布和结构变化，科学谋划"十四五"养老托育服务体系，促进服务能力提质扩容和区域均衡布局。省级人民政府要将养老托育纳入国民经济和社会发展规划统筹推进，并制定"十四五"养老托育专项规划或实施方案。建立常态化督查机制，督促专项规划或实施方案的编制和实施，确保新建住宅小区与配套养老托育服务设施同步规划、同步建设、同步验收、同步交付。

（二）**统筹推进城乡养老托育发展。**强化政府保基本兜底线职能，健全基本养老服务体系。优化乡村养老设施布局，整合区域内服务资源，开展社会化管理运营，不断拓展乡镇敬老院服务能力和辐射范围。完善老年人助餐服务体系，加强农村老年餐桌建设。探索在脱贫地区和城镇流动人口集聚区设置活动培训场所，依托基层力量提供集中托育、育儿指导、养护培训等服务，加强婴幼儿身心健康、社会交往、认知水平等方面早期发展干预。

（三）**积极支持普惠性服务发展。**大力发展成本可负担、方便可及的普惠性养老托育服务。引导各类主体提供普惠性服务，支持非营利性机构发展，综合运用规划、土地、住房、财政、投资、融资、人才等支持政策，扩大服务供给，提高服务质量，提升可持续发展能力。优化养老托育营商环境，推进要素市场制度建设，实现要素价格市场决定、流动自主有序、配置高效公平，促进公平竞争。

（四）**强化用地保障和存量资源利用。**在年度建设用地供应计划中保障养老托育用地需求，并结合实际安排在合理区位。调整优化并适当放宽土地和规划要求，支持各类主体利用存量低效用地和商业服务用地等开展养老托育服务。在不违反国家强制性标准和规定前提下，各地可结合实际制定存量房屋和设施改造为养老托育场所设施的建设标准、指南和实施办法。建立健全"一事一议"机制，定期集中处置存量房屋和设施改造手续办理、邻避民扰等问题。在城市居住社区建设补短板和城镇老旧小区改造中统筹推进养老托育服务设施建设，鼓励地方探索将老旧小区中的国企房屋和设施以适当方式转交政府集中改造利用。支持在社区综合服务设施开辟空间用于"一老一小"服务，探索允许空置公租房免费提供给社会力量供其在社区为老年人开展助餐助行、日间照料、康复护理、老年教育等服务。支持将各类房屋和设施用于发展养老托育，鼓励适当放宽最长租赁期限。非独立场所按照相关安全标准改造建设托育点并通过验收的，不需变更土地和房屋性质。

（五）**推动财税支持政策落地。**各地要建立工作协同机制，加强部门信息互通共享，确保税费优惠政策全面、及时惠及市场主体。同步考虑公建服务设施建设与后期运营保障，加强项目支出规划管理。完善运营补贴激励机制，引导养老服务机构优先接收经济困难的失能

失智、高龄、计划生育特殊家庭老年人。对吸纳符合条件劳动者的养老托育机构按规定给予社保补贴。

（六）**提高人才要素供给能力。**加强老年医学、老年护理、社会工作、婴幼儿发展与健康管理、婴幼儿保育等学科专业建设，结合行业发展动态优化专业设置，完善教学标准，加大培养力度。按照国家职业技能标准和行业企业评价规范，加强养老托育从业人员岗前培训、岗位技能提升培训、转岗转业培训和创业培训。加大脱贫地区相关技能培训力度，推动大城市养老托育服务需求与脱贫地区劳动力供给有效对接。深化校企合作，培育产教融合型企业，支持实训基地建设，推行养老托育"职业培训包"和"工学一体化"培训模式。

二、扩大多方参与、多种方式的服务供给

（七）**增强家庭照护能力。**支持优质机构、行业协会开发公益课程，利用互联网平台等免费开放，依托居委会、村委会等基层力量提供养老育幼家庭指导服务，帮助家庭成员提高照护能力。建立常态化指导监督机制，加强政策宣传引导，强化家庭赡养老年人和监护婴幼儿的主体责任，落实监护人对孤寡老人、遗弃儿童的监护责任。

（八）**优化居家社区服务。**发展集中管理运营的社区养老和托育服务网络，支持具备综合功能的社区服务设施建设，引导专业化机构进社区、进家庭。建立家庭托育点登记备案制度，研究出台家庭托育点管理办法，明确登记管理、人员资质、服务规模、监督管理等制度规范，鼓励开展互助式服务。

（九）**提升公办机构服务水平。**加强公办和公建民营养老机构建设，坚持公益属性，切实满足特困人员集中供养需求。建立入住综合评估制度，结合服务能力适当拓展服务对象，重点为经济困难的失能失智、高龄、计划生育特殊家庭老年人提供托养服务。完善公建民营机制，打破以价格为主的筛选标准，综合从业信誉、服务水平、可持续性等质量指标，引进养老托育运营机构早期介入、全程参与项目工程建设，探索开展连锁化运营。

（十）**推动培训疗养资源转型发展养老服务。**按照"应改尽改、能转则转"的原则，将转型发展养老服务作为党政机关和国有企事业单位所属培训疗养机构改革的主要方向。各地要加大政策支持和协调推进力度，集中解决资产划转、改变土地用途、房屋报建、规划衔接等困难，确保转养老服务项目2022年底前基本投入运营。鼓励培训疗养资源丰富、养老需求较大的中东部地区先行突破，重点推进。

（十一）**拓宽普惠性服务供给渠道。**实施普惠养老托育专项行动，发挥中央预算内投资引领作用，以投资换机制，引导地方政府制定支持性"政策包"，带动企业提供普惠性"服务包"，建设一批普惠性养老服务机构和托育服务机构。推动有条件的用人单位以单独或联合相关单位共同举办的方式，在工作场所为职工提供托育服务。支持大型园区建设服务区内员工的托育设施。

（十二）**引导金融机构提升服务质效。**鼓励政府出资产业投资基金及市场化的创业投资基金、私募股权基金等按照市场化、法治化原则，加大对养老托育领域的投资力度。创新信贷支持方式，在依法合规、风险可控、商业可持续前提下，推进应收账款质押贷款，探索收费

权质押贷款,落实好信贷人员尽职免责政策。鼓励金融机构合理确定贷款期限,灵活提供循环贷款、年审制贷款、分期还本付息等多种贷款产品和服务。扩大实施养老产业专项企业债券和养老项目收益债券,支持合理灵活设置债券期限、选择权及还本付息方式,鼓励发行可续期债券。引导保险等金融机构探索开发有针对性的金融产品,向养老托育行业提供增信支持。支持保险机构开发相关责任险及养老托育机构运营相关保险。

三、打造创新融合、包容开放的发展环境

(十三) 促进康养融合发展。支持面向老年人的健康管理、预防干预、养生保健、健身休闲、文化娱乐、旅居养老等业态深度融合。发挥中医药独特优势,促进中医药资源广泛服务老年人群体。支持各类机构举办老年大学、参与老年教育,推动举办"老年开放大学"、"网上老年大学",搭建全国老年教育资源共享和公共服务平台。

(十四) 深化医养有机结合。发展养老服务联合体,支持根据老年人健康状况在居家、社区、机构间接续养老。为居家老年人提供上门医疗卫生服务,构建失能老年人长期照护服务体系。有效利用社区卫生服务机构、乡镇卫生院等基层医疗资源,开展社区医养结合能力提升行动。针对公共卫生突发事件,提升养老机构应急保障能力,增设隔离功能并配备必要的防控物资和设备,加强工作人员应急知识培训。

(十五) 强化产品研发和创新设计。健全以企业为主体的创新体系,鼓励采用新技术、新工艺、新材料、新装备,增强以质量和信誉为核心的品牌意识,建立健全企业知识产权管理体系,推进高价值专利培育和商标品牌建设,培育养老托育服务、乳粉奶业、动画设计与制作等行业民族品牌。促进"一老一小"用品制造业设计能力提升,完善创新设计生态系统。

(十六) 促进用品制造提质升级。逐步完善养老托育服务和相关用品标准体系,加强标准制修订,强化标准实施推广,探索建立老年用品认证制度。推进互联网、大数据、人工智能、5G 等信息技术和智能硬件的深度应用,促进养老托育用品制造向智能制造、柔性生产等数字化方式转型。推进智能服务机器人后发赶超,启动康复辅助器具应用推广工程,实施智慧老龄化技术推广应用工程,构建安全便捷的智能化养老基础设施体系。鼓励国内外多方共建养老托育产业合作园区,加强市场、规则、标准方面的软联通,打造制造业创新示范高地。

(十七) 培育智慧养老托育新业态。创新发展健康咨询、紧急救护、慢性病管理、生活照护、物品代购等智慧健康养老服务。发展"互联网＋养老服务",充分考虑老年群体使用感受,研究开发适老化智能产品,简化应用程序使用步骤及操作界面,引导帮助老年人融入信息化社会,创新"子女网上下单、老人体验服务"等消费模式,鼓励大型互联网企业全面对接养老服务需求,支持优质养老机构平台化发展,培育区域性、行业性综合信息平台。发展互联网直播互动式家庭育儿服务,鼓励开发婴幼儿养育课程、父母课堂等。

(十八) 加强宜居环境建设。普及公共基础设施无障碍建设,鼓励有条件的地区结合城镇老旧小区改造加装电梯。加强母婴设施配套,在具备条件的公共场所普遍设置专席及绿色通道。引导房地产项目开发充分考虑养老育幼需求。指导各地加快推进老年人居家适老化改造。以满足老年人生活需求和营造婴幼儿成长环境为导向,推动形成一批具有示范意

义的活力发展城市和社区。

四、 完善依法从严、便利高效的监管服务

（十九）**完善养老托育服务综合监管体系。**以养老托育机构质量安全、从业人员、运营秩序等方面为重点加强监管。落实政府在制度建设、行业规划、行政执法等方面的监管责任，实行监管清单式管理，明确监管事项、监管依据、监管措施、监管流程，监管结果及时向社会公布。养老托育机构对依法登记、备案承诺、履约服务、质量安全、应急管理、消防安全等承担主体责任。健全行业自律规约，加强正面宣传引导和社会舆论监督，加快构建以信用为基础的新型监管机制。

（二十）**切实防范各类风险。**加强突发事件应对，建立完善养老托育机构突发事件预防与应急准备、监测与预警、应急处置与救援、事后恢复与重建等工作机制。将养老托育纳入公共安全重点保障范围，支持服务机构安全平稳运转。完善退出机制，建立机构关停等特殊情况应急处置机制。严防"一老一小"领域以虚假投资、欺诈销售、高额返利等方式进行的非法集资，保护消费者合法权益。

（二十一）**优化政务服务环境。**完善机构设立办事指南，优化办事流程，实施并联服务，明确办理时限，推进"马上办、网上办、就近办"。制定养老托育政务服务事项清单，推进同一事项无差别受理、同标准办理，力争实现"最多跑一次"。推进养老托育政务服务的"好差评"工作，完善评价规则，加强评价结果运用，改进提升政务服务质量。

（二十二）**积极发挥多方合力。**支持公益慈善类社会组织参与，鼓励机构开发志愿服务项目，建立健全"一老一小"志愿服务项目库。引导互联网平台等社会力量建立养老托育机构用户评价体系。以普惠为导向建立多元主体参与的养老和托育产业合作平台，在要素配置、行业自律、质量安全、国际合作等方面积极作为。发挥行业协会商会等社会组织积极性，开展机构服务能力综合评价，引领行业规范发展，更好弘扬尊老爱幼社会风尚。

（二十三）**强化数据资源支撑。**依据养老产业统计分类，开展养老产业认定方法研究，推进重要指标年度统计。探索构建托育服务统计指标体系。利用智库和第三方力量加强研究，开展人口趋势预测和养老托育产业前景展望，通过发布年度报告、白皮书等形式，服务产业发展，引导社会预期。

坚持党委领导、政府主导，地方各级政府要建立健全"一老一小"工作推进机制，结合实际落实本意见要求，以健全政策体系、扩大服务供给、打造发展环境、完善监管服务为着力点，促进养老托育健康发展，定期向同级人民代表大会常务委员会报告服务能力提升成效。国务院各部门要根据职责分工，制定具体落实举措，推动各项任务落地。国家发展改革委要建立"一老一小"服务能力评价机制，加强对本意见落实工作的跟踪督促，及时向国务院报告。

国务院办公厅

2020 年 12 月 14 日

附件　促进养老托育服务健康发展重点任务分工表

表附 2-1　促进养老托育服务健康发展重点任务分工表

序号	重点任务	责任单位
1	根据"一老一小"人口分布和结构变化,科学谋划"十四五"养老托育服务体系,促进服务能力提质扩容和区域均衡布局。	民政部、国家卫生健康委、国家发展改革委、财政部、住房城乡建设部、中国残联按职责分工负责,地方各级人民政府负责。
2	统筹推进城乡养老托育发展。	民政部、国家卫生健康委、国家发展改革委按职责分工负责,地方各级人民政府负责。
3	积极支持普惠性服务发展。	国家发展改革委、民政部、国家卫生健康委按职责分工负责,地方各级人民政府负责。
4	在年度建设用地供应计划中保障养老托育用地需求,并结合实际安排在合理区位。	自然资源部、民政部、国家卫生健康委、住房城乡建设部按职责分工负责,地方各级人民政府负责。
5	在城市居住社区建设补短板和城镇老旧小区改造中统筹推进养老托育服务设施建设。探索允许空置公租房免费提供给社会力量供其在社区为老年人开展助餐助行、日间照料、康复护理、老年教育等服务。	住房城乡建设部牵头,中直管理局、国家发展改革委、民政部、自然资源部、国家卫生健康委、应急部、国务院国资委、国管局参加。
6	支持将各类房屋和设施用于发展养老托育,鼓励适当放宽最长租赁期限。	民政部、国家卫生健康委、国家发展改革委、自然资源部、住房城乡建设部、应急部按职责分工负责,地方各级人民政府负责。
7	非独立场所按照相关安全标准改造建设托育点并通过验收的,不需变更土地和房屋性质。	国家卫生健康委、自然资源部、住房城乡建设部、应急部按职责分工负责,地方各级人民政府负责。
8	推动财税支持政策落地。	财政部、税务总局、民政部、国家卫生健康委、人力资源社会保障部按职责分工负责,地方各级人民政府负责。
9	提高人才要素供给能力。	教育部、人力资源社会保障部、国家发展改革委、民政部、商务部、国家卫生健康委按职责分工负责。
10	增强家庭照护能力。	民政部、国家卫生健康委、全国妇联按职责分工负责。
11	研究出台家庭托育点管理办法。	国家卫生健康委牵头,国家发展改革委、民政部、住房城乡建设部、应急部、市场监管总局参加。

序号	重点任务	责任单位
12	加强公办和公建民营养老机构建设,建立入住综合评估制度。	民政部、国家发展改革委、财政部、国家卫生健康委按职责分工负责。
13	完善公建民营机制,引进养老托育运营机构早期介入、全程参与项目工程建设,探索开展连锁化运营。	民政部、国家卫生健康委、国家发展改革委按职责分工负责。
14	推动培训疗养资源转型发展养老服务。	国家发展改革委牵头,中直管理局、民政部、财政部、人力资源社会保障部、自然资源部、住房城乡建设部、国家卫生健康委、应急部、人民银行、国务院国资委、国管局参加。
15	实施普惠养老托育专项行动,建设一批普惠性养老服务机构和托育服务机构。	国家发展改革委牵头,民政部、自然资源部、住房城乡建设部、国家卫生健康委、国务院国资委参加。
16	引导金融机构提升服务质效。	人民银行、银保监会、国家发展改革委、财政部、住房城乡建设部、证监会按职责分工负责。
17	促进康养融合发展。	国家发展改革委牵头,教育部、民政部、住房城乡建设部、文化和旅游部、国家卫生健康委、体育总局参加。
18	开展社区医养结合能力提升行动。	国家卫生健康委牵头,国家发展改革委、民政部、住房城乡建设部、国家医保局参加;地方各级人民政府负责。
19	提升养老机构应急保障能力。	民政部、国家发展改革委、应急部按职责分工负责,地方各级人民政府负责。
20	促进用品制造提质升级,逐步完善养老托育服务和相关用品标准体系。	工业和信息化部、科技部、国家发展改革委、民政部、国家卫生健康委、市场监管总局、中国残联按职责分工负责。
21	培育托育服务、乳粉奶业、动画设计与制作等行业民族品牌。	国家卫生健康委牵头,国家发展改革委、教育部、工业和信息化部、文化和旅游部、市场监管总局参加。
22	推进智能服务机器人后发赶超,启动康复辅助器具应用推广工程,实施智慧老龄化技术推广应用工程。	民政部、工业和信息化部、科技部、国家发展改革委、市场监管总局、中国残联按职责分工负责。
23	鼓励国内外多方共建养老托育产业合作园区,加强市场、规则、标准方面的软联通,打造制造业创新示范高地。	国家发展改革委牵头,工业和信息化部、民政部、人力资源社会保障部、自然资源部、国家卫生健康委、人民银行、市场监管总局参加。
24	加强宜居环境建设。	住房城乡建设部、国家卫生健康委、交通运输部、民政部、中国残联按职责分工负责。

序号	重点任务	责任单位
25	以满足老年人生活需求和营造婴幼儿成长环境为导向,推动形成一批具有示范意义的活力发展城市和社区。	国家发展改革委、住房城乡建设部牵头,民政部、国家卫生健康委参加。
26	完善养老托育服务综合监管体系。	民政部、国家卫生健康委、市场监管总局、住房城乡建设部、应急部按职责分工负责。
27	将养老托育纳入公共安全重点保障范围。	民政部、国家卫生健康委、国家发展改革委、应急部、市场监管总局按职责分工负责,地方各级人民政府负责。
28	严防"一老一小"领域非法集资。	民政部、国家卫生健康委、银保监会按职责分工负责,地方各级人民政府负责。
29	制定养老托育政务服务事项清单,推进养老托育政务服务的"好差评"工作。	民政部、国家卫生健康委、市场监管总局按职责分工负责,地方各级人民政府负责。
30	支持公益慈善类社会组织参与,建立健全"一老一小"志愿服务项目库。	全国总工会、共青团中央、中国残联、民政部、国家卫生健康委按职责分工负责。
31	以普惠为导向建立多元主体参与的养老和托育产业合作平台。	国家发展改革委牵头,工业和信息化部、民政部、自然资源部、住房城乡建设部、文化和旅游部、国家卫生健康委、国务院国资委、市场监管总局参加。
32	依据养老产业统计分类,开展养老产业认定方法研究,推进重要指标年度统计,探索构建托育服务统计指标体系。	国家统计局牵头,国家发展改革委、工业和信息化部、民政部、住房城乡建设部、国家卫生健康委、市场监管总局、中国残联参加。
33	建立"一老一小"服务能力评价机制,加强对本意见执行情况的跟踪督促。	国家发展改革委牵头,各相关部门参加。

附录三　《托育机构设置标准（试行）》

第一章　总则

第一条　为建立专业化、规范化的托育机构，根据《中华人民共和国未成年人保护法》等法律法规以及《国务院办公厅关于促进 3 岁以下婴幼儿照护服务发展的指导意见》，制定本标准。

第二条　坚持政策引导、普惠优先、安全健康、科学规范、属地管理、分类指导的原则，充分调动社会力量积极性，大力发展托育服务。

第三条　本标准适用于经有关部门登记、卫生健康部门备案，为 3 岁以下婴幼儿提供全日托、半日托、计时托、临时托等托育服务的机构。

第二章　设置要求

第四条　托育机构设置应当综合考虑城乡区域发展特点，根据经济社会发展水平、工作基础和群众需求，科学规划，合理布局。

第五条　新建居住区应当规划建设与常住人口规模相适应的托育机构。老城区和已建成居住区应当采取多种方式完善托育机构，满足居民需求。

第六条　城镇托育机构建设要充分考虑进城务工人员随迁婴幼儿的照护服务需求。

第七条　在农村社区综合服务设施建设中，应当统筹考虑托育机构建设。

第八条　支持用人单位以单独或联合其他单位共同举办的方式，在工作场所为职工提供福利性托育服务，有条件的可向附近居民开放。

第九条　鼓励通过市场化方式，采取公办民营、民办公助等多种形式，在就业人群密集的产业聚集区域和用人单位建设完善托育机构。

第十条　发挥城乡社区公共服务设施的婴幼儿照护服务功能，加强社区托育机构与社区服务中心（站）及社区卫生、文化、体育等设施的功能衔接。

第三章　场地设施

第十一条　托育机构应当有自有场地或租赁期不少于 3 年的场地。

第十二条　托育机构的场地应当选择自然条件良好、交通便利、符合卫生和环保要求的建设用地，远离对婴幼儿成长有危害的建筑、设施及污染源，满足抗震、防火、疏散等要求。

第十三条　托育机构的建筑应当符合有关工程建设国家标准、行业标准，设置符合标准要求的生活用房，根据需要设置服务管理用房和供应用房。

第十四条　托育机构的房屋装修、设施设备、装饰材料等，应当符合国家相关安全质量标准和环保标准，并定期进行检查维护。

第十五条　托育机构应当配备符合婴幼儿月龄特点的家具、用具、玩具、图书和游戏材料等,并符合国家相关安全质量标准和环保标准。

第十六条　托育机构应当设有室外活动场地,配备适宜的游戏设施,且有相应的安全防护设施。

在保障安全的前提下,可利用附近的公共场地和设施。

第十七条　托育机构应当设置符合标准要求的安全防护设施设备。

第四章　人员规模

第十八条　托育机构应当根据场地条件,合理确定收托婴幼儿规模,并配置综合管理、保育照护、卫生保健、安全保卫等工作人员。

托育机构负责人负责全面工作,应当具有大专以上学历、有从事儿童保育教育、卫生健康等相关管理工作3年以上的经历,且经托育机构负责人岗位培训合格。

保育人员主要负责婴幼儿日常生活照料,安排游戏活动,促进婴幼儿身心健康,养成良好行为习惯。保育人员应当具有婴幼儿照护经验或相关专业背景,受过婴幼儿保育相关培训和心理健康知识培训。

保健人员应当经过妇幼保健机构组织的卫生保健专业知识培训合格。

保安人员应当取得公安机关颁发的《保安员证》,并由获得公安机关《保安服务许可证》的保安公司派驻。

第十九条　托育机构一般设置乳儿班(6—12个月,10人以下)、托小班(12—24个月,15人以下)、托大班(24—36个月,20人以下)三种班型。

18个月以上的婴幼儿可混合编班,每个班不超过18人。

每个班的生活单元应当独立使用。

第二十条　合理配备保育人员,与婴幼儿的比例应当不低于以下标准:乳儿班1∶3,托小班1∶5,托大班1∶7。

第二十一条　按照有关托儿所卫生保健规定配备保健人员、炊事人员。

第二十二条　独立设置的托育机构应当至少有1名保安人员在岗。

第五章　附则

第二十三条　各省、自治区、直辖市卫生健康行政部门可根据本标准制订具体实施办法。

第二十四条　本标准自发布之日起施行。

附录四　《托育机构管理规范（试行）》

第一章　总则

第一条　为加强托育机构管理,根据《中华人民共和国未成年人保护法》等法律法规以及《国务院办公厅关于促进3岁以下婴幼儿照护服务发展的指导意见》,制定本规范。

第二条　坚持儿童优先的原则,尊重婴幼儿成长特点和规律,最大限度地保护婴幼儿,确保婴幼儿的安全和健康。

第三条　本规范适用于经有关部门登记、卫生健康部门备案,为3岁以下婴幼儿提供全日托、半日托、计时托、临时托等托育服务的机构。

第二章　备案管理

第四条　托育机构登记后,应当向机构所在地的县级以上卫生健康部门备案,提交评价为"合格"的《托幼机构卫生评价报告》、消防安全检查合格证明、场地证明、工作人员资格证明等材料,填写备案书(见附件1)和承诺书(见附件2)。提供餐饮服务的,应当提交《食品经营许可证》。

第五条　卫生健康部门应当对申请备案的托育机构提供备案回执(见附件3)和托育机构基本条件告知书(见附件4)。

第六条　托育机构变更备案事项的,应当向原备案部门办理变更备案。

第七条　托育机构终止服务的,应当妥善安置收托的婴幼儿和工作人员,并办理备案注销手续。

第八条　卫生健康部门应当将托育服务有关政策规定、托育机构备案要求、托育机构有关信息在官方网站公开,接受社会查询和监督。

第三章　收托管理

第九条　婴幼儿父母或监护人(以下统称婴幼儿监护人)应当主动向托育机构提出入托申请,并提交真实的婴幼儿及其监护人的身份证明材料。

第十条　托育机构应当与婴幼儿监护人签订托育服务协议,明确双方的责任、权利义务、服务项目、收费标准以及争议纠纷处理办法等内容。

第十一条　婴幼儿进入托育机构前,应当完成适龄的预防接种,经医疗卫生机构健康检查合格后方可入托;离开机构3个月以上的,返回时应当重新进行健康检查。

第十二条　托育机构应当建立收托婴幼儿信息管理制度,及时采集、更新,定期向备案部门报送。

第十三条　托育机构应当建立与家长联系的制度,定期召开家长会议,接待来访和咨询,帮助家长了解保育照护内容和方法。

托育机构应当成立家长委员会,事关婴幼儿的重要事项,应当听取家长委员会的意见和建议。托育机构应当建立家长开放日制度。

第十四条 托育机构应当加强与社区的联系与合作,面向社区宣传科学育儿知识,开展多种形式的服务活动,促进婴幼儿早期发展。

第十五条 托育机构应当建立信息公示制度,定期公示收费项目和标准、保育照护、膳食营养、卫生保健、安全保卫等情况,接受监督。

第四章 保育管理

第十六条 托育机构应当科学合理安排婴幼儿的生活,做好饮食、饮水、喂奶、如厕、盥洗、清洁、睡眠、穿脱衣服、游戏活动等服务。

第十七条 托育机构应当顺应喂养,科学制定食谱,保证婴幼儿膳食平衡。有特殊喂养需求的,婴幼儿监护人应当提供书面说明。

第十八条 托育机构应当保证婴幼儿每日户外活动不少于 2 小时,寒冷、炎热季节或特殊天气情况下可酌情调整。

第十九条 托育机构应当以游戏为主要活动形式,促进婴幼儿在身体发育、动作、语言、认知、情感与社会性等方面的全面发展。

第二十条 游戏活动应当重视婴幼儿的情感变化,注重与婴幼儿面对面、一对一的交流互动,动静交替,合理搭配多种游戏类型。

第二十一条 托育机构应当提供适宜刺激,丰富婴幼儿的直接经验,支持婴幼儿主动探索、操作体验、互动交流和表达表现,发挥婴幼儿的自主性,保护婴幼儿的好奇心。

第二十二条 托育机构应当建立照护服务日常记录和反馈制度,定期与婴幼儿监护人沟通婴幼儿发展情况。

第五章 健康管理

第二十三条 托育机构应当按照有关托儿所卫生保健规定,完善相关制度,切实做好婴幼儿和工作人员的健康管理,做好室内外环境卫生。

第二十四条 托育机构应当坚持晨午检和全日健康观察,发现婴幼儿身体、精神、行为异常时,应当及时通知婴幼儿监护人。

第二十五条 托育机构发现婴幼儿遭受或疑似遭受家庭暴力的,应当依法及时向公安机关报案。

第二十六条 婴幼儿患病期间应当在医院接受治疗或在家护理。

第二十七条 托育机构应当建立卫生消毒和病儿隔离制度、传染病预防和管理制度,做好疾病预防控制和婴幼儿健康管理工作。

第二十八条 托育机构工作人员上岗前,应当经医疗卫生机构进行健康检查,合格后方可上岗。

托育机构应当组织在岗工作人员每年进行1次健康检查。在岗工作人员患有传染性疾病的,应当立即离岗治疗;治愈后,须持病历和医疗卫生机构出具的健康合格证明,方可返岗工作。

第六章　安全管理

第二十九条　托育机构应当落实安全管理主体责任,建立健全安全防护措施和检查制度,配备必要的安保人员和物防、技防设施。

第三十条　托育机构应当建立完善的婴幼儿接送制度,婴幼儿应当由婴幼儿监护人或其委托的成年人接送。

第三十一条　托育机构应当制订重大自然灾害、传染病、食物中毒、踩踏、火灾、暴力等突发事件的应急预案,定期对工作人员进行安全教育和突发事件应急处理能力培训。

托育机构应当明确专兼职消防安全管理人员及管理职责,加强消防设施维护管理,确保用火用电用气安全。

托育机构工作人员应当掌握急救的基本技能和防范、避险、逃生、自救的基本方法,在紧急情况下必须优先保障婴幼儿的安全。

第三十二条　托育机构应当建立照护服务、安全保卫等监控体系。监控报警系统确保24小时设防,婴幼儿生活和活动区域应当全覆盖。

监控录像资料保存期不少于90日。

第七章　人员管理

第三十三条　托育机构工作人员应当具有完全民事行为能力和良好的职业道德,热爱婴幼儿,身心健康,无虐待儿童记录,无犯罪记录,并符合国家和地方相关规定要求的资格条件。

第三十四条　托育机构应当建立工作人员岗前培训和定期培训制度,通过集中培训、在线学习等方式,不断提高工作人员的专业能力、职业道德和心理健康水平。

第三十五条　托育机构应当加强工作人员法治教育,增强法治意识。对虐童等行为实行零容忍,一经发现,严格按照有关法律法规和规定,追究有关负责人和责任人的责任。

第三十六条　托育机构应当依法与工作人员签订劳动合同,保障工作人员的合法权益。

第八章　监督管理

第三十七条　托育机构应当加强党组织建设,积极支持工会、共青团、妇联等组织开展活动。托育机构应当建立工会组织或职工代表大会制度,依法加强民主管理和监督。

第三十八条　托育机构应当制订年度工作计划,每年年底向卫生健康部门报告工作,必要时随时报告。

第三十九条　各级妇幼保健、疾病预防控制、卫生监督等机构应当按照职责加强对托育机构卫生保健工作的业务指导、咨询服务和监督执法。

第四十条 建立托育机构信息公示制度和质量评估制度,实施动态管理,加强社会监督。

第九章 附则

第四十一条 各省、自治区、直辖市卫生健康行政部门可根据本规范制订具体实施办法。

第四十二条 本规范自发布之日起施行。

附件1 托育机构备案书

_____卫生健康委(局):

经_____(登记机关名称)批准,_____(托育机构名称)已于_____年_____月_____日依法登记成立,现向你委(局)进行备案。本机构备案信息如下:

机构名称:

机构住所:

登记机关:

统一社会信用代码:

机构负责人姓名:

机构负责人身份证件号码:

机构性质:□营利性 □非营利性

服务范围:□全日托 □半日托 □计时托 □临时托

服务场所性质:□自有 □租赁

机构建筑面积:

室内使用面积:

室外活动场地面积:

收托规模:_____人

编班类型:□乳儿班 □托小班 □托大班 □混合编班

联系人:

联系方式:

请予以备案。

备案单位:(章)
年 月 日

附件2 备案承诺书

本单位承诺如实填报备案信息,并将按照有关要求,及时、准确报送后续重大事项变更信息。

承诺已了解托育机构管理相关法律法规和标准规范,承诺开展的服务符合《托育机构基本条件告知书》要求。

承诺按照诚实信用、安全健康、科学规范、儿童优先的原则和相关标准及规定,开展3岁以下婴幼儿托育服务,不以托育机构名义从事虐待伤害婴幼儿、不正当关联交易等损害婴幼儿及其监护人合法权益和公平竞争市场秩序的行为。

承诺主动接受并配合卫生健康部门和其他有关部门的指导、监督和管理。

承诺不属实,或者违反上述承诺的,依法承担相应法律责任。

备案单位:(章)

机构负责人签字:

年　　月　　日

附件3　托育机构备案回执

编号:_____

_____年_____月_____日报我委(局)的《托育机构备案书》收到并已备案。

备案项目如下:

机构名称:

机构住所:

机构性质:

机构负责人姓名:

_____卫生健康委(局)(章)

年　　月　　日

附件4　托育机构基本条件告知书

托育机构应当依照相关法律法规和标准规范开展服务活动,并符合下列基本条件:

一、应当符合《中华人民共和国未成年人保护法》《中华人民共和国建筑法》《中华人民共和国消防法》《托儿所幼儿园卫生保健管理办法》等法律法规,以及《托儿所、幼儿园建筑设计规范》《建筑设计防火规范》等国家标准或者行业标准。

二、应当符合《托育机构设置标准(试行)》《托育机构管理规范(试行)》等要求。

三、提供餐饮服务的,应当符合《中华人民共和国食品安全法》等法律法规,以及相应的食品安全标准。

四、法律法规规定的其他条件。

附录五 《托育机构保育指导大纲（试行）》

第一章 总则

一、为贯彻《国务院办公厅关于促进3岁以下婴幼儿照护服务发展的指导意见》，依据国家卫生健康委《托育机构设置标准（试行）》《托育机构管理规范（试行）》，指导托育机构为3岁以下婴幼儿（以下简称婴幼儿）提供科学、规范的照护服务，促进婴幼儿健康成长，特制定本大纲。

二、本大纲适用于经有关部门登记、卫生健康部门备案，为婴幼儿提供全日托、半日托等照护服务的托育机构。提供计时托、临时托等照护服务的托育机构可参照执行。

三、托育机构保育是婴幼儿照护服务的重要组成部分，是生命全周期服务管理的重要内容。通过创设适宜环境，合理安排一日生活和活动，提供生活照料、安全看护、平衡膳食和早期学习机会，促进婴幼儿身体和心理的全面发展。

四、托育机构保育应遵循以下基本原则：

（一）尊重儿童。坚持儿童优先，保障儿童权利。尊重婴幼儿成长特点和规律，关注个体差异，促进每个婴幼儿全面发展。

（二）安全健康。最大限度地保护婴幼儿的安全和健康，切实做好托育机构的安全防护、营养膳食、疾病防控等工作。

（三）积极回应。提供支持性环境，敏感观察婴幼儿，理解其生理和心理需求，并及时给予积极适宜的回应。

（四）科学规范。按照国家和地方相关标准和规范，合理安排婴幼儿的生活和活动，满足婴幼儿生长发育的需要。

第二章 目标与要求

托育机构保育工作应当遵循婴幼儿发展的年龄特点与个体差异，通过多种途径促进婴幼儿身体发育和心理发展。保育重点应当包括营养与喂养、睡眠、生活与卫生习惯、动作、语言、认知、情感与社会性等。

一、营养与喂养

（一）目标。

1. 获取安全、营养的食物，达到正常生长发育水平；

2. 养成良好的饮食行为习惯。

（二）保育要点。

1. 7—12个月

（1）继续母乳喂养，不能继续母乳喂养的婴儿使用配方奶喂养。

（2）及时添加辅食，从富含铁的泥糊状食物开始，遵循由一种到多种、由少到多、由稀到稠、由细到粗的原则。辅食不添加糖、盐等调味品。

（3）每引入新食物要密切观察婴儿是否有皮疹、呕吐、腹泻等不良反应。

（4）注意观察婴儿所发出的饥饿或饱足的信号，并及时、恰当回应，不强迫喂食。

（5）鼓励婴儿尝试自己进食，培养进餐兴趣。

2. 13—24 个月

（1）继续母乳或配方奶喂养，可以引入奶制品作为辅食，每日提供多种类食物。

（2）鼓励和协助幼儿自己进食，关注幼儿以语言、肢体动作等发出进食需求，顺应喂养。

（3）培养幼儿使用水杯喝水的习惯，不提供含糖饮料。

3. 25—36 个月

（1）每日提供多种类食物。

（2）引导幼儿认识和喜爱食物，培养幼儿专注进食习惯、选择多种食物的能力。

（3）鼓励幼儿参与协助分餐、摆放餐具等活动。

（三）指导建议。

1. 制定膳食计划和科学食谱，为婴幼儿提供与年龄发育特点相适应的食物，规律进餐，为有特殊饮食需求的婴幼儿提供喂养建议。

2. 为婴幼儿创造安静、轻松、愉快的进餐环境，协助婴幼儿进食，并鼓励婴幼儿表达需求、及时回应，顺应喂养，不强迫进食。

3. 有效控制进餐时间，加强进餐看护，避免发生伤害。

二、睡眠

（一）目标。

1. 获得充足睡眠；

2. 养成独自入睡和作息规律的良好睡眠习惯。

（二）保育要点。

1. 7—12 个月

（1）识别婴儿困倦的信号，通过常规睡前活动，培养婴儿独自入睡。

（2）帮助婴儿采用仰卧位或侧卧位姿势入睡，脸和头不被遮盖。

（3）注意观察婴儿睡眠状态，减少抱睡、摇睡等安抚行为。

2. 13—24 个月

（1）固定幼儿睡眠和唤醒时间，逐渐建立规律的睡眠模式。

（2）坚持开展睡前活动，确保幼儿进入较安静状态。

（3）培养幼儿独自入睡的习惯。

3. 25—36 个月

（1）规律作息，每日有充足的午睡时间。

（2）引导幼儿自主做好睡眠准备，养成良好的睡眠习惯。

（三）指导建议。

1. 为婴幼儿提供良好的睡眠环境和设施，温湿度适宜，白天睡眠不过度遮蔽光线，设立独立床位，保障安全、卫生。

2. 加强睡眠过程巡视与照护，注意观察婴幼儿睡眠时的面色、呼吸、睡姿，避免发生伤害。

3. 关注个体差异及睡眠问题，采取适宜的照护方式。

三、生活与卫生习惯

（一）目标。

1. 学习盥洗、如厕、穿脱衣服等生活技能；

2. 逐步养成良好的生活卫生习惯。

（二）保育要点。

1. 7—12 个月

（1）及时更换尿布，保持臀部和身体干爽清洁。

（2）生活照护过程中，注重与婴儿互动交流。

（3）识别及回应婴儿哭闹、四肢活动等表达的需求。

2. 13—24 个月

（1）鼓励幼儿及时表达大小便需求，形成一定的排便规律，逐渐学会自己坐便盆。

（2）协助和引导幼儿自己洗手、穿脱衣服等。

（3）引导和帮助幼儿学会咳嗽和打喷嚏的方法。

3. 25—36 个月

（1）培养幼儿主动如厕。

（2）引导幼儿餐后漱口，使用肥皂或洗手液正确洗手，认识自己的毛巾并擦手。

（3）鼓励幼儿自己穿脱衣服。

（三）指导建议。

1. 保持生活场所的安全卫生，预防异物吸入、烧烫伤、跌落伤、溺水、中毒等伤害发生。

2. 在生活中逐渐养成婴幼儿良好习惯，做好回应性照护，引导其逐步形成规则和安全意识。

3. 注意培养婴幼儿良好的用眼习惯，限制屏幕时间。

4. 注意培养婴幼儿良好的口腔卫生习惯，预防龋齿。

5. 在各生活环节中，做好观察，发现有精神状态不良、烦躁、咳嗽、打喷嚏、呕吐等表现的婴幼儿，要加强看护，必要时及时隔离，并联系家长。

四、动作

（一）目标。

1. 掌握基本的大运动技能；

2. 达到良好的精细动作发育水平。

（二）保育要点。

1. 7—12 个月

(1) 鼓励婴儿进行身体活动,尤其是地板上的游戏活动。

(2) 鼓励婴儿自主探索从躺位变成坐位,从坐位转为爬行,逐渐到扶站、扶走。

(3) 提供适宜的玩具,促进抓、捏、握等精细动作发育。

2. 13—24 个月

(1) 鼓励幼儿进行形式多样的身体活动,为幼儿提供参加爬、走、跑、钻、踢、跳等活动的机会。

(2) 提供多种类活动材料,促进涂画、拼搭、叠套等精细动作发育。

(3) 鼓励幼儿自己喝水、用小勺吃饭、自己翻书等。

3. 25—36 个月

(1) 为幼儿提供参加走直线、跑、跨越低矮障碍物、双脚跳、单足站立、原地单脚跳、上下楼梯等活动的机会。

(2)提供多种类活动材料,促进幼儿搭建、绘画、简单手工制作等精细动作发育。

(3)鼓励幼儿自己用水杯喝水、用勺吃饭、协助收纳等。

(三) 指导建议。

1. 在各个生活环节中,创造丰富的身体活动环境,确保活动环境和材料安全、卫生。

2. 充分利用日光、空气和水等自然条件,进行身体锻炼,保证充足的户外活动时间。

3. 安排类型丰富的活动和游戏,并保证每日有适宜强度、频次的大运动活动。做好运动中的观察及照护,避免发生伤害。

4. 关注患病婴幼儿。处于急慢性疾病恢复期的婴幼儿,及时调整活动强度和时间;发现运动发育迟缓婴幼儿,给予针对性指导,及时转介。

五、语言

(一)目标。

1. 对声音和语言感兴趣,学会正确发音;

2. 学会倾听和理解语言,逐步掌握词汇和简单的句子;

3. 学会运用语言进行交流,表达自己的需求;

4. 愿意听故事、看图书,初步发展早期阅读的兴趣和习惯。

(二)保育要点。

1. 7—12 个月

(1) 经常和婴儿说话,引导其对发音产生兴趣,模仿和学习简单的发音。

(2) 向婴儿复述生活中常见物品和动作,帮助其逐渐理解简单的词汇。

(3) 引导婴儿使用简单的声音、表情、动作、语言表达自己的需求。

(4) 为婴儿选择合适的图画书,朗读简单的故事或儿歌。

2. 13—24 个月

(1) 培养幼儿正确发音,逐步将语言与实物或动作建立联系。

(2) 鼓励幼儿模仿和学习使用词语或短句表达自己的需求。

（3）引导幼儿学会倾听并乐意执行简单的语言指令，积极使用语言进行交流。

（4）提供机会让幼儿多读绘本、多听故事、学念儿歌。

3. 25—36个月

（1）指导幼儿正确地运用词语说出简单的句子。

（2）鼓励幼儿用语言表达自己的需求和感受。

（3）创造条件和机会，使幼儿多听、多看、多说、多问、多想，谈论生活中的所见所闻。

（4）培养幼儿阅读的兴趣和能力，学讲故事、学念儿歌。

（三）指导建议。

1. 创设丰富和应答的语言环境，提供正确的语言示范，保持与婴幼儿的交流与沟通，引导其倾听、理解和模仿语言。

2. 为不同月龄婴幼儿提供和阅读适合的儿歌、故事和图画书，培养早期阅读兴趣和习惯。

3. 关注语言发展迟缓的婴幼儿，并给予个别指导。

六、认知

（一）目标。

1. 充分运用各种感官探索周围环境，有好奇心和探索欲；

2. 逐步发展注意、观察、记忆、思维等认知能力；

3. 学会想办法解决问题，有初步的想象力和创造力。

（二）保育要点。

1. 7—12个月

（1）提供有利于视、听、触摸等材料，激发婴儿的观察兴趣。

（2）鼓励婴儿调动各种感官，感知物体的大小、形状、颜色、材质等。

（3）引导婴儿观察周围的事物，模仿所看到的某些事物的声音和动作。

2. 13—24个月

（1）引导幼儿运用各种感官探索周围环境，逐步发展注意、记忆、思维等认知能力。

（2）鼓励幼儿辨别生活中常见物体的大小、形状、颜色、软硬、冷热等明显特征。

（3）鼓励幼儿在操作、摆弄、模仿等活动中想办法解决问题。

3. 25—36个月

（1）引导幼儿运用各种感官反复持续探索周围环境，逐步巩固和加深对周围事物的认识。

（2）启发幼儿观察辨别生活中常见物体的特征和用途，进行简单的分类，并感受生活中的数学。

（3）培养幼儿在感兴趣的事情上能够保持一定的专注力。

（4）通过各种游戏和活动，鼓励幼儿主动思考、积极提问并大胆猜想，激发幼儿的想象力和创造力。

（三）指导建议。

1. 创设环境,促进婴幼儿通过视、听、触摸等多种感觉活动与环境充分互动,丰富认识和记忆经验。

2. 保护婴幼儿对周围事物的好奇心和求知欲,耐心回应婴幼儿的问题,鼓励自己寻找答案。

3. 在确保安全健康的前提下,支持和鼓励婴幼儿的主动探索。

七、情感与社会性

(一)目标。

1. 有安全感,能够理解和表达情绪;

2. 有初步的自我意识,逐步发展情绪和行为的自我控制;

3. 与成人和同伴积极互动,发展初步的社会交往能力。

(二)保育要点。

1. 7—12个月

(1)观察了解不同月龄婴儿的需要,把握其情绪变化,尊重和满足其爱抚、亲近、搂抱等情感需求。

(2)引导婴儿理解和辨别高兴、喜欢、生气等不同情绪。

(3)敏感察觉婴儿情绪变化,理解其情感需求并及时回应。

(4)创设温暖、愉快的情绪氛围,促进婴儿交往的积极性。

2. 13—24个月

(1)引导幼儿用表情、动作、语言等方式表达自己的情绪。

(2)培养幼儿愉快的情绪,及时肯定和鼓励幼儿适宜的态度和行为。

(3)拓展交往范围,引导幼儿认识他人不同的想法和情绪。

(4)引导幼儿理解并遵守简单的规则。

3. 25—36个月

(1)谈论日常生活中幼儿感兴趣的人和事,引导其通过语言和行为等方式表达情绪情感。

(2)鼓励幼儿进行情绪控制的尝试,指导其学会简单的情绪调节策略。

(3)创设人际交往的机会和条件,使幼儿感受与人交往的愉悦。

(4)帮助幼儿理解和遵守简单的规则,初步学习分享、轮流、等待、协商,尝试解决同伴冲突。

(三)指导建议。

1. 观察了解每个婴幼儿独特的沟通方式和情绪表达特点,正确判断其需求,并给予及时、恰当的回应。

2. 与婴幼儿建立信任和稳定的情感联结,使其有安全感。

3. 建立一日生活和活动常规,开展规则游戏,帮助婴幼儿理解和遵守规则,逐步发展规则意识,适应集体生活。

4. 创造机会,支持婴幼儿与同伴和成人的交流互动,体验交往的乐趣。

第三章　组织与实施

一、托育机构是实施保育的场所,应当提供健康、安全、丰富的生活和活动环境,配置符合婴幼儿月龄特点的家具、用具、玩具、图书、游戏材料和安全防护措施,并根据场地条件合理确定收托规模,配备符合要求的保育人员。

二、托育机构负责人负责保育的组织与管理,指导、检查和评估保育人员的工作。

三、托育机构保育人员是保育工作的主要实施者,应当具有良好的职业道德和业务能力,身心健康。负责婴幼儿日常生活照料和活动组织,主动了解和满足婴幼儿不同的发展需求,平等对待每一个婴幼儿,呵护婴幼儿健康成长。

四、保育工作应当根据婴幼儿身心发展特点和规律,制订科学的保育方案,合理安排婴幼儿饮食、饮水、如厕、盥洗、睡眠、游戏等一日生活和活动,支持婴幼儿主动探索、操作体验、互动交流和表达表现,丰富婴幼儿的直接经验。

五、托育机构应当建立信息管理、健康管理、疾病防控和安全防护监控制度,制定安全防护、传染病防控等应急预案,切实做好室内外环境卫生,注意防范和避免伤害,确保婴幼儿的安全和健康。

六、托育机构应当与家庭、社区密切合作,充分整合各方资源支持托育机构保育工作,向家庭、社区宣传科学的育儿理念和方法,提供照护服务和指导服务,帮助家庭增强科学育儿能力。

附录六 《托育从业人员职业行为准则（试行）》

托育服务事关婴幼儿健康成长，事关千家万户。为进一步增强托育从业人员的责任感、使命感和荣誉感，规范职业行为，特制定本准则。

一、坚定政治方向。坚持以习近平新时代中国特色社会主义思想为指导，贯彻落实党中央关于托育工作的决策部署。不得有损害党中央权威和违背党的路线方针政策的言行。

二、自觉爱国守法。忠于祖国，忠于人民，恪守宪法原则，遵守法律法规，依法依规开展托育服务。不得损害国家利益、社会公共利益、违背社会公序良俗。

三、传播优秀文化。传承中华传统美德和优秀文化，践行社会主义核心价值观，培养婴幼儿良好品行和习惯。不得传播有损婴幼儿健康成长的不良文化。

四、注重情感呵护。敏感观察，积极回应，尊重个体差异，关心爱护每一位婴幼儿，形成温暖稳定的关系。不得忽视、歧视、侮辱、虐待婴幼儿。

五、提供科学照护。遵循婴幼儿成长规律，合理安排每日生活和游戏活动，支持婴幼儿主动探索、操作体验、互动交流和表达表现。不得开展超出婴幼儿接受能力的活动。

六、保障安全健康。创设安全健康的环境，熟练掌握安全防范、膳食营养、疾病防控和应急处置等方面的知识和技能。不得在紧急情况下置婴幼儿安危于不顾，自行逃离。

七、践行家托共育。注重与婴幼儿家庭密切合作，保持经常性良好沟通，传播科学育儿理念，提供家庭照护指导服务。不得滥用生长发育测评等造成家长焦虑。

八、提升专业素养。热爱托育工作，增强职业荣誉感，加强业务学习，做好情绪管理，提高适应新时代托育服务发展要求的专业能力。不得有损害职业形象的行为。

九、加强团队协作。尊重同事，以诚相待，相互支持，充分沟通婴幼儿信息，协同开展照护活动，不断改进和提升服务质量。不得敷衍塞责、相互推诿、破坏团结。

十、坚守诚信自律。诚实守信，严于律己，尊重婴幼儿及其家庭的合法权益，自觉遵守托育服务标准和规范。不得收受婴幼儿家长礼品或利用家长资源谋取私利。